스페인어 | 프랑스어 | 독일어

KOREAN
Picture
Dictionary

강현화 (연세대학교 교수) 지음

DARAKWON

Introduction

본 책은 한국어 어휘를 주제별로 선정하여 각 어휘를 영어 · 중국어 · 일본어, 베트남어 · 인도네시아어 · 몽골어의 6개 국어로 번역하여 학습자의 이해를 돕는 그림 사전으로 기획된 바 있다. 많은 학습자들의 호응으로 본 책이 중국과 베트남 현지에서 각각 중국어판과 베트남어판으로 출간된 것에 이어 이번에 다시 스페인어 · 프랑스어 · 독일어판으로 출간하게 된 것을 진심으로 기쁘게 생각한다. 또한 이 사전은 각 언어별 어휘 및 표현을 MP3 CD로 제작하여 시각적(그림)으로 학습하는 것을 넘어 청각적(음성 자료)으로 학습할 수 있게 하였다는 점에서 더욱 의미가 있다.

이 책은 학습자들이 이해하기 쉬운 그림, 삽화, 사진을 이용하여 보다 쉽게 한국어 어휘를 공부할 수 있도록 만들었다. 이를 위해 한국의 일상생활에서 가장 많이 접할 수 있는 약 13개의 주제를 선정하여 이를 각각 4~5개의 하위 주제로 구분하였다. 이는 한국 생활을 하면서 가장 많이 접하게 될 환경(주거, 교통, 쇼핑, 음식점, 은행 등)에 주로 쓰이는 기초 어휘를 주제별로 선정함으로써, 한국에서 직접 학습하지 못하거나 혹은 한국에서의 학습을 미리 준비하는 학습자들에게 도움을 주고자 한 것이다. 장면 별로 제시되는 구체적인 삽화는 한국어나 한국문화에 대한 사전 이해가 없는 사람도 쉽게 이해할 수 있도록 돕는다.

보다 객관적인 주제 선정과 해당 주제를 대표하는 단어들을 고르기 위해 많은 선행 연구물과 사전들을 참고하였으며, 각 장마다 단순히 개별 단어에 그치지 않고 해당 단어와 연결되는 연어를 구체적으로 보여 주고자 노력했다. 아울러 한국에서 사용하는 주요 용언(동사, 형용사)의 목록을 제공함으로해서 일종의 어휘 사전의 역할도 할 수 있도록 배려하였다. 각 단어별로 스페인어/프랑스어/독일어 번역을 주석으로 달아 놓음으로써 초급 학습자도 쉽게 어휘를 학습할 수 있도록 한 것도 특징이다.

상대적으로 적은 수요를 가진 한국어 학습 시장에서 많은 정성과 경비가 소요되는 그림 사전을 만드는 작업이 만만치 않았다. 또한 외국의 그림 사전과 차별화되는 우리의 독특한 생활환경 설정이나 그에 따른 어휘 선정 작업도 쉽지 않았다. 그러나 일을 진행하면서 많은 외국인 학습자들이나 외국어 전공자들이 한국어 그림 사전의 필요성에 대해 조언해 주었고 그림 사전 작업을 마무리 지을 수 있는 용기를 주었다.

기존의 한국어 교재는 교육기관에서의 교육을 전제로 한 급별(단계별) 언어 학습에 주안점을 두었기 때문에 학습자들의 다양한 요구를 반영할 수 없었다. 사전을 참고하려 해도 일반 국어사전은 단어 수도 많고 한국어로 기술되어 있어서 한국어를 전혀 모르는 외국인에게는 접할 수 없는 문제점이 있었다. 따라서 본 그림 사전은 생활에 필요한 기초 어휘를 가장 손쉬운 방법으로 그림 정보를 수단으로 하여 학습할 수 있는 좋은 어휘 학습 자료가 될 것임을 확신한다.

어려운 출판 환경에도 불구하고 꾸준히 좋은 책을 출간하고 있는 다락원 출판사의 정규도 사장님께 깊은 감사를 표한다. 특히 출판사의 이숙희 차장을 비롯한 한국어 출판부 편집진은 기획부터 다양한 언어판에 이르기까지 전문적인 조언과 도움을 아끼지 않았다. 또한, 훌륭한 대역을 제공해 주신 로베르또 베가 라반다 선생님(스페인어), 장끌로드 크레셴조 교수님(프랑스어), 김혜경 선생님(프랑스어), 알렉산드라 러트예 선생님(독일어)께도 감사를 드린다. 이 책이 최근 증가하고 있는 스페인, 프랑스, 독일어권 학습자들에게 좋은 학습 길잡이가 되기를 희망한다.

강현화

El presente libro fue ideado como un diccionario ilustrado para ayudar a los estudiantes de coreano como lengua extranjera a entender mejor el vocabulario de este idioma agrupándolo temáticamente y traduciéndolo a seis idiomas diferentes: al inglés, al chino, al japonés, al vietnamita, al indonesio y al mongol. Para mí supone un gran placer anunciar que en respuesta a la demanda de muchos estudiantes de coreano, se ha realizado esta nueva versión con traducción al español, al francés y al alemán. Además, este diccionario destaca por ofrecer material auditivo en forma de un CD con archivos en MP3 y por ilustrar gráficamente gran parte de los vocablos y las expresiones que contiene.

El objetivo de este libro es el de facilitar la comprensión y el aprendizaje del vocabulario coreano por medio de dibujos sencillos y fotografías. Para ello, se han seleccionado aquellos vocablos más usados en la vida cotidiana ordenándolos temáticamente en 13 unidades, las cuales a su vez se subdividen en 4 ó 5 partes. El objetivo es ayudar a todos aquellos estudiantes que bien no puedan estudiar el idioma *in situ* o que bien quieran tener una cierta base léxica antes de trasladarse a Corea del Sur, y con esa intención se ha realizado una cuidadosa selección de los vocablos más usados en el día a día clasificándolos en ámbitos cotidianos tales como la vivienda, los medios de transporte, las compras, la comida, el banco, etc. Gracias a la contextualización por medio de imágenes precisas, cualquier persona podrá entender fácilmente el vocabulario sin necesidad de poseer ningún tipo de conocimiento previo sobre Corea ni su cultura.

Para llevar a cabo la selección de los temas y los vocablos más relevantes y vocablos, se ha consultado un gran número de manuales y diccionarios, y se ha intentado presentar el vocabulario de cada lección de una manera integrada en lugar de simplemente enumerar palabras de manera aislada. Por otra parte, este libro incluye unos apéndices de verbos y adjetivos que se pueden usar a modo de diccionario con sus respectivas traducciones al español, al francés y al alemán.

El esfuerzo y el gasto que supone realizar una obra de este tipo resultan formidables teniendo en cuenta lo pequeña que resulta la demanda de material de coreano como lengua extranjera. Además, tampoco ha resultado fácil ni seleccionar el léxico que se incluiría, ni ilustrar el diccionario de manera que a lo largo de sus páginas se reflejen las características propias de la realidad surcoreana, diferenciándolo así de publicaciones semejantes que haya en otras lenguas. No obstante, a lo largo de su preparación, fueron muchos los estudiantes y los docentes que me hablaron sobre la necesidad de un diccionario ilustrado de coreano animándome a terminar esta obra.

El material de coreano como lengua extranjera existente no responde plenamente a la diversa demanda existente, ya que suele centrarse en los cursos nivelados que se imparten en instituciones educativas. Por otra parte, la mayor parte de los diccionarios de coreano suelen incluir una cantidad abrumadora de vocablos con sus respectivas definiciones en coreano, de manera que no son de mucha ayuda para aquellas personas que desconozcan el idioma. De esta manera llegué a la convicción de que había una imperiosa necesidad de un diccionario ilustrado manejable que reuniera el vocabulario básico de uso más frecuente en la vida cotidiana y que lo transmitiera por medio de imágenes.

Antes de terminar, me gustaría expresar mi más profundo agradecimiento al presidente de la editorial Darakwon D. Chung Kyu-do por publicar una versión más de este diccionario a pesar de las dificultades que esta entraña. Igualmente le doy las gracias a todo el equipo de la sección de lengua coreana de Darakwon y muy especialmente a su vicedirectora D.ª Lee Suk-hee por su sabio asesoramiento y por su constante ayuda. Igualmente, deseo expresarles también mi agradecimiento a D. Roberto Vega Labanda (español), D. Jean-Claude de Crescenzo (francés), D.ª Kim Hye-gyeong (francés) y D.ª Alexandra Lottje (alemán) por su extraordinaria labor de traducción. Espero que este libro se convierta en una útil herramienta para todas aquellas personas de habla española, francesa o alemana interesadas en aprender coreano.

Kang Hyoun-hwa

Introduction

Conçu pour faciliter la compréhension de l'apprenant dans son apprentissage du vocabulaire coréen, ce dictionnaire illustré propose une sélection du vocabulaire coréen en fonction de thématiques ; il a été traduit en six autres langues : l'anglais, le chinois, le japonais, le vietnamien, l'indonésien et le mongol. Je suis très heureuse que cet ouvrage soit publié cette fois-ci en espagnol, en français et en allemand, grâce au soutien des apprenants, à la suite de sa publication en Chine et au Vietnam. Par ailleurs, cet ouvrage permet d'étudier les mots et les expressions du dictionnaire par les images mais aussi par le son, avec les supports CD-MP3.

Cet ouvrage propose à l'apprenant d'apprendre plus facilement le vocabulaire coréen à l'aide d'images, d'illustrations et de photos. Pour cela, nous avons choisi 13 thèmes de la vie quotidienne les plus souvent abordés, et catégorisés soit en 4 soit en 5 parties, pour les apprenants qui ne peuvent étudier en Corée ou bien qui se préparent à suivre ultérieurement des études en Corée, avec une sélection du vocabulaire basique en fonction d'une thématique de la vie courante (habitation, transports en commun, shopping, restaurant, banque, etc.). Des illustrations précises présentées selon chaque thème permettront aussi à ceux qui n'ont aucune connaissance de la culture et de la langue coréenne, de comprendre.

Pour la sélection la plus objective possible d'un thème et du vocabulaire qui lui est généralement associé, cet ouvrage s'est référé à de nombreuses études antérieures et dictionnaires existants. Dans chaque chapitre, nous avons souhaité présenter chaque mot sans le séparer de ses formes dérivées. Nous vous proposons un répertoire des verbes principaux (verbes d'action et verbes de description) comme un dictionnaire général. Pour chaque mot, la traduction en espagnol, en français et en allemand permettra aux débutants d'apprendre plus facilement le vocabulaire.

Il n'était pas évident de concevoir un dictionnaire illustré qui nécessite beaucoup de soins et de coûts pour l'apprentissage du coréen, dans un secteur d'activités où la demande est encore faible. Une autre difficulté était présente lorsqu'il fallut aborder le mode de vie spécifique des Coréens et de sélectionner le vocabulaire concerné. Nous avons sollicité l'avis d'apprenant et de spécialistes des langues étrangères qui nous ont utilement conseillé sur la nécessité de ce dictionnaire coréen illustré et nous ont vivement soutenu dans la préparation de ce dictionnaire.

Les manuels actuels ne reflètent pas les diverses demandes de l'apprenant, car ils mettent l'accent sur l'apprentissage par niveaux dans les établissements d'enseignement. En présentant un abondant vocabulaire rédigé en coréen, ces dictionnaires ne sont pas accessibles aux étrangers qui ne connaissaient pas la langue coréenne. Grâce à ses illustrations, ce dictionnaire illustré sera certainement un bon matériel d'apprentissage du vocabulaire de base. Je voudrais remercier d'abord Monsieur Chung Kyu-do, directeur de la maison d'édition Darakwon pour la publication constante de bons ouvrages malgré la situation difficile du secteur de l'édition, et Madame Lee Suk-hee, directrice-adjointe et son équipe (section des manuels coréens) pour leur aide et pour leurs conseils professionnels depuis la planification jusqu'aux versions en de multiples langues. Je remercie également Roberto Vega Labanda pour la traduction en espagnol, Jean-Claude de Crescenzo et Kim Hye-gyeong pour la traduction en français et Alexandra Lottje pour la traduction en allemand. Je souhaite que cet ouvrage devienne pour les apprenants hispanophone, francophones et germanophone dont le nombre ne cesse de croître, un guide précieux dans l'apprentissage du vocabulaire coréen.

Kang Hyoun-hwa

Das „Korean Picture Dictionary" präsentiert einen thematisch geordneten Grundwortschatz für Koreanischlernende, der mit Hilfe von Bildern und Übersetzungen in verschiedenen Sprachen erklärt wird. Nach den ersten Auflagen in den Sprachen Englisch/Chinesisch/Japanisch sowie Vietnamesisch/Indonesisch/Mongolisch erschienen in China und Vietnam gesonderte Auflagen in den jeweiligen Landessprachen. Dass nun auch eine Übersetzung in den Sprachen Spanisch, Französisch und Deutsch auf den Markt kommt, ist für mich ein großer Grund zur Freude. Die beiliegende MP3-CD, auf der die koreanischen Wörter und Phrasen mit ihren Übersetzungen zu hören sind und die den Lernern eine zusätzliche auditive Hilfestellung bietet, trägt noch zur Bedeutung des Wörterbuches bei.

Die Bilder, Illustrationen und Fotografien des Wörterbuches machen es den Lernern leicht, sich die koreanischen Vokabeln anzueignen. In dreizehn thematischen Kapiteln werden die häufigsten Situationen im koreanischen Alltag mit ihrem Grundvokabular vorgestellt. Die detaillierten Darstellungen sind auch ohne Vorkenntnisse der koreanischen Sprache oder Kultur problemlos verständlich, womit sich das Wörterbuch vor allem auch an Lerner richtet, die Koreanisch (zunächst) im Ausland lernen. Der Wortschatz wurde nach objektiven Kriterien und unter Zuhilfenahme von zahlreichen wissenschaftlichen Studien und Lexikas ausgewählt. Neben den einzelnen Vokabeln werden in jedem Kapitel auch die häufigsten Kollokationen zum Thema vorgestellt, und im Anhang findet sich eine Liste mit den wichtigsten koreanischen Verben und Adjektiven. Damit kann das „Korean Picture Dictionary" auch die Funktion eines allgemeinen Wörterbuches erfüllen. Die Übersetzungen in den verschiedenen Sprachen, die für jede Vokabel oder Phrase angegeben werden, dürften insbesondere Anfängern eine große Hilfe sein.

Auf dem vergleichsweise kleinen Markt für Koreanisch als Fremdsprache war die Entwicklung eines Bildwörterbuches, die mit einem hohen Arbeits- und Kostenaufwand einhergeht, nicht einfach. Auch die Auswahl der zu behandelnden Situationen und Vokabeln war nicht zu unterschätzen, denn aufgrund des unterschiedlichen kulturellen Kontextes konnten vergleichbare Wörterbücher in anderen Sprachen dafür nur teilweise zu Rate gezogen werden. Dass das Projekt trotzdem bis zu Ende durchgeführt wurde, war vor allem den vielen Koreanischlernenden und Fremdsprachenexperten zu verdanken, die immer wieder den Bedarf für ein koreanisches Bildwörterbuch bestätigten. Die existierenden Koreanischlehrwerke und Referenzmaterialien für Koreanischlerner setzen zumeist den Unterricht in einer Sprachschule voraus und können die vielfältigen Bedürfnisse der Lerner nicht befriedigen. Auch die meisten koreanischen Wörterbücher sind mit ihrer unübersichtlichen Anzahl an Wörtern, die zudem nur auf Koreanisch erklärt werden, für Lerner ohne Vorkenntnisse nicht geeignet. Das „Korean Picture Dictionary" enthält dagegen nur die für den Alltag wirklich wichtigen Vokabeln, die es mit Hilfe von Bildern auf einfache Weise erklärt, und bietet damit allen Lernenden ein gutes Nachschlagewerk.

Mein Dank gilt zuallererst dem Geschäftsführer des Verlages Darakwon Chung Kyu-do, der trotz der schwierigen Marktlage beständig für die Veröffentlichung von hochwertiger KaF-Literatur sorgt. Frau Lee Suk-hee und die anderen Mitarbeiter der koreanischen Sprachabteilung im Verlag Darakwon haben die Entwicklung dieses Wörterbuches von Anfang bis Ende mit professionellem Rat und großer Hilfsbereitschaft begleitet. Auch den Übersetzern Roberto Vega Labanda (Spanisch), Prof. Jean-Claude de Creszenzo und Prof. Kim Hye-gyeong (Französisch) sowie Alexandra Lottje (Deutsch) möchte ich für ihre hervorragenden Übersetzungen danken. Ich hoffe, dass dieses Buch den immer zahlreicher werdenden spanisch-, französisch- und deutschsprachigen Koreanischlernern ein guter Wegbegleiter bei ihrer Vokabelarbeit sein wird.

Kang Hyoun-hwa

How to Use This Book

El libro que tiene entre sus manos ha sido diseñado para proporcionar de manera sencilla a los estudiantes de coreano como lengua extranjera acceso a un total de aproximadamente 3.800 palabras, cuidadosamente elegidas de entre las 50.000 ofrecidas por el Instituto Nacional de la Lengua Coreana (NAKI) en su lista de vocabulario más usado, del Diccionario de Coreano de Yonsei, así como de libros de textos de coreano como lengua extranjera empleados a nivel universitario. Unas 2.400 de estas palabras van acompañadas de imágenes explicativas en la sección principal del libro, a las que se suma otras 1.400 recogidas en el apéndice (appendix). Cada palabra va seguida de su correspondiente traducción al español, al francés y al alemán.

A lo largo de sus trece unidades temáticas se pretende cubrir de manera amplia y completa el vocabulario más recurrente en la vida cotidiana abarcando temas que van desde el hogar al mundo académico, y de la naturaleza al mismo universo.

> Cada unidad temática se encuentra dividida en las secciones de <Vocabulario en imágenes>, <More Vocabulary> y <Phrases & Expressions>.

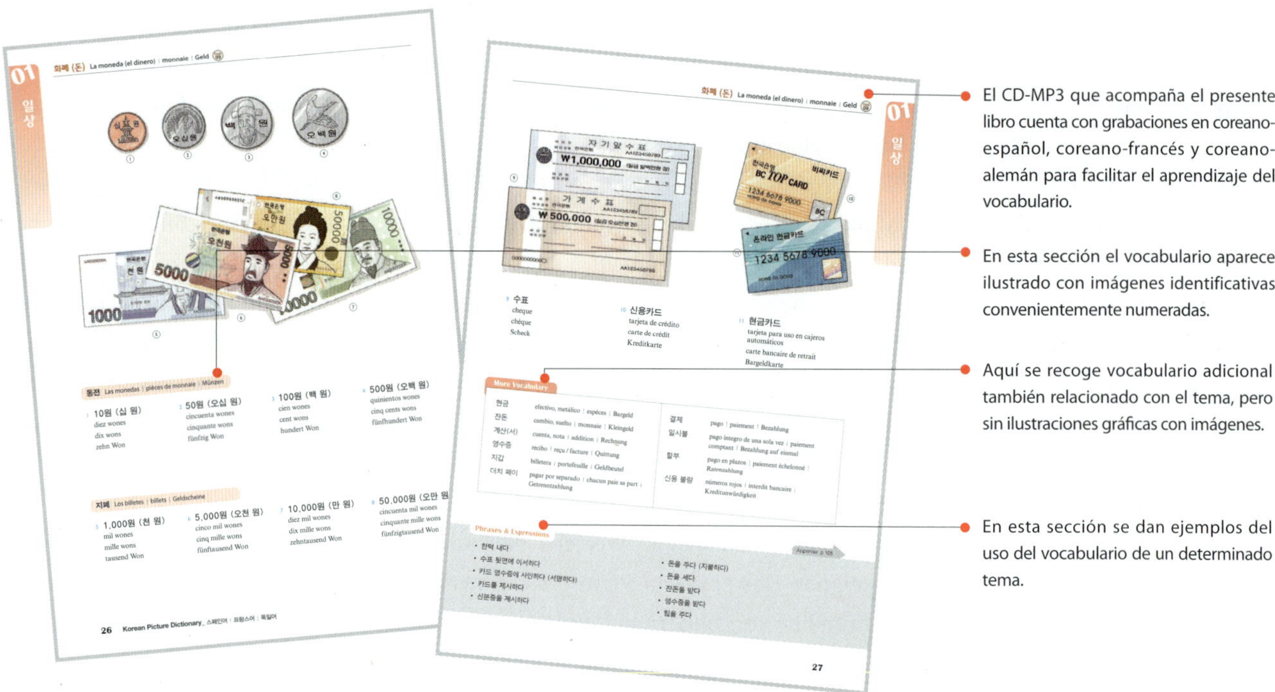

> **Appendix** : En el apéndice se encuentran los apartados de <Verbos y adjetivos>, <Vocabulario práctico> y <Locuciones y expresiones>. La inmensa mayoría de las palabras incluidas en la sección del libro son sustantivos. Los verbos y adjetivos con mayor frecuencia de uso aparecen recogidos en el correspondiente apartado de <Verbos y adjetivos>. En <Vocabulario práctico> se hallan otras palabras que no se han podido incluir en la sección principal. Por su parte, <Locuciones y expresiones> recoge todas las locuciones y expresiones vistas en la sección principal del libro.

> **Index** : Todo el vocabulario coreano de la sección principal del libro aparece recogido por orden alfabético junto a su correspondiente traducción al español, al francés y al alemán.

Ce manuel conçu à l'aide de dessins illustrés et de photos poursuit l'ambition de faciliter l'apprentissage de la langue coréenne aux nouveaux apprenants étrangers. Nous avons choisi environ 3.800 mots les plus fréquemment utilisés, en prenant comme références les 50.000 mots indispensables sélectionnés par l'Académie Nationale de la Langue Coréenne (NAKL) et le Yonsei Dictionnaire de Coréen, ainsi que les lexiques contenus dans les manuels de coréen utilisés dans l'enseignement universitaire du Coréen Langue Étrangère.

Parmi les lexiques contenus dans cet ouvrage, 2.400 mots sont explicités par des illustrations ou des photos dans le corps du texte, tandis que 1.400 mots qui ne figurent pas dans le corps du texte, sont inscrits dans l'appendice. Tous les lexiques présentés dans ce manuel sont suivis par leur équivalent en espagnol, en français et en allemand.

 Catégorisés en 13 thèmes, ces mots couvrent un large éventail de la vie quotidienne, par exemple de la maison à l'école et de la nature au cosmos. Dans chaque thème, on trouve des mots fréquemment utilisés en Corée.

> Chaque catégorie dans la section principale est divisée en « Images et vocabulaire», « Plus de vocabulaire », et « Phrases et expressions ».

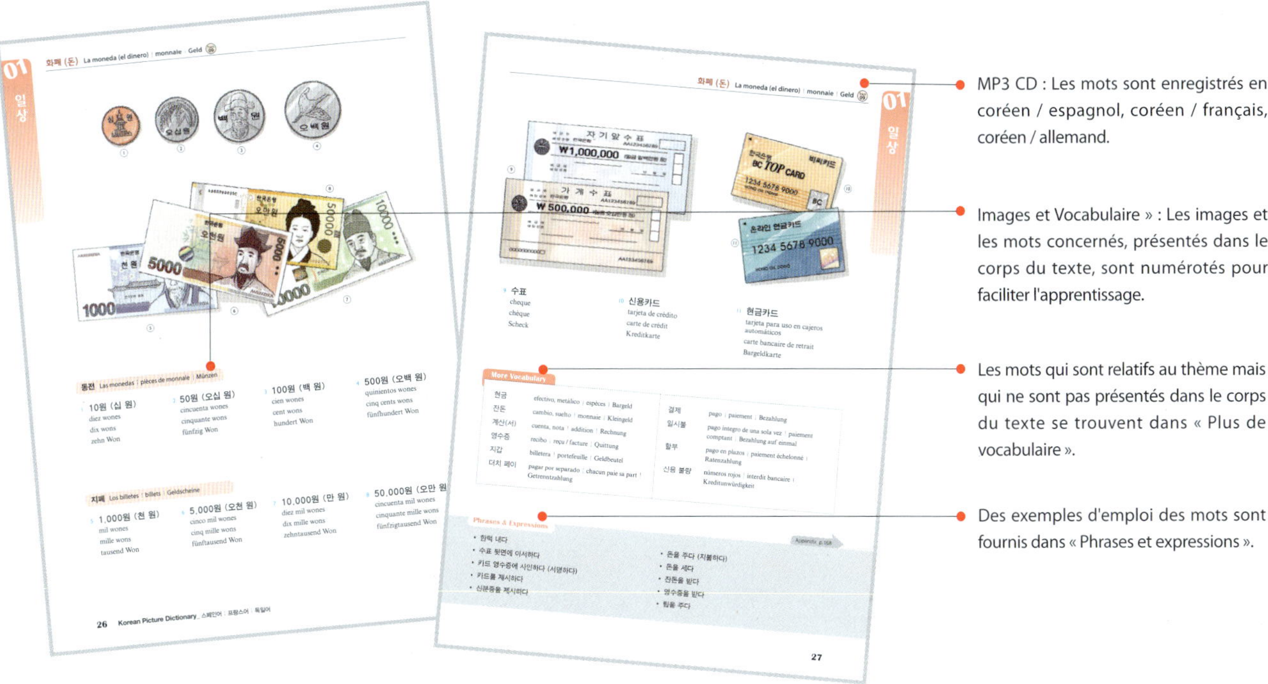

MP3 CD : Les mots sont enregistrés en coréen / espagnol, coréen / français, coréen / allemand.

Images et Vocabulaire » : Les images et les mots concernés, présentés dans le corps du texte, sont numérotés pour faciliter l'apprentissage.

Les mots qui sont relatifs au thème mais qui ne sont pas présentés dans le corps du texte se trouvent dans « Plus de vocabulaire ».

Des exemples d'emploi des mots sont fournis dans « Phrases et expressions ».

> **Appendice** : L'Appendice se compose de « Verbes d'action et verbes de description », de « Vocabulaire pratique » et de « Phrases et expressions ». La plupart des mots présentés dans ce manuel sont des noms, mais les verbes d'action et les verbes de description fréquemment utilisés sont répertoriés dans « Verbes d'action et verbes de description ». Les lexiques basiques qui ne sont pas illustrés par les images se trouvent dans « Vocabulaire pratique ». Vous trouverez la traduction en espagnol, en français et en allemand des expressions pratiquées avec les mots dans le corps du texte, dans « Phrases et expressions ».

> **Index** : Le vocabulaire en coréen, en espagnol, en français et en allemand est fourni afin de faciliter à l'apprenant la recherche d'un mot.

How to Use This Book

Das „Korean Picture Dictionary" eignet sich aufgrund der Verwendung von Bildern und Fotos auch gut für Anfänger. Es enthält 3.800 häufig verwendete Wörter und Ausdrücke, die auf Grundlage des rund 50.000 Wörter umfassenden Grundwortschatzes des Nationalen Institutes für die Koreanische Sprache und des Yonsei Koreanischwörterbuches und unter Berücksichtigung des in den Koreanischlehrwerken der wichtigsten universitären Sprachlehrinstitute enthaltenen Wortschatzes ausgewählt wurden. Ungefähr 2.400 Wörter werden im Hauptteil mit Hilfe von Bildern und Fotografien erläutert, die verbleibenden 1.400 Vokabeln sind im Anhang zu finden. Alle Wörter werden zur Unterstützung der Lerner mit ihrer spanischen, französischen und deutschen Übersetzung angegeben.

Der Hauptteil ist in 13 thematische Kapitel unterteilt, die verschiedene Alltagsthemen vom Haus bis zur Universität und von der Natur bis zum Universum behandeln. Zu jedem Thema werden die in Korea am häufigsten gebrauchten Vokabeln vorgestellt.

> Jede Kategorie des Hauptteils enthält einen Abschnitt mit Bildern und Vokabeln sowie die Unterpunkte „More Vocabulary" und „Phrases & Expressions".

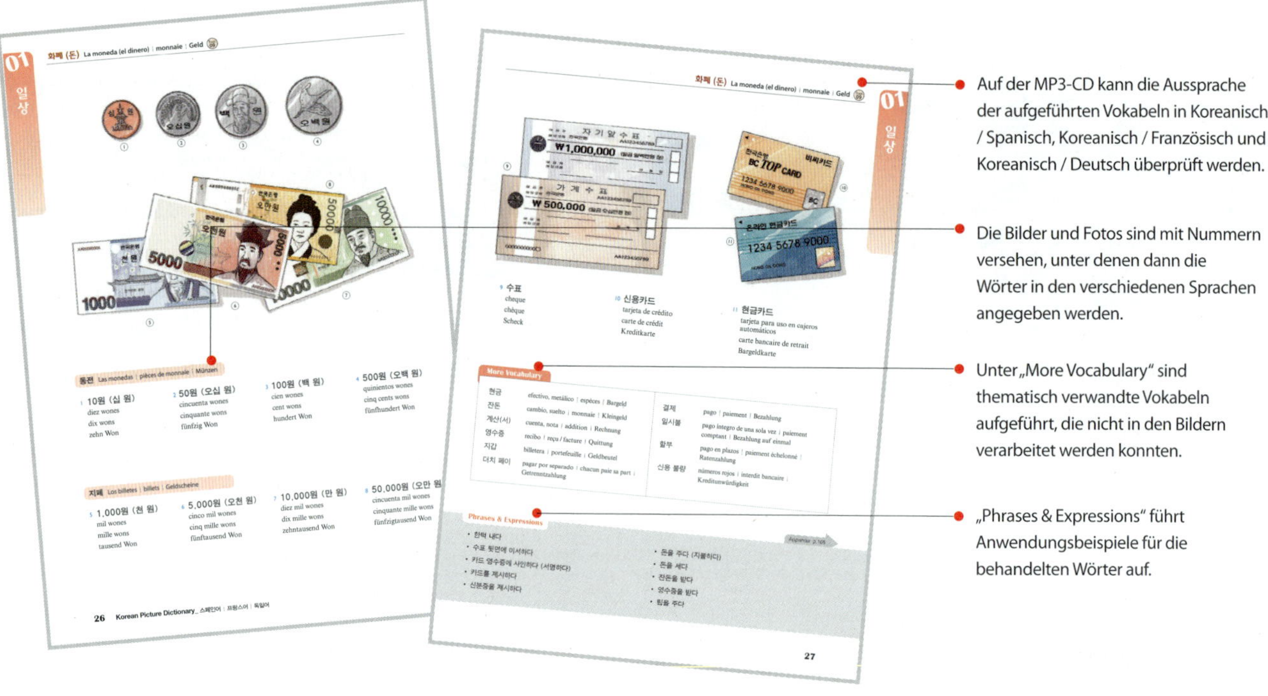

> **Appendix :** Der Anhang besteht aus „Phrases & Expressions", „Practical Vocabulary" und „Verbs & Adjectives". Da die meisten der im Hauptteil behandelten Vokabeln Nomen sind, werden unter „Verbs & Adjectives" häufig verwendete Verben und Adjektive aufgelistet. In „Practical Vocabulary" findet man die Vokabeln aus dem Grundwortschatz, die im bebilderten Hauptteil nicht verarbeitet werden konnten. Die spanische, französische und deutsche Übersetzung der im Hauptteil behandelten Anwendungsbeispiele findet man schließlich in „Phrases & Expressions".

> **Index :** Zum leichten Auffinden der im Hauptteil aufgeführten Wörter wird am Ende ein alphabetisches Verzeichnis in Koreanisch, Spanisch, Französisch und Deutsch angeboten.

Contents

KOREAN
Picture
Dictionary

1	해 (년)	5	주말	9	일요일	13	목요일
	año		fin de semana		domingo		jueves
	an		week-end		dimanche		jeudi
	Jahr		Wochenende		Sonntag		Donnerstag
2	달 (월)	6	주중	10	월요일	14	금요일
	mes		durante la semana		lunes		viernes
	mois		en semaine		lundi		vendredi
	Monat		unter der Woche		Montag		Freitag
3	주	7	평일	11	화요일	15	토요일
	semana		día laborable / día de diario		martes		sábado
	semaine		jour ouvrable		mardi		samedi
	Woche		Werktag		Dienstag		Samstag
4	일	8	요일	12	수요일		
	día (del mes)		día de la semana		miércoles		
	jour		jour de la semaine		mercredi		
	Tag		Wochentag		Mittwoch		

계절 Las estaciones | saison | Jahreszeiten

16 **봄**
primavera
printemps
Frühling

17 **여름**
verano
été
Sommer

18 **가을**
otoño
automne
Herbst

19 **겨울**
invierno
hiver
Winter

월 Los meses | mois | Monate

20 **1월**
enero
janvier
Januar

21 **2월**
febrero
février
Februar

22 **3월**
marzo
mars
März

23 **4월**
abril
avril
April

24 **5월**
mayo
mai
Mai

25 **6월**
junio
juin
Juni

26 **7월**
julio
juillet
Juli

27 **8월**
agosto
août
August

28 **9월**
septiembre
septembre
September

29 **10월**
octubre
octobre
Oktober

30 **11월**
noviembre
novembre
November

31 **12월**
diciembre
décembre
Dezember

More Vocabulary

그제 (그저께)	anteayer, antes de ayer	avant-hier	vorgestern
어제	ayer	hier	gestern
오늘	hoy	aujourd'hui	heute
내일	mañana	demain	morgen
모레	pasado mañana	après-demain	übermorgen
글피	dentro de tres días	dans trois jours	überübermorgen
지난주	la semana pasada	semaine dernière	letzte Woche
이번 주 (금주)	esta semana	cette semaine	diese Woche
다음 주 (내주)	la próxima semana	semaine prochaine	nächste Woche
지난달	el mes pasado	mois dernier	letzten Monat
이번 달	este mes	ce mois	diesen Monat
다음 달	el próximo mes	mois prochain	nächsten Monat

1 해 (태양)
sol
soleil
Sonne

2 구름
nube
nuage
Wolke

3 안개
niebla, bruma
brouillard
Nebel

4 비
lluvia
pluie
Regen

5 홍수
inundación
inondation
Hochwasser

6 폭풍
tormenta
tempête
Sturm

7 번개
relámpago
éclair
Blitz

8 눈
nieve
neige
Schnee

9 고드름
carámbano
stalactite
Eiszapfen

10 맑다
estar despejado
être ensoleillé
klar sein

11 흐리다
estar nublado
être nuageux
bedeckt sein

12 덥다
hacer calor
faire chaud
heiß sein

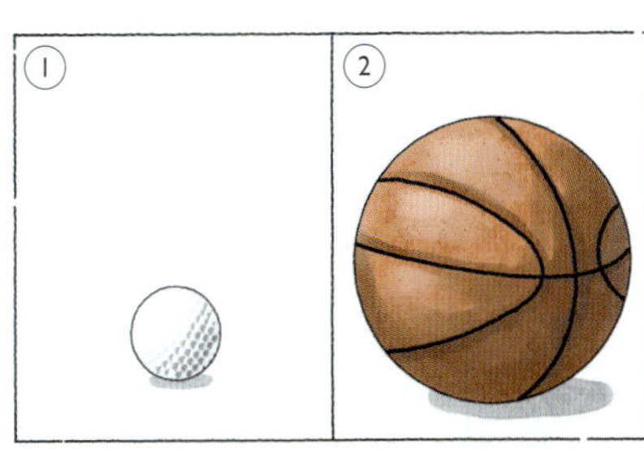 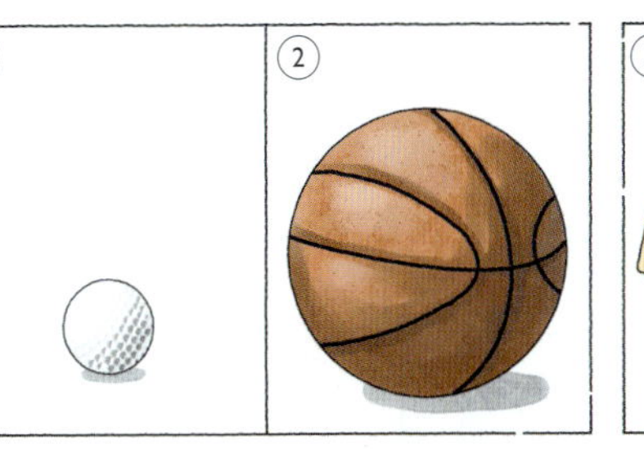

1 작다
pequeño
être petit
klein sein

2 크다
grande
être grand
groß sein

3 빠르다
rápido
être rapide
schnell sein

4 느리다
lento
être lent
langsam sein

5 딱딱하다
duro
être dur
hart sein

6 부드럽다
blando, suave
être doux
weich sein

7 두껍다
grueso
être épais
dick sein

8 얇다
fino, delgado
être fin
dünn sein

9 가득하다
lleno
être plein
voll sein

10 비다
vacío
être vide
leer sein

11 무겁다
pesado
être lourd
schwer sein

12 가볍다
ligero
être léger
leicht sein

13 착하다
bondadoso
être gentil
nett, brav sein

14 나쁘다
malo
être méchant
böse sein

15 비싸다
caro, costoso
être cher
teuer sein

16 싸다
barato
être bon marché
billig sein

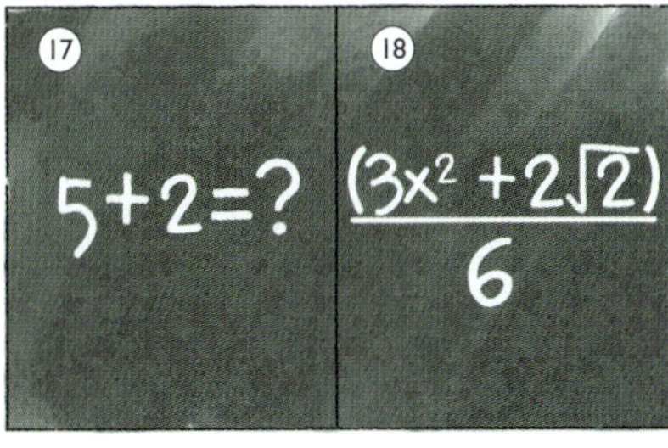

17 쉽다
fácil
être facile
einfach sein

18 어렵다
difícil
être difficile
schwierig sein

색깔 Los colores | couleur | Farben Track 04

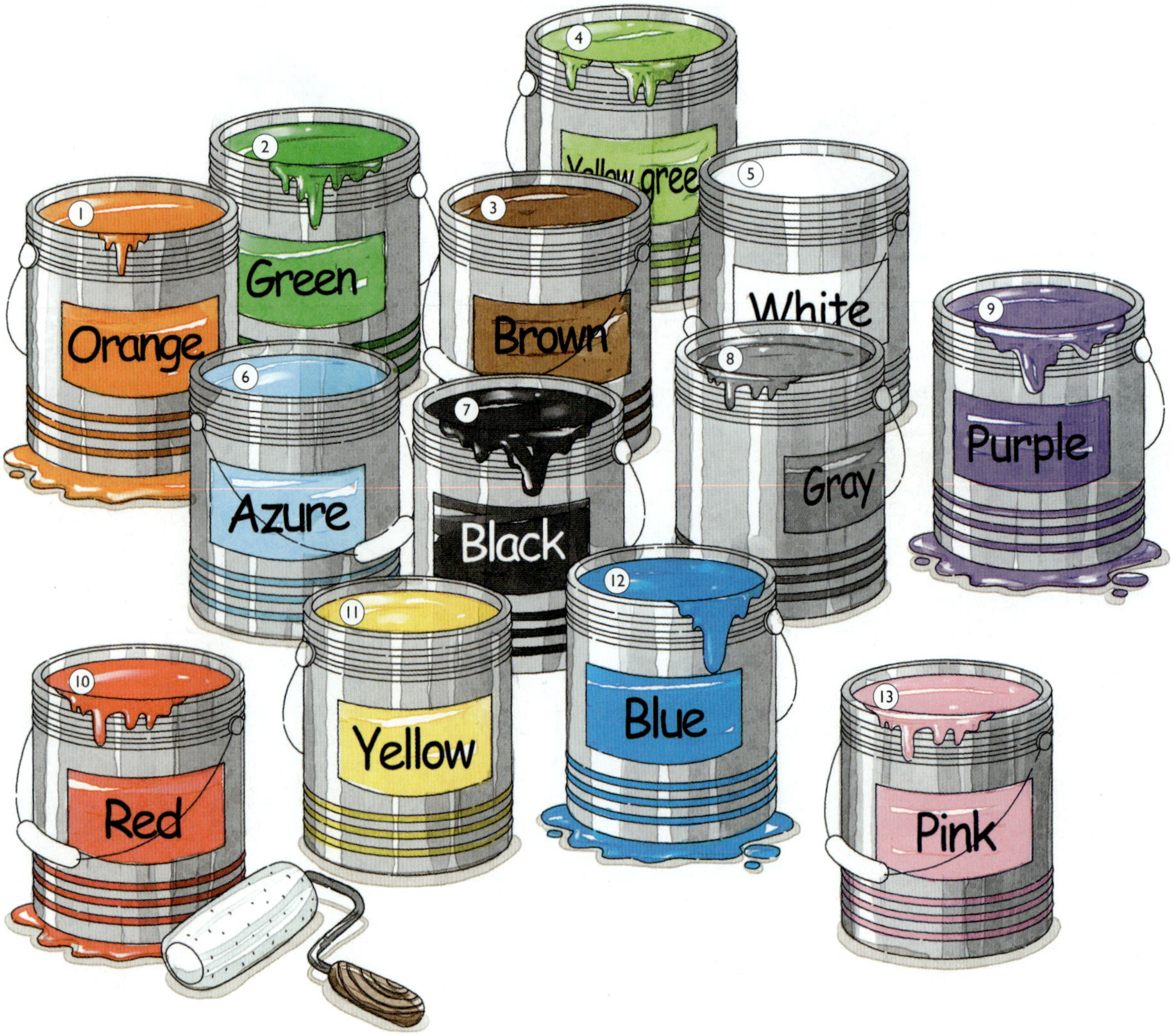

1 주황색
naranja
orange
Orange

2 초록색
verde
vert
Grün

3 갈색
marrón
marron
Braun

4 연두색
verde cartujo
vert clair
Hellgrün

5 흰색 (하얀색)
blanco
blanc
Weiß

6 하늘색
celeste
bleu ciel
Himmelblau

7 검은색
negro
noir
Schwarz

8 회색
gris
gris
Grau

9 보라색
violeta
violet
Violett

10 빨간색
rojo
rouge
Rot

11 노란색
amarillo
jaune
Gelb

12 파란색
azul
bleu
Blau

13 분홍색
rosa
rose
Rosa

1 동 este est Osten	**4 북** norte nord Norden	**7 왼쪽** izquierda côté gauche links	**10 밖** fuera dehors außerhalb	**13 가운데** en el medio milieu, centre in der Mitte
2 서 oeste ouest Westen	**5 앞** delante devant vorne	**8 오른쪽** derecha côté droit rechts	**11 아래 (밑)** debajo sous, au-dessous unter	**14 사이** entre entre dazwischen
3 남 sur sud Süden	**6 뒤** detrás derrière hinten	**9 안** dentro dans in	**12 위** encima, sobre sur, au-dessus auf	

More Vocabulary

옆	al lado | côté | daneben		안쪽	interior | intérieur | Innenseite
양쪽	a ambos lados | deux côtés | beide Seiten		바깥쪽	exterior | extérieur | Außenseite

0 영 (공)
cero
zéro
null

1 일 (하나)
uno
un
eins

2 이 (둘)
dos
deux
zwei

3 삼 (셋)
tres
trois
drei

4 사 (넷)
cuatro
quatre
vier

5 오 (다섯)
cinco
cinq
fünf

6 육 (여섯)
seis
six
sechs

7 칠 (일곱)
siete
sept
sieben

8 팔 (여덟)
ocho
huit
acht

9 구 (아홉)
nueve
neuf
neun

10 십 (열)
diez
dix
zehn

11 십일 (열하나)
once
onze
elf

12 십이 (열둘)
doce
douze
zwölf

13 십삼 (열셋)
trece
treize
dreizehn

14 십사 (열넷)
catorce
quatorze
vierzehn

15 십오 (열다섯)
quince
quinze
fünfzehn

16 십육 (열여섯)
dieciséis
seize
sechzehn

17 십칠 (열일곱)
diecisiete
dix-sept
siebzehn

18 십팔 (열여덟)
dieciocho
dix-huit
achtzehn

19 십구 (열아홉)
diecinueve
dix-neuf
neunzehn

20 이십 (스물)
veinte
vingt
zwanzig

30 삼십 (서른)
treinta
trente
dreißig

40 사십 (마흔)
cuarenta
quarante
vierzig

50 오십 (쉰)
cincuenta
cinquante
fünfzig

60 육십 (예순)
sesenta
soixante
sechzig

70 칠십 (일흔)
setenta
soixante-dix
siebzig

80 팔십 (여든)
ochenta
quatre-vingts
achtzig

90 구십 (아흔)
noventa
quatre-vingt-dix
neunzig

100 백
cien
cent
einhundert

1,000 천
mil
mille
eintausend

10,000 만
diez mil
dix mille
zehntausend

100,000 십만
cien mil
cent mille
hunderttausend

1,000,000 백만
un millón
un million
eine Million

1,000,000,000 십억
mil millones
un milliard
eine Milliarde

첫째
primero
premier
erste

둘째
segundo
deuxième
zweite

셋째
tercero
troisième
dritte

넷째
cuarto
quatrième
vierte

다섯째
quinto
cinquième
fünfte

여섯째
sexto
sixième
sechste

일곱째
séptimo
septième
siebte

여덟째
octavo
huitième
achte

아홉째
noveno, nono
neuvième
neunte

열 번째
décimo
dixième
zehnte

스무 번째
vigésimo
vingtième
zwanzigste

일상

밥 한 그릇
un cuenco de arroz
un bol de riz
eine Schüssel Reis

맥주 한 병
una botella de cerveza
une bouteille de bière
eine Flasche Bier

콜라 한 캔
una lata de cola
une canette de Coca
eine Dose Cola

사과 한 상자 (박스)
una caja de manzanas
une caisse de pommes
ein Karton Äpfel

밀가루 한 봉지
un paquete de harina
un paquet de farine
eine Tüte Mehl

달걀 한 판 (30개)
un cartón de huevos
(30 unidades)
un plateau de 30 œufs
eine Palette Eier
(30 Stück)

우유 한 팩
un cartón de leche
une brique de lait
ein Karton Milch

빵 한 조각
una rebanada de pan,
un trozo de pan
une tranche de pain
eine Scheibe Brot

떡 한 접시
un plato / una fuente de
pasta de arroz
une assiette de gâteau
de riz
ein Teller Reiskuchen

휴지 한 두루마리
un rollo de papel
higiénico
un rouleau de papier
toilette
eine Rolle
Toilettenpapier

치약 한 통
un tubo de dentífrico
un tube de dentifrice
eine Tube Zahnpasta

기름 한 숟가락
una cucharada de
aceite
une cuillère d'huile
ein Löffel Öl

01
일상

분수 fracciones | fraction | Brüche

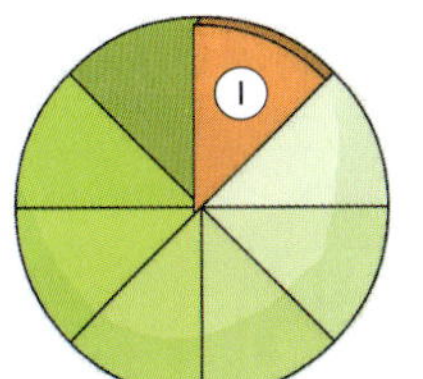 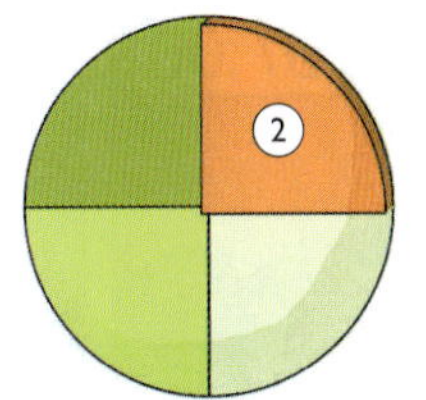 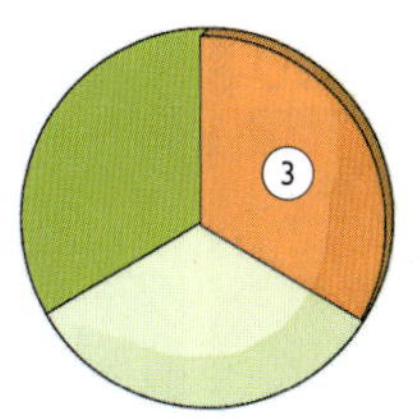 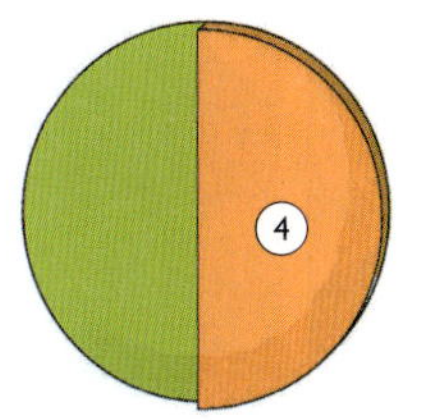 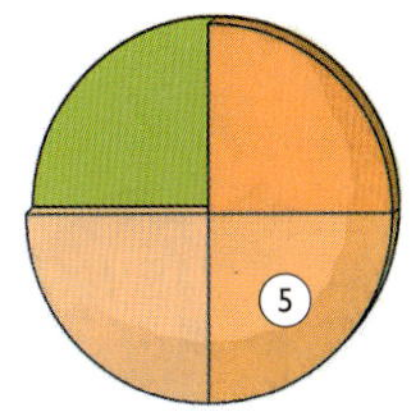

1 **1/8 (8분의 1)**
un octavo
un huitième
ein Achtel

2 **1/4 (4분의 1)**
un cuarto
un quart
ein Viertel

3 **1/3 (3분의 1)**
un tercio
un tiers
ein Drittel

4 **1/2 (2분의 1)**
un medio, una mitad
un demi
ein Halb

5 **3/4 (4분의 3)**
tres cuartos
trois-quarts
drei Viertel

퍼센트 porcentaje | pourcentage | Prozente

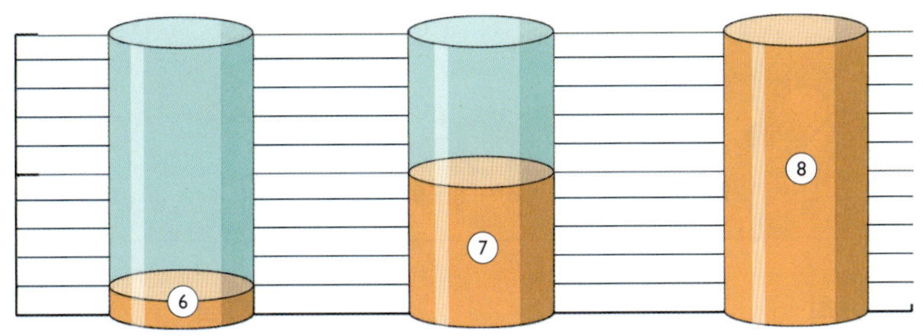

6 **10% (10퍼센트)**
diez por ciento
dix pour cent
zehn Prozent

7 **50% (50퍼센트)**
cincuenta por ciento
cinquante pour cent
fünfzig Prozent

8 **100% (100퍼센트)**
cien por cien
cent pour cent
hundert Prozent

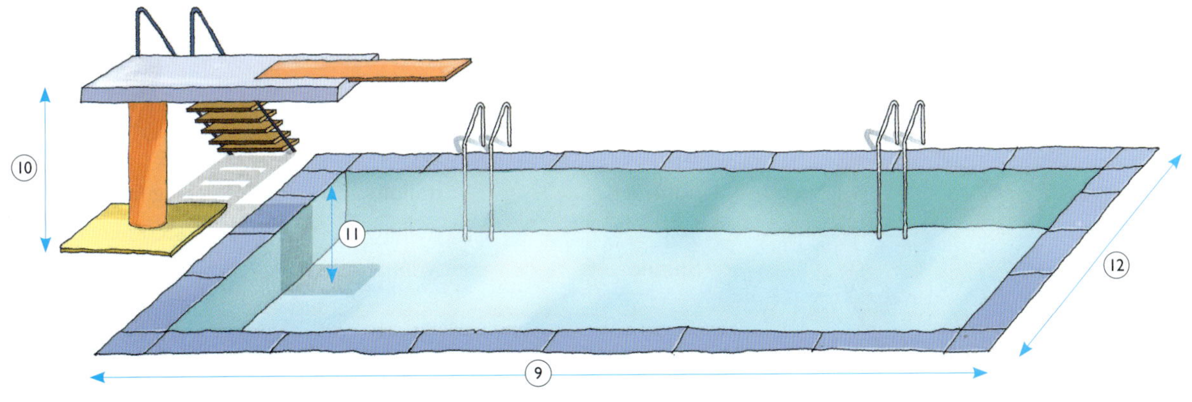

9 **길이**
longitud
longueur
Länge

10 **높이**
altura
hauteur
Höhe

11 **깊이**
profundidad
profondeur
Tiefe

12 **넓이**
anchura
largeur
Breite

일상

1 정오
mediodía
midi
Mittag

2 자정
medianoche
minuit
Mitternacht

3 오전
la mañana
matin, matinée
Vormittag

4 오후
la tarde
après-midi
Nachmittag

5 새벽
la madrugada
aube
früher Morgen

6 아침
la mañana
matin
Morgen

7 낮
mediodía, de día
jour
Tag

8 저녁
últimas horas de
la tarde
soir
Abend

9 밤
la noche, de noche
nuit
Nacht

10 시
hora
heure
Stunde

11 분
minuto
minute
Minute

12 초
segundo
seconde
Sekunde

1시 (한 시)
la una en punto
une heure
ein Uhr

2시 5분 (두 시 오 분)
las dos y cinco
deux heures cinq
zwei Uhr fünf

3시 10분 (세 시 십 분)
las tres y diez
trois heures dix
drei Uhr zehn

4시 15분 (네 시 십오 분)
las cuatro y cuarto
quatre heures et quart
vier Uhr fünfzehn

5시 20분 (다섯 시 이십 분)
las cinco y veinte
cinq heures vingt
fünf Uhr zwanzig

More Vocabulary

02:20 a.m. (새벽 두 시 이십 분)	las dos y veinte de la madrugada | deux heures vingt du matin | zwei Uhr zwanzig am Morgen
07:10 a.m. (오전 일곱 시 십 분)	las siete y diez de la mañana | sept heures dix du matin | sieben Uhr zehn am Morgen
01:50 p.m. (오후 한 시 오십 분 / 두 시 십 분 전)	la una y cincuenta de la tarde / las dos menos diez de la tarde | treize heures cinquante / deux heures moins dix de l'après-midi | dreizehn Uhr fünfzig / zehn vor zwei am Mittag
08:30 p.m. (오후 여덟 시 삼십 분 / 여덟 시 반)	las ocho y media de la tarde | vingt heures trente / huit heures et demie du soir | zwanzig Uhr dreißig / halb neun am Abend
6시 25분 (여섯 시 이십오 분)	las seis y veinticinco | six heures vingt-cinq | sechs Uhr fünfundzwanzig
7시 30분 (일곱 시 삼십 분)	las siete y media | sept heures trente | sieben Uhr dreißig
8시 35분 (여덟 시 삼십오 분)	las ocho y treinta y cinco / las nueve menos veinticinco | huit heures trente-cinq | acht Uhr fünfunddreißig
9시 40분 (아홉 시 사십 분)	las nueve y cuarenta / las diez menos veinte | neuf heures quarante | neun Uhr vierzig
10시 45분 (열 시 사십오 분)	las diez y cuarenta y cinco / las once menos cuarto | dix heures quarante-cinq | zehn Uhr fünfundvierzig
11시 50분 (열 한 시 오십 분)	las once y cincuenta / las doce menos diez | onze heures cinquante | elf Uhr fünfzig
12시 55분 (열 두 시 오십오 분)	las doce y cincuenta y cinco / la una menos cinco | midi cinquante-cinq | zwölf Uhr fünfundfünfzig

동전 Las monedas | pièces de monnaie | Münzen

1 **10원 (십 원)**
diez wones
dix wons
zehn Won

2 **50원 (오십 원)**
cincuenta wones
cinquante wons
fünfzig Won

3 **100원 (백 원)**
cien wones
cent wons
hundert Won

4 **500원 (오백 원)**
quinientos wones
cinq cents wons
fünfhundert Won

지폐 Los billetes | billets | Geldscheine

5 **1,000원 (천 원)**
mil wones
mille wons
tausend Won

6 **5,000원 (오천 원)**
cinco mil wones
cinq mille wons
fünftausend Won

7 **10,000원 (만 원)**
diez mil wones
dix mille wons
zehntausend Won

8 **50,000원 (오만 원)**
cincuenta mil wones
cinquante mille wons
fünfzigtausend Won

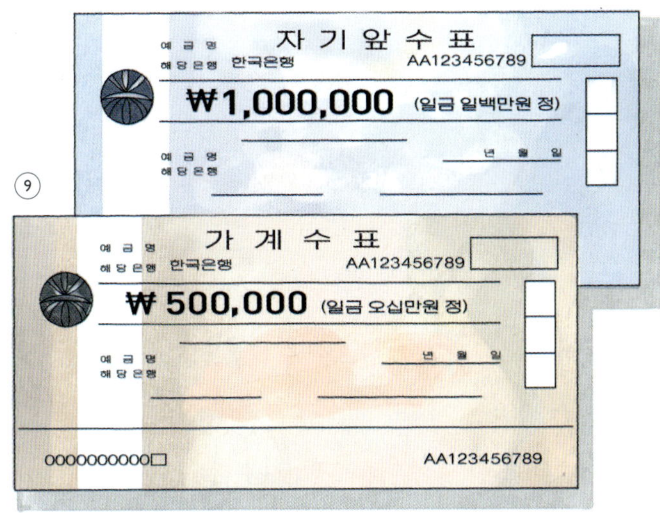

9 수표
cheque
chèque
Scheck

10 신용카드
tarjeta de crédito
carte de crédit
Kreditkarte

11 현금카드
tarjeta para uso en cajeros automáticos
carte bancaire de retrait
Bargeldkarte

More Vocabulary

현금	efectivo, metálico | espèces | Bargeld
잔돈	cambio, suelto | monnaie | Kleingeld
계산(서)	cuenta, nota | addition | Rechnung
영수증	recibo | reçu / facture | Quittung
지갑	billetera | portefeuille | Geldbeutel
더치 페이	pagar por separado | chacun paie sa part | Getrenntzahlung

결제	pago | paiement | Bezahlung
일시불	pago íntegro de una sola vez | paiement comptant | Bezahlung auf einmal
할부	pago en plazos | paiement échelonné | Ratenzahlung
신용 불량	números rojos | interdit bancaire | Kreditunwürdigkeit

Appendix p.168

Phrases & Expressions

- 한턱 내다
- 수표 뒷면에 이서하다
- 카드 영수증에 사인하다 (서명하다)
- 카드를 제시하다
- 신분증을 제시하다

- 돈을 주다 (지불하다)
- 돈을 세다
- 잔돈을 받다
- 영수증을 받다
- 팁을 주다

사람들

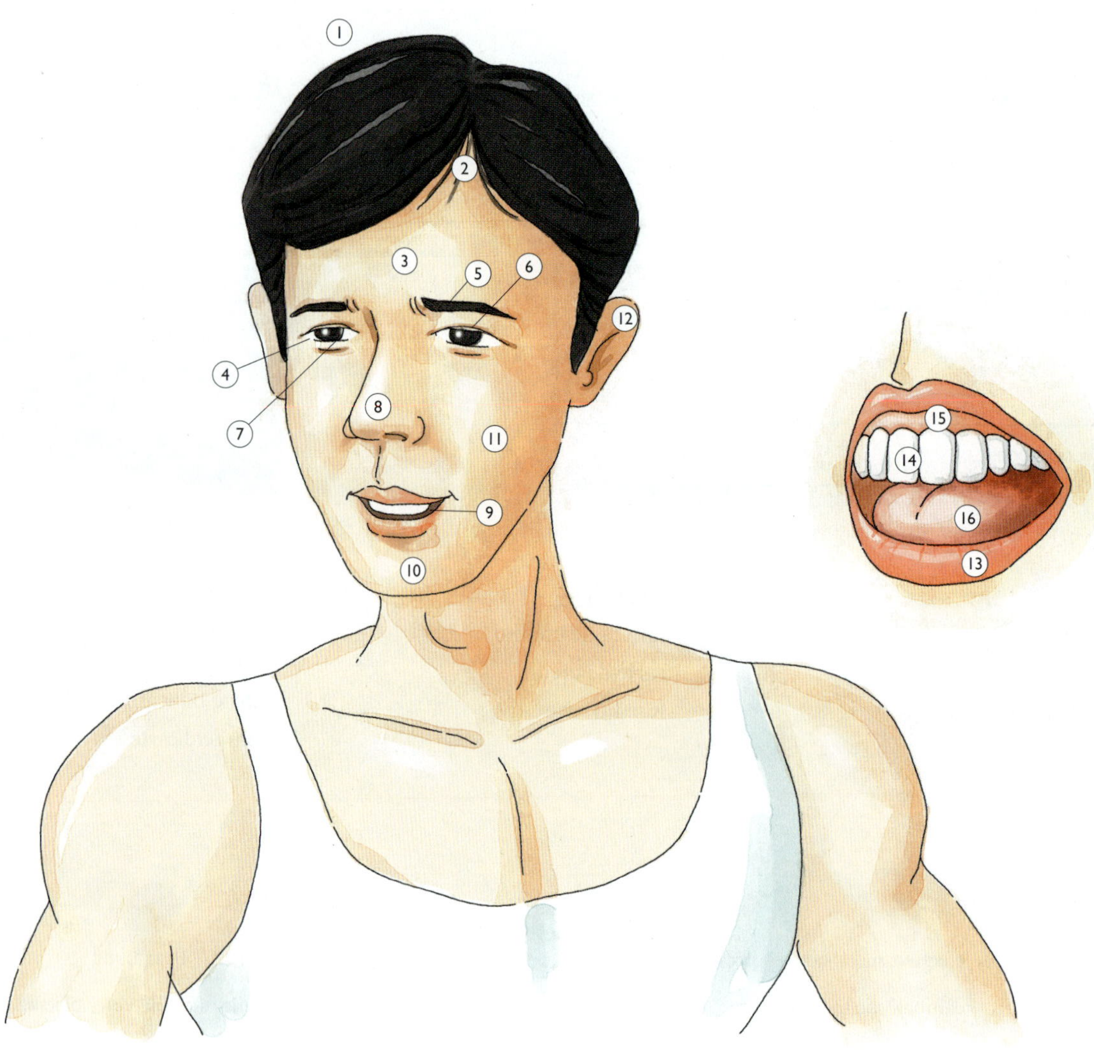

1 머리 cabeza tête Kopf	**3 이마** frente front Stirn	**5 눈썹** ceja sourcil Augenbraue	**7 눈동자** pupila pupille Pupille
2 머리카락 cabello cheveu Haare	**4 눈** ojo œil Auge	**6 쌍꺼풀** párpado paupière Lidfalte	**8 코** nariz nez Nase

9 **입**
boca
bouche
Mund

10 **턱**
barbilla
menton
Kinn

11 **뺨 (볼)**
mejilla
joue
Wange

12 **귀**
oreja, oído
oreille
Ohr

13 **입술**
labio(s)
lèvre
Lippe

14 **이**
diente
dent
Zähne

15 **잇몸**
encía(s)
gencive
Zahnfleisch

16 **혀**
lengua
langue
Zunge

More Vocabulary

여드름	grano, espinilla | bouton d'acné | Pickel
털	pelo, vello | poil | Flaum
주근깨	peca(s) | tache de rousseur | Sommersprossen
점	lunar | grain de beauté | Leberfleck
턱수염	barba | barbe | Kinnbart
콧구멍	fosa nasal | narine | Nasenloch
귓불	lóbulo de la oreja | lobe | Ohrläppchen

머리 모양	peinado | coiffure | Frisur
짧은 머리	pelo corto | cheveux courts | kurze Haare
긴 머리	pelo largo | cheveux longs | lange Haare
생머리	pelo liso | cheveux non permanentés | glatte Haare
대머리	calvo | chauve | Glatze
파마머리	permanente | cheveux permanentés | Dauerwelle

Appendix p.168

Phrases & Expressions

- 얼굴을 씻다 (세수하다)
- 손을 닦다 (손을 씻다)
- 이를 닦다 (양치질하다)
- 입안을 헹구다
- 머리를 감다
- 머리를 헹구다
- 머리를 말리다

- 코를 풀다
- 눈을 뜨다 / 감다
- 입을 벌리다 / 다물다
- 고개를 숙이다 / 들다
- 머리를 빗다
- 머리를 묶다

사 람 들

1 목 cuello cou Hals	**5 손** mano main Hand	**9 등** espalda dos Rücken	**13 발** pie pied Fuß
2 어깨 hombro épaule Schulter	**6 손가락** dedo de la mano doigt Finger	**10 엉덩이** nalgas fesse Gesäß	
3 가슴 pecho poitrine Brust	**7 손목** muñeca poignet Handgelenk	**11 허리** cintura taille, bas du dos Taille, Kreuz	
4 팔 brazo bras Arm	**8 손등** dorso de la mano dos de la main Handrücken	**12 다리** pierna jambe Bein	

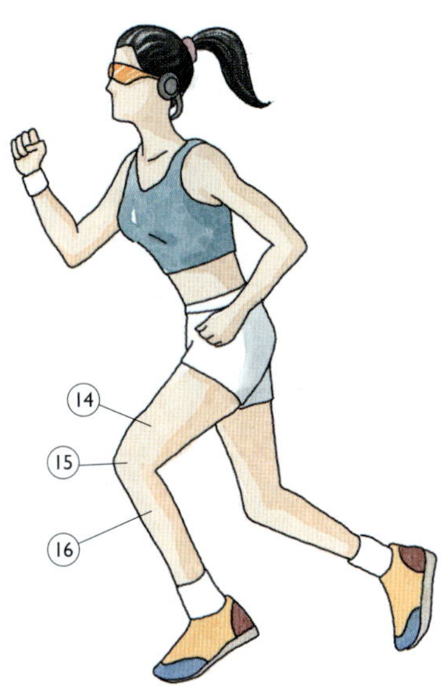

14 **허벅지**
muslo
intérieur de la cuisse
Oberschenkel

15 **무릎**
rodilla
genou
Knie

16 **종아리**
pantorrilla
mollet
Wade

More Vocabulary

목구멍	garganta | gorge | Rachen
겨드랑이	axila | aisselle | Achselhöhle
팔꿈치	codo | coude | Ellbogen
손톱	uña de la mano | ongle | Fingernagel
손바닥	palma de la mano | paume de la main | Handfläche
발톱	uña del pie | ongle du pied | Zehennagel
발꿈치	talón | talon du pied | Ferse
발바닥	suela del pie | plante du pied | Fußsohle
발목	tobillo | cheville | Fußgelenk
발등	empeine | dessus du pied | Fußrücken
발가락	dedo del pie | orteil | Zeh
배	vientre, barriga | ventre | Bauch
배꼽	ombligo | nombril | Bauchnabel
피부	piel | peau | Haut
뼈	hueso | os | Knochen
동맥	arteria | artère | Arterie
정맥	vena | veine | Vene

손가락의 명칭	nombres de los dedos | noms des doigts | Bezeichnungen der Finger
엄지	dedo pulgar | pouce | Daumen
검지	dedo índice | index | Zeigefinger
중지	dedo medio / corazón / cordial / mayor | majeur | Mittelfinger
약지	dedo anular | annulaire | Ringfinger
새끼손가락	meñique | auriculaire | Kleiner Finger
내부 기관	órganos internos | organes internes | Innere Organe
뇌	cerebro | cerveau | Gehirn
심장	corazón | cœur | Herz
허파 (폐)	pulmón | poumon | Lunge
간	hígado | foie | Leber
쓸개	vesícula, bilis | vésicule biliaire | Gallenblase
위	estómago | estomac | Magen
장	intestinos | intestin | Darm
신장	riñón | rein | Niere
방광	vejiga | vessie | Blase

1 **아기**	2 **유아**	3 **어린이 (아이)**	4 **청소년**
bebé	niño/a (de uno a cinco años)	niño/a	adolescente
nouveau-né, bébé	enfant en bas âge	enfant	adolescent
Säugling	Kleinkind	Kind	Jugendlicher

More Vocabulary

소년	chico, muchacho | garçon | Junge	동갑	de la misma edad | même âge | gleichalt
소녀	chica, muchacha | fille | Mädchen	나이	edad | âge | Alter
성인	adulto | adulte | Erwachsener	생일	cumpleaños | jour d'anniversaire | Geburtstag
여자	mujer | femme | Frau	유부남	hombre casado | homme marié | verheirateter Mann
남자	varón | homme | Mann	유부녀	mujer casada | femme mariée | verheiratete Frau
어리다	(ser) pequeño, (ser) niño | être petit(e) | jung sein (Kindesalter)	임산부	embarazada | femme enceinte | schwangere Frau
젊다	(ser) joven | être jeune | jung sein	독신	soltero/a | célibataire | Single (aus Überzeugung)
중년	(ser) de mediana edad | âge mûr | mittleres Alter	가정	familia, hogar | famille | Familie, Haushalt
늙다	tener mucha edad | vieillir | alt sein	신혼부부	recién casados | nouveaux mariés | frischverheiratetes Ehepaar
연상	mayor (que otra persona) | plus âgé | älter als	신랑	novio (de una boda) | marié | Bräutigam
연하	menor (que otra persona) | moins âgé | jünger als	신부	novia (de una boda) | mariée | Braut

5 **아가씨**
señorita
jeune fille
unverheiratete junge Frau

6 **청년**
joven (varón)
jeune homme
junger Mann

7 **아줌마**
señora
madame
verheiratete Frau

8 **아저씨**
señor
monsieur
Mann

9 **노인**
anciano/a
personne âgée
alter Mensch

Appendix p.168

Phrases & Expressions

- 나이가 많다
- 연세가 많다
- 나이가 적다
- 연세가 적다

- 젊어 보이다
- 늙어 보이다
- 나이 들어 보이다

사람들

1 할아버지 (조부) abuelo paterno grand-père Großvater väterlicherseits	**5 아빠 (아버지)** papá (padre) papa (père) Papa (Vater)	**9 누나** hermana mayor (de un hombre) grande sœur d'un garçon ältere Schwester eines Mannes
2 할머니 (조모) abuela paterna grand-mère Großmutter väterlicherseits	**6 엄마 (어머니)** mamá (madre) maman (mère) Mama (Mutter)	**10 언니** hermana mayor (de una mujer) grande sœur d'une fille ältere Schwester einer Frau
3 외할아버지 (외조부) abuelo materno grand-père maternel Großvater mütterlicherseits	**7 형** hermano mayor (de un hombre) grand frère d'un garçon älterer Bruder eines Mannes	**11 나** yo moi ich
4 외할머니 (외조모) abuela materna grand-mère maternelle Großmutter mütterlicherseits	**8 오빠** hermano mayor (de una mujer) grand frère d'une fille älterer Bruder einer Frau	**12 남동생** hermano menor petit frère jüngerer Bruder

사람들

13 **여동생**
hermana menor
petite sœur
jüngere Schwester

14 **삼촌 (숙부)**
tío (hermano menor del padre)
oncle paternel (frère du père)
Onkel, jüngerer Bruder des Vaters

15 **고모**
tía (hermana del padre)
tante paternelle (sœur du père)
Tante väterlicherseits

16 **고모부**
tío (esposo de la hermana del padre)
mari d'une sœur du père
Mann einer Tante väterlicherseits

17 **이모**
tía (hermana de la madre)
tante maternelle (sœur de la mère)
Tante mütterlicherseits

18 **외삼촌**
tío (hermano de la madre)
oncle maternel (frère de la mère)
Onkel mütterlicherseits

More Vocabulary

부모	padres | parents | Eltern
형제	hermanos (sólo varones) | frères | Brüder
자매	hermanas | sœurs | Schwestern
남매	hermanos (varones y mujeres) | frère et sœur | Bruder und Schwester
부부	matrimonio | couple marié | Ehepaar
남편	esposo | époux, mari | Ehemann
부인 (아내, 마누라)	esposa | épouse, femme | Ehefrau
자식 (자녀)	hijo (hija) | enfant | Kind(er)
딸	hija | fille | Tochter
아들	hijo (varón) | fils | Sohn
장남 (큰아들)	primogénito (varón) | fils aîné | ältester Sohn
막내	benjamín, hijo/a menor | cadet | jüngstes Kind
손자	nieto | petit-fils | Enkel
손녀	nieta | petite-fille | Enkelin
사촌	primo/a | cousin/e | Cousin / Cousine
조카	sobrino/a | neveu / nièce | Neffe / Nichte
시부모	suegros (de una mujer) | beaux-parents (parents du mari) | Schwiegereltern einer Frau

시아버지	suegro (de una mujer) | beau-père (père du mari) | Schwiegervater einer Frau
시어머니	suegra (de una mujer) | belle-mère (mère du mari) | Schwiegermutter einer Frau
장인	suegro (de un hombre) | beau-père (père de la femme) | Schwiegervater eines Mannes
장모	suegra (de un hombre) | belle-mère (mère de la femme) | Schwiegermutter eines Mannes
사위	yerno | gendre | Schwiegersohn
며느리	nuera | belle-fille (femme du fils) | Schwiegertochter
친척	pariente | parent | Verwandte
큰아버지	tío (hermano mayor del padre) | frère aîné du père | Onkel, älterer Bruder des Vaters
큰어머니	tía (esposa del hermano mayor del padre) | femme du frère aîné du père | Tante, Frau des älteren Bruders des Vaters
숙모	tía (esposa de un hermano menor del padre) | femme d'un petit frère du père | Tante, Frau des jüngeren Bruders des Vaters
이모부	tío (esposo de una hermana de la madre) | mari d'une sœur de la mère | Mann einer Tante mütterlicherseits
외숙모	tía (esposa de un hermano de la madre) | femme d'un frère de la mère | Frau eines Onkels mütterlicherseits

Appendix p.168

Phrases & Expressions

- 약혼하다
- 결혼하다
- 장가가다
- 시집가다
- 이혼하다
- 재혼하다

1 **출생**
nacimiento
naissance
Geburt

2 **돌잔치**
fiesta del primer cumpleaños
banquet du premier anniversaire
Fest zum ersten Geburtstag

3 **입학식**
ceremonia de admisión en una escuela
cérémonie d'entrée à l'école
Einschulungszeremonie

4 **생일 파티**
fiesta de cumpleaños
fête d'anniversaire
Geburtstagsparty

5 **제대**
finalización del servicio militar
libération du service militaire
Entlassung aus dem Militärdienst

6 **졸업식**
ceremonia de graduación
cérémonie de fin d'études
feierliche Zeugnisvergabe

7 **입사**
incorporación a una empresa
entrée dans une entreprise
Firmeneintritt

8 **결혼식**
boda, matrimonio
cérémonie de mariage
Hochzeitsfeier

9 **집들이**
fiesta que se da con motivo de una nueva residencia
crémaillère
Einzugsfeier

10 출산
alumbramiento
accouchement
Geburt eines Kindes

11 승진
ascenso, promoción
promotion professionelle
Beförderung

12 사망
fallecimiento
décès
Tod

More Vocabulary

입대	ingreso en el servicio militar | incorporation au service militaire | Eintritt ins Militär
약혼식	ceremonia de compromiso | fiançailles | Verlobungsfeier
신혼여행	viaje de novios, viaje de luna de miel | voyage de noces | Flitterwochen

환갑 (회갑)	sexagésimo cumpleaños | soixantième anniversaire | sechzigster Geburtstag
장례식	funeral | funérailles | Beerdigung
제사	ritos de culto a los antepasados | rituel / culte des ancêtres | Ahnenverehrungsriten
성년식	celebración de la mayoría de edad | cérémonie d'entrée dans la majorité | Fest zur Volljährigkeit

100
30

02 사람들

1 기쁘다
estar contento
être content
froh sein

2 슬프다
estar triste
être triste
traurig sein

3 좋다
agradarle a uno
être bien
gut finden

4 싫다
desagradarle a uno
ne pas aimer
nicht gut finden

5 웃다
reír
rire
lachen

6 울다
llorar
pleurer
weinen

7 자랑스럽다
sentirse orgulloso
être fier
stolz sein

8 부끄럽다
sentir vergüenza
se sentir honteux
sich schämen

9 즐겁다
alegrarse
être joyeux
fröhlich sein

10 화나다
enojarse
se mettre en colère
wütend sein

11 상쾌하다
ser agradable, ser refrescante
se sentir frais et dispos
erfrischt / erfreut sein

12 불쾌하다
ser desagradable, ser irritante
être désagréable
unerfreut sein

13 기분 좋다
estar de buen humor
être de bonne humeur
gut gelaunt sein

14 기분 나쁘다
no estar de humor, estar de mal humor
être de mauvaise humeur
schlecht gelaunt sein

15 재미있다
ser interesante, ser divertido
être intéressant
interessant sein

16 재미없다
carecer de interés
être inintéressant
uninteressant sein

17 편하다
cómodo, conveniente
être confortable / se sentir à l'aise
bequem sein

18 불편하다
incómodo, inconveniente
être inconfortable / se sentir mal à l'aise
unbequem sein

19 만족하다
ser satisfactorio
être satisfait
zufriedenstellend sein

20 불만스럽다
ser insatisfactorio
être insatisfait
nicht zufriedenstellend sein

More Vocabulary

미워하다	odiar ǀ détester ǀ hassen
감사하다	agradecer ǀ remercier ǀ dankbar sein
수줍다	ser tímido, ser retraído ǀ être timide ǀ schüchtern sein
대견하다	ser admirable ǀ être satisfait / être fier ǀ bewundernswert sein
창피하다	avergonzarse ǀ avoir honte ǀ beschämt sein
혐오하다	aborrecer, detestar ǀ haïr ǀ verabscheuen
무관심하다	resultar indiferente ǀ être indifférent ǀ uninteressiert sein
질투하다	tener envidia, estar celoso ǀ être jaloux ǀ eifersüchtig sein
든든하다	ser robusto, ser de confianza ǀ se sentir rassuré ǀ verlässlich sein
억울하다	sentirse mortificado, sentirse maltratado ǀ se sentir opprimé (victime d'une injustice) ǀ sich ungerecht behandelt fühlen

02

사람들

02 사람들

1 **고맙다**
agradecer
remercier
dankbar sein

2 **미안하다**
lamentar, sentirlo
s'excuser
leid tun

3 **좋아하다**
gustar
aimer bien
mögen

4 **사랑하다**
amar, encantar
aimer
lieben

5 **염려하다**
inquietarse
se préoccuper
sich Sorgen machen

6 **부러워하다**
envidiar
envier
neidisch sein

7 **외롭다**
sentirse solo
se sentir seul
einsam sein

8 **우울하다**
estar deprimido
être déprimé
depremiert sein

9 **당황하다**
sentirse avergonzado
être embarrassé
verwirrt sein

10 **피곤하다**
estar cansado
être fatigué
müde sein

11 **신나다**
estar entusiasmado
être enthousiasmé
angeregt sein

12 **졸리다**
tener sueño
avoir sommeil
schläfrig sein

13 **무섭다**
tener miedo
avoir peur
Angst haben

14 **놀랍다**
sorprenderse, asustarse
être surprenant
überrascht sein

More Vocabulary

안심하다	sentirse aliviado, tranquilizarse | être rassuré | erleichtert sein
초조하다	impacientarse | être anxieux | nervös sein
편안하다	sentirse a gusto | être tranquille | friedlich sein
불안하다	inquietarse | être angoissé / inquiet | unruhig sein
생기 있다	estar animado | être énergique | lebhaft sein
행복하다	ser feliz | être heureux | glücklich sein
불행하다	ser desgraciado | être malheureux | unglücklich sein
침착하다	ser tranquilo | être calme | gefasst sein
만만하다	ser fácil de tratar | être docile / peu contraignant | einfach sein
지루하다	ser aburrido | être ennuyeux | langweilig sein
자신 있다	tener confianza en uno mismo | avoir confiance en soi | selbstbewusst sein
두렵다	temer(se) | craindre | Angst haben
짜증나다	enfurecerse | s'agacer / s'irriter | genervt sein
심심하다	aburrirse | s'ennuyer | gelangweilt sein
통쾌하다	ser emocionante, ser gratificante | avoir une joie intense | sehr erfreut sein / sehr erleichtert sein
답답하다	dar cólera, dar rabia | se sentir étouffé / angoissé | bedrückt, befangen sein
반갑다	alegrarse, estar encantado | être enchanté | erfreut sein

1 점퍼 (잠바) cazadora, campera blouson Jacke	**4 와이셔츠** camisa de vestir chemise Herrenhemd
2 바지 pantalones pantalon Hose	**5 조끼** chaleco veste Weste
3 남방 camisa informal chemise décontractée geknöpftes Hemd	**6 원피스** vestido robe Kleid

7 칠부바지 pantalones corsarios / piratas pantacourt Caprihose	**10 티셔츠** camiseta T-shirt T-Shirt
8 블라우스 blusa chemisier Bluse	**11 반바지** pantalones cortos short kurze Hose
9 멜빵바지 pantalones con tirantes salopette Latzhose	**12 웨딩드레스** vestido de novia robe de mariage Hochzeitskleid

13 **턱시도**
esmoquin
smoking
Smoking

14 **스웨터**
jersey, compa, chomba
pull-over
Pullover

15 **면바지**
pantalones de algodón
pantalon en coton
Baumwollhose

16 **치마**
falda, pollera
jupe
Rock

More Vocabulary

상의   chaqueta, americana, saco | vêtement pour le haut | Oberteil, Oberbekleidung

투피스   traje de mujer | tailleur | Kostüm

청바지   pantalones vaqueros / tejanos | jean | Jeans

니트   prenda de punto | tricot | Strickwaren

의
복
류

1 코트 abrigo manteau Mantel	**3 트렌치코트** gabardina trench-coat Trenchcoat	**5 무스탕** abrigo forrado con piel de cordero blouson, manteau mustang Felljacke	**7 가죽 코트** abrigo de cuero manteau en cuir Lederjacke
2 모피 코트 abrigo de piel manteau de fourrure Pelzmantel	**4 카디건** chaqueta de punto, rebeca gilet de laine Strickjacke	**6 파카** anorak parka Parka	**8 한복** traje tradicional coreano vêtement traditionnel coréen koreanische Tracht

More Vocabulary

바바리	tipo de gabardina | gabardine | Trenchcoat
신사복	ropa de caballero | vêtement pour homme | Herrenbekleidung
숙녀복	ropa de señora | vêtement pour femme | Damenbekleidung
아동복	ropa infantil | vêtement pour enfant | Kinderbekleidung
유아복	ropa de bebé | vêtement pour bébé | Babybekleidung
양복	traje | costume occidental | Anzug
정장	ropa formal | costume complet | formelle Kleidung
캐주얼	ropa informal | vêtement décontracté | informelle Kleidung
파자마	pijama | pyjama | Schlafanzug
가운	bata | robe de chambre / peignoir | Nachthemd, Mantel, Robe
무늬	diseños | motif | Muster
줄무늬	de rayas, rayado | motif à rayures | Streifenmuster
물방울무늬	de lunares | motif à pois | Punktemuster
체크무늬	de cuadros | motif à carreaux | Karomuster
꽃무늬	de flores | motif à fleurs | Blumenmuster

9 비옷 (우비)
impermeable
imperméable
Regenmantel

10 수영복
bañador
maillot de bain
Badebekleidung

11 스키복
traje de esquí
tenue de ski
Skianzug

12 작업복
uniforme de trabajo, mono
tenue de travail
Arbeitsbekleidung

13 교복
uniforme de colegio
uniforme scolaire
Schuluniform

14 트레이닝복 (운동복)
chándal (ropa deportiva)
survêtement (de sport)
Sportbekleidung

15 유니폼
uniforme
uniforme
Uniform

16 잠옷
ropa de dormir
pyjama
Schlafanzug

More Vocabulary

사이즈	talla, talle | taille | Größen
XL (특대)	extra grande | extra-grand (XL) | XL (extragroß)
L (대)	grande | grand (L) | L (groß)
M (중)	mediana | moyen (M) | M (mittel)
S (소)	pequeña | petit (S) | S (klein)
XS (특소)	extra pequeña | extra-petit (XS) | XS (extraklein)

옷감	tejido | étoffe | Textilien
면	algodón | coton | Baumwolle
마	lino, cáñamo | lin | Leinen
모	piel | laine | Wolle
실크 (견)	seda | soie | Seide
레이온	rayón | rayonne | Rayon
나일론	nailon, nylon | nylon | Nylon
울	lana | laine | Wolle

의복류

1 트렁크 팬티 (사각팬티) calzoncillos, calzones, bóxer slip-boxer Boxershorts	**5** 팬티 braga(s) culotte Unterhose

1 트렁크 팬티 (사각팬티)
calzoncillos, calzones, bóxer
slip-boxer
Boxershorts

2 삼각팬티
calzoncillos cortos, slip
slip
Slip

3 러닝셔츠
camiseta interior
maillot de corps
Herrenunterhemd

4 브래지어
sujetador
soutien-gorge
BH

5 팬티
braga(s)
culotte
Unterhose

6 거들
faja calzón
gaine-culotte
Miederhose

7 슬립
combinación
nuisette
Unterkleid

8 캐미솔
camisola
caraco
Damenunterhemd

9 팬티스타킹
pantys, pantimedias
collant
Feinstrumpfhose

10 밴드 스타킹
medias
bas
Feinstrümpfe

11 판탈롱 스타킹
mini medias
mi-bas
Feinkniestrümpfe

페티코트   enaguas, combinación | jupon | Petticoat

l 구두 zapatos chaussures (de ville) Lederschuhe	**5 부츠** botas bottes Stiefel	**9 밑창** suela semelle Sohle
2 하이힐 zapatos de tacón chaussures à talons (hauts) Stöckelschuhe	**6 샌들** sandalias sandales Sandalen	**10 굽** tacón talon Absatz
3 운동화 zapatillas de deporte, tenis, deportivas baskets Sportschuhe	**7 고무신** calzado de goma chaussures traditionnelles en caoutchouc Gummischuhe	**ll 끈** cordones, agujetas lacet Schnürsenkel
4 등산화 botas de montaña chaussures de randonnée Wanderstiefel	**8 장화** botas de lluvia bottes en caoutchouc Gummistiefel	**12 구둣주걱** calzador chausse-pied Schuhlöffel

More Vocabulary

슬리퍼 pantuflas, zapatillas de casa, chinelas | mules | Schlappen

모자, 가방 Sombreros y bolsas | chapeaux et sacs | Hüte und Taschen  Track 21

① ② ③ ④ ⑤ ⑥ ⑦

1 야구 모자
gorra
casquette
Baseballkappe

2 중절모
sombrero
chapeau
Fedora

3 털모자
gorro
bonnet de laine
Strickmütze

4 숄더백
bolso, bolso con correa
sac à bandoulière
Schultertasche

5 핸드백
bolso de mano
sac à main
Handtasche

6 서류 가방
maletín
porte-documents
Aktentasche

7 배낭
mochila
sac à dos
Rucksack

More Vocabulary

등산 모자 gorro de alpinista | bonnet de randonneur | Wanderhut

선 캡 visera | casquette à visière | Sonnenschild

1 시계 reloj montre Armbanduhr	6 발찌 pulsera para tobillo bracelet de cheville Fußkettchen	11 손수건 pañuelo mouchoir en tissu Taschentuch

1 시계
reloj
montre
Armbanduhr

2 팔찌
pulsera
bracelet
Armreif

3 반지
anillo
bague
Ring

4 목걸이
collar, colgante
collier
Kette

5 귀걸이
pendiente(s)
boucles
d'oreilles
Ohrringe

6 발찌
pulsera para tobillo
bracelet de cheville
Fußkettchen

7 브로치
broche
broche
Brosche

8 스카프
pañuelo de cuello,
bufanda, chalina
foulard
Halstuch, Schal

9 넥타이
corbata
cravate
Krawatte

10 넥타이핀
alfiler de corbata
épingle de cravate
Krawattennadel

11 손수건
pañuelo
mouchoir en tissu
Taschentuch

12 벨트 (혁대)
cinturón
ceinture
Gürtel

13 지갑
billetera
portefeuille
Geldbeutel

14 안경
gafas
lunettes
Brille

15 선글라스
gafas de sol
lunettes de soleil
Sonnenbrille

16 목도리
bufanda
écharpe
Winterschal

17 장갑
guante(s)
gants
Handschuhe

18 마스크
mascarilla
masque
Mundschutz

19 귀마개
orejeras
protège-oreilles
Ohrwärmer

20 머리띠
diadema, cinta
para el pelo
serre-tête
Haarreif

21 머리핀
horquilla
barrette
(à cheveux)
Haarspange

22 양말
calcetines
chaussettes
Socken

1 스킨 (화장수) crema / loción hidratante lotion tonique Gesichtswasser	**5 파우더** polvos poudre Puder	**9 아이브로펜슬** delineador / lápiz de cejas crayon à sourcils Augenbrauenstift	**13 향수** colonia, perfume parfum Parfüm
2 로션 loción lait hydratant Gesichtslotion	**6 콤팩트** polvera compact Puderdose	**10 립스틱** pintalabios rouge à lèvres Lippenstift	**14 팩** mascarilla facial masque Gesichtsmaske
3 크림 crema crème Creme	**7 마스카라** máscara mascara Wimperntusche	**11 매니큐어** pintauñas vernis à ongles Nagellack	**15 화장솜** toallitas desmaquillantes coton à démaquiller Wattepads
4 파운데이션 base de maquillaje fond de teint Foundation	**8 아이섀도** sombra de ojos fard à paupières Lidschatten	**12 손톱깎이** cortaúñas coupe-ongles Nagelknipser	**16 자외선 차단제** protector solar crème solaire Sunblocker

옷이 헐렁하다 / 끼다	quedar una prenda holgada / ajustada | Le vêtement est (trop) ample / serré | Kleidung ist zu weit / zu eng
바지 기장이 길다 / 짧다	quedar unos pantalones largos / cortos | Le pantalon est (trop) long / court | Hosen sind zu lang / zu kurz
옷이 크다 / 작다	quedar una prenda grande / pequeña | Le vêtement est (trop) grand / petit | Kleidung ist zu groß / zu klein
허리가 크다 / 작다	ser de una talla mayor / menor | être (trop) grand / petit à la taille | Taille ist zu weit / zu eng
옷을 갈아입다 / 벗다	cambiarse / quitarse la ropa | se changer / se déshabiller | sich umziehen / ausziehen
윗옷을 걸치다 / 벗다	ponerse / quitarse una prenda superior | mettre / enlever un manteau, une veste | Oberbekleidung überziehen / ausziehen
단추를 채우다 (잠그다)	abotonar(se) | fermer des boutons | Knopf schließen
단추를 풀다 (끄르다)	desabotonar(se) | défaire des boutons | Knopf öffnen
안경을 쓰다 / 벗다	ponerse, llevar / quitarse las gafas | mettre / enlever des lunettes | Brille aufsetzen / abnehmen
모자를 쓰다 / 벗다	ponerse, llevar / quitarse el sombrero | mettre / enlever un chapeau | Hut aufsetzen / abnehmen
시계를 차다 / 풀다	ponerse, llevar / quitarse el reloj | mettre / enlever une montre | Armbanduhr anlegen / ablegen
벨트를 차다 / 풀다	ponerse, llevar / quitarse el cinturón | mettre / enlever une ceinture | Gürtel anlegen / aufmachen
스카프를 매다 / 풀다	ponerse, llevar / quitarse la bufanda | mettre / enlever un foulard | Tuch umbinden / aufbinden
넥타이를 매다 / 풀다	ponerse, llevar / quitarse la corbata | mettre / enlever (défaire) une cravate | Krawatte umbinden / lösen
가방을 들다	llevar el bolso de la mano | porter un sac | eine Tasche in der Hand tragen
가방을 매다	llevar el bolso colgado del hombro | porter un sac en bandoulière | eine Tasche über der Schulter tragen
머리핀을 꽂다 / 빼다	ponerse, llevar / quitarse una horquilla | mettre / enlever une barrette à cheveux | Spange ins Haar stecken / herausnehmen
머리띠를 하다 / 빼다	ponerse, llevar / quitarse la diadema | mettre / enlever un serre-tête | Haarreif aufsetzen / abnehmen
귀걸이를 하다 / 빼다	ponerse, llevar / quitarse los pendientes | mettre / enlever des boucles d'oreilles | Ohrringe anlegen / abnehmen
목걸이를 하다 / 빼다	ponerse, llevar / quitarse el collar | mettre / enlever un collier | Kette anlegen / abnehmen
팔찌를 하다 / 빼다	ponerse, llevar / quitarse la pulsera | mettre / enlever un bracelet | Armreif anlegen / ablegen
반지를 끼다 / 빼다	ponerse, llevar / quitarse el anillo | mettre / enlever une bague | Ring aufstecken / abnehmen
장갑을 끼다 / 벗다	ponerse, llevar / quitarse los guantes | mettre / enlever des gants | Handschuhe anziehen / ausziehen
스타킹을 신다 / 벗다	ponerse, llevar / quitarse las medias | mettre / enlever un collant | Strumpfhosen anziehen / ausziehen
양말을 신다 / 벗다	ponerse, llevar / quitarse los calcetines | mettre / enlever des chaussettes | Socken anziehen / ausziehen
구두를 신다 / 벗다	ponerse, llevar / quitarse los zapatos | mettre / enlever des chaussures de ville | Lederschuhe anziehen / ausziehen
신발을 신다 / 벗다	calzarse / descalzarse | mettre / enlever des chaussures | Schuhe anziehen / ausziehen

1 **건조대**
tendedero, perchero
étendoir
Wäscheständer

2 **옷걸이**
percha
cintre
Kleiderbügel

3 **빨래집게**
pinza
pince à linge
Wäscheklammer

4 **빨랫비누**
pastilla de jabón
savon à lessive
Wäscheseife

5 **섬유 유연제**
suavizante
adoucissant
Weichspüler

6 **세제**
detergente
produit à lessive
Waschmittel

7 **탈수기**
secadora
essoreuse
Wäscheschleuder

8 **세탁기**
lavadora, lavarropas
machine à laver
Waschmaschine

9 **빨랫감**
colada
linge
schmutzige Wäsche

10 **빨래 바구니**
cesta de la colada
panier à linge
Wäschekorb

11 **다리미판**
tabla de planchar
planche à repasser
Bügelbrett

12 **다리미**
plancha
fer à repasser
Bügeleisen

13 **분무기**
pulverizador,
atomizador, rociador
vaporisateur
Sprühflasche

More Vocabulary

세탁 망	bolsa para el lavado de ropa delicada | filet à linge | Wäschenetz
빨랫줄	cuerda de tender | corde à linge | Wäscheleine
세탁 기호	símbolos informativos de lavado | symboles d'entretien | Pflegesymbole
드라이할 것	limpieza en seco | nettoyer à sec | Professionelle Reinigung
짜지 말 것	no escurrir, no estrujar | ne pas essorer | Nicht auswringen
색깔 있는 옷과 같이 빨지 말 것	no lavar con ropa de color | ne pas mélanger avec le linge de couleur | Nicht mit bunter Kleidung waschen
염소계 표백제는 안 됨	no lavar con cloro, no usar lavandina | ne pas utiliser de javel | Bleichen mit Chlor nicht erlaubt
그늘진 곳에 말릴 것	secar a la sombra | faire sécher à l'ombre | Im Schatten trocknen
다리미 온도	temperatura de planchado | température du fer à repasser | Bügeltemperatur
다리지 말 것	no planchar | ne pas repasser | Nicht bügeln

Appendix p.168

Phrases & Expressions

- 탈수를 하다, 옷을 짜다
- 옷을 털다
- 옷을 널다
- 옷을 말리다
- 옷을 개다
- 옷걸이에 걸다
- 빨래를 삶다

- 비누칠하다
- 옷을 비비다
- 옷을 헹구다
- 다리다
- 얼룩을 제거하다
- 물이 빠지다 (탈색되다)
- 옷이 줄어들다

야채 Verduras y hortalizas | légumes | Gemüse Track 26

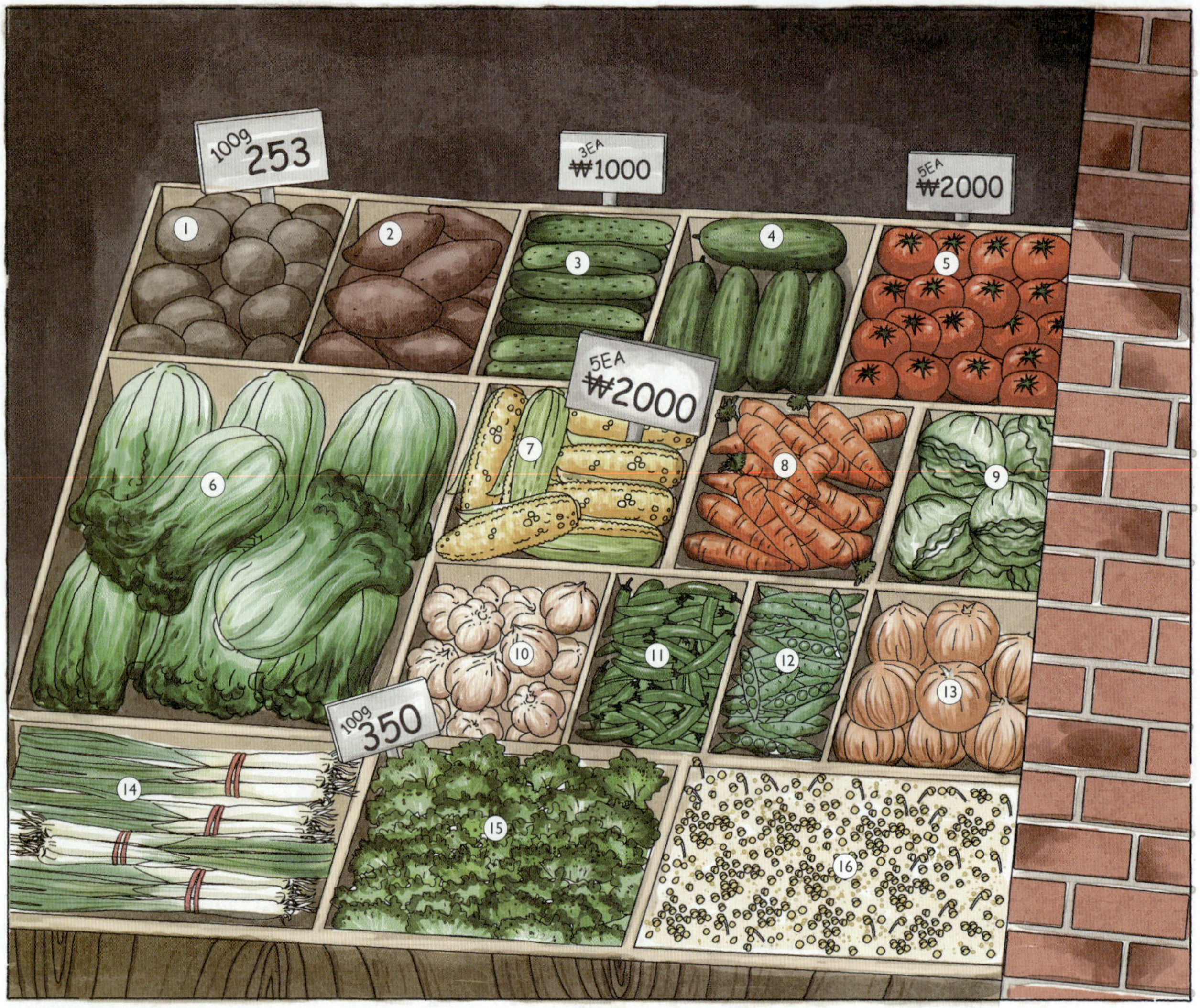

1 감자
patata, papa
pomme de terre
Kartoffel

2 고구마
boniato, camote, batata
patate douce
Süßkartoffel

3 오이
pepino, cohombro
concombre
Gurke

4 호박
calabacín, calabaza
potiron
Kürbis

5 토마토
tomate
tomate
Tomate

6 배추
col china
chou chinois
Chinakohl

7 옥수수
maíz
maïs
Mais

8 당근
zanahoria
carotte
Möhre

9 양배추
col, repollo, berza
chou blanc
Weißkohl

10 마늘
ajo
ail
Knoblauch

11 고추
guindilla, chile, ají
piment
Chili

12 콩
guisante, arveja, chícharo
pois
Bohne

13 양파
cebolla
oignon
Zwiebel

14 파
cebolleta, puerro
poireau
Lauch

15 상추
lechuga
batavia
Salat

16 콩나물
brotes de soja / soya
pousses de soja
Sojabohnensprossen

1	**사과**

1 **사과**
manzana
pomme
Apfel

2 **배**
pera
poire
Birne

3 **귤**
mandarina
mandarine
Mandarine

4 **오렌지**
naranja
orange
Orange

5 **포도**
uva
raisin
Traube

6 **딸기**
fruta, frutilla
fraise
Erdbeere

7 **수박**
sandía
pastèque
Wassermelone

8 **참외**
meloncito (oriental)
melon jaune
koreanische Zuckermelone

9 **감**
caqui
kaki
Kaki

10 **복숭아**
melocotón, durazno
pêche
Pfirsich

11 **레몬**
limón
citron
Zitrone

12 **바나나**
plátano, banana
banane
Banane

생선 및 해산물 Pescado y marisco | poisson et fruits de mer | Fisch und Meeresfrüchte (Track 28)

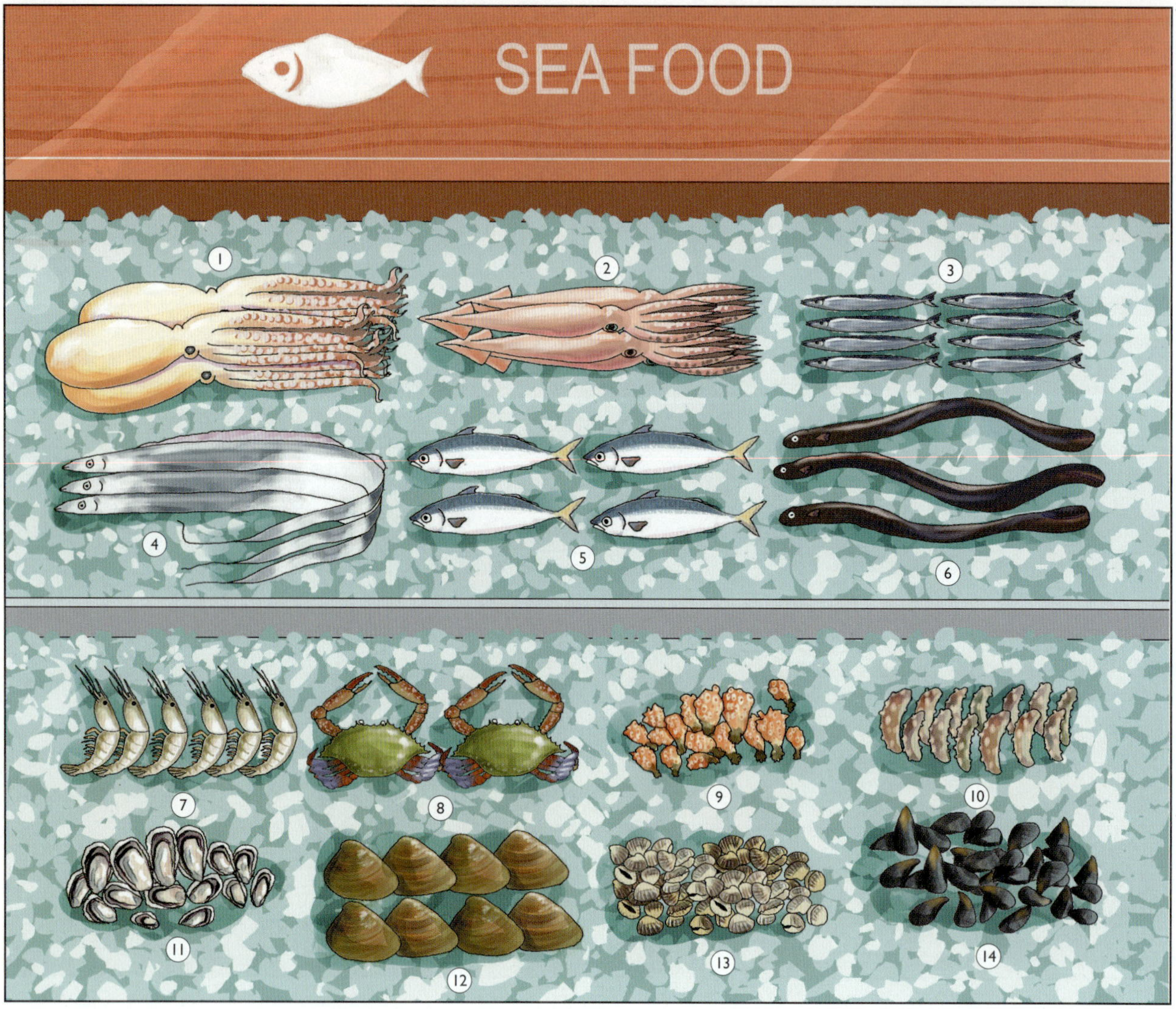

1 **문어**
pulpo
poulpe
Oktopus

2 **오징어**
calamar
calamar
Tintenfisch

3 **꽁치**
paparda
sardine
Makrelenhecht

4 **갈치**
espadín
sabre
Haarschwanz

5 **고등어**
caballa, macarela
maquereau
Makrele

6 **장어**
anguila
anguille
Aal

7 **새우**
gamba, camarón
crevette
Garnele

8 **게**
cangrejo
crabe
Schwimmkrabbe

9 **멍게**
ascidia
outre de mer
Seescheide

10 **해삼**
pepino de mar, cohombro de mar
concombre de mer
Seegurke

11 **굴**
ostra
huître
Auster

12 **조개**
almeja
palourde
Muschel

13 **꼬막**
berberecho, chirla
coque
Archenmuschel

14 **홍합**
mejillón
moule
Miesmuschel

돼지고기 carne de cerdo, carne de chancho | porc | Schweinefleisch

1 삼겹살
panceta coreana,
tocineta coreana
poitrine de porc /
lard
Schweinebauch

2 족발
manita de cerdo
pied de cochon
Schweinsfuß

3 햄
jamón
jambon
Schinken,
Fleischwurst

4 소시지
salchicha
saucisse
Bratwurst

5 베이컨
beicon
bacon
Frühstücksspeck

소고기 (쇠고기) carne de res, carne de ternera | bœuf | Rindfleisch

6 안심
lomo
faux-filet
Filet

7 등심
solomillo
entrecôte de bœuf
Roastbeef

8 꼬리
rabo
queue
Ochsenschwanz

9 우족
pie de ternera,
patita de res
pied de veau
Rinderfuß

10 갈비
costillas
travers
Rippe

11 닭고기 (carne de) pollo | poulet | Hühnerfleisch

12 오리고기 (carne de) pato | canard | Entenfleisch

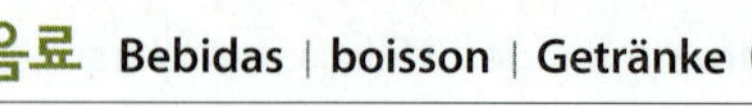

1 생수 agua mineral eau minérale Mineralwasser	**4 커피** café café Kaffee	**7 포도 주스** zumo / jugo de uva jus de raisin Traubensaft	**10 토마토 주스** zumo / jugo de tomate jus de tomate Tomatensaft
2 우유 leche lait Milch	**5 팥빙수** helado o hielo picado con judías dulces granita coréenne Wassereis mit roten Bohnen	**8 복숭아 주스** zumo de melocotón, jugo de durazno jus de pêche Pfirsichsaft	**11 당근 주스** zumo / jugo de zanahoria jus de carotte Möhrensaft
3 요구르트 yogur yaourt Joghurt	**6 오렌지 주스** zumo / jugo de naranja jus d'orange Orangensaft	**9 딸기 주스** zumo de fresa, jugo de fresilla jus de fraise Erdbeersaft	

차　té, infusión ｜ thé ｜ Tee

1 **인삼차**
infusión de ginseng
thé au ginseng
Ginsengtee

2 **녹차**
té verde
thé vert
Grüner Tee

3 **홍차**
té negro
thé anglais
Schwarzer Tee

술　alcohol, licor ｜ alcool ｜ Alkoholika

4 **소주**
bebida alcohólica destilada
alcool de patate douce
Reis-, Süßkartoffelschnaps

5 **맥주**
cerveza
bière
Bier

6 **막걸리**
bebida alcohólica fermentada de arroz
alcool de riz
Reiswein

More Vocabulary

생강차	infusión de jengibre ｜ thé au gingembre ｜ Ingwertee
대추차	infusión de azufaifa / jínjol ｜ thé au jujube ｜ Datteltee
칡차	infusión de maranta / kizu ｜ thé à la racine de maranta ｜ Weltengrüntee

유자차	infusión de cidra / yuzu ｜ thé au citron d'Extrême-Orient ｜ Bergamottzitronentee
과일주	licor de frutas ｜ alcool de fruits ｜ Fruchtwein
포도주	vino ｜ vin ｜ Traubenwein
매실주	licor de ciruela ｜ vin de prune ｜ Pflaumenwein

음식

불고기
ternera marinada a la parrilla

barbecue coréen

Mariniertes Rindfleisch

삼겹살
panceta a la parrilla

poitrine de porc grillée

Schweinebauch

갈비
costillas

plat de côtes

Rippen

비빔밥
revuellto de arroz y verduras

riz à la viande et aux légumes à la sauce de piment

Bunter Reis mit Chilipaste

냉면
tallarines fríos

nouilles froides

Kalte Nudeln

국수
tallarines largos con caldo

soupe de nouilles fines

Nudelsuppe

칼국수
sopa de fideos de harina de trigo

soupe de nouilles

Nudelsuppe mit flachen Nudeln

만둣국
sopa con empanadillas chinas

soupe de raviolis

Teigtaschensuppe

떡국
sopa con pasta de arroz

soupe de pâte de riz

Reiskuchensuppe

김치찌개
guiso de kimchi

ragoût de gimchi

Kimchi-Eintopf

된장찌개
guiso de soja fermentada

ragoût à la pâte de soja fermentée

Sojabohnenpasteneintopf

육개장
sopa picante con carne de ternera

soupe piquante de bœuf

Scharfe Rindfleischsuppe

순두부찌개
guiso estofado de tofu

ragoût de tofu mou

Eintopf mit Seidentofu

갈비탕
sopa de costilla de ternera

soupe de plat de côtes

Rinderrippensuppe

삼계탕
sopa de pollo con ginseng

soupe de poulet au gingseng

Hühnersuppe

설렁탕
sopa de hueso de ternera

soupe de bœuf

Rindsuppe

More Vocabulary

부대찌개 guiso con diversos ingredientes | ragoût de gimchi avec des saucisses | Eintopf mit Wurst und Kimchi

버섯전골 estofado de champiñones | fondue aux champignons | Pilztopf

김밥
rollo de arroz y otros ingredientes
rouleau de riz aux algues
Reisrollen

떡볶이
arroz glutinoso con salsa picante
bâtonnet de pâte de riz
Reiskuchenpfanne

어묵
pasta de pescado cocida en su caldo
pâte de poisson pilée
Fischkuchen

순대
morcilla rellena de fideos
boudin coréen
Koreanische Blutwurst

라면
ramen
ramyeon
Instantnudeln

쫄면
tallarines de trigo y patata
nouilles dures pimentées
Scharfe kalte Nudeln

떡 pasta de arroz glutinoso | gâteau de riz | Reiskuchen

인절미
pastelillos de pasta de arroz con judía roja
gâteau de riz glutineux
Reiskuchen mit Bohnenpulver

시루떡
pasta de arroz a la olla de barro
gâteau de riz aux haricots rouges
Reiskuchen im Tontopf

무지개떡
pastel de pasta de arroz de varios colores
gâteau de riz multicolore
Regenbogenreiskuchen

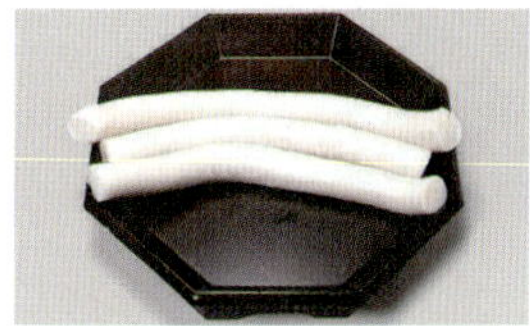

가래떡
palitos de pasta de arroz
bâtonnets de pâte de riz
Reiskuchenstangen

송편
pastelillos de pasta de arroz rellenos de castaña
gâteau de riz à la vapeur cuit sur un lit d'aiguilles de pin
gefüllte Reiskuchen

More Vocabulary

수제비	sopa con pasta de harina de trigo | soupe de morceaux de pâte et légumes | Teigfleckensuppe
라볶이	ramen con arroz glutinoso | mélange de nouilles et de tteokpokki | Nudelreiskuchenpfanne
절편	galletas de pasta de arroz | gâteau de riz décoré | flache Reiskuchen
백설기	pastelillo de arroz glutinoso | gâteau de riz blanc | weiße Reiskuchen
약과	galleta de sésamo y miel | gâteau de miel frit | Honiggebäck
호떡	tortita rellena de miel, canela y azúcar | petite crêpe fourrée au sucre | gefüllte Pfannkuchen

자장면
fideos con salsa de soja frita
nouilles à la sauce de soja noir
Nudeln mit Soße

짬뽕
sopa de marisco picante
ragoût de fruits de mer et de nouilles
Scharfe Nudelsuppe

울면
sopa de fideos, huevo, verduras y marisco
nouilles au bouillon glutineux
Nudeln mit Meeresfrüchten

군만두
empanadillas chinas fritas
ravioli frit
Gebratene Teigtaschen

물만두
empanadillas chinas al vapor
ravioli à la vapeur
Gekochte Teigtaschen

탕수육
cerdo agridulce
porc frit à l'aigre-doux
Schweinefleisch süß-sauer

팔보채
arroz ocho tesoros
huit fruits de mer et légumes à la sauce moutarde
Meeresfrüchte und Gemüse

마파두부
mapo tofu
tofu à la sauce de piment
Scharfer Tofu

꽃빵
pan chino
pain chinois torsadé
Gedämpfte Weizenbrötchen

고추잡채
verduras salteadas con pimiento
nouilles sautées aux poivrons
Chili Chop Suey

해파리냉채
ensalada fría de medusa
lamelles froides de méduse et de légumes
Quallensalat

깐풍기
pollo frito al ajillo
poulet frit à l'ail
Frittertes Hühnerfleisch in Knoblauchsoße

More Vocabulary

양장피	ensalada de verduras, carne y pescado | salade de pâte d'amidon avec du porc, des crevettes et des légumes | Kalte Platte
유산슬	guiso de pepino de mar con gambas y ternera | concombre de mer sauté à la sauce glutineuse | Seegurke, Garnelen und Rind in Soße
잡탕밥	arroz con verduras y marisco guisados | riz aux fruits de mer et légumes | Reis mit Meeresfrüchtepfanne
잡채밥	arroz con verduras salteadas | riz aux nouilles sautées aux légumes | Reis mit Glasnudelpfanne

생선회
sashimi

sashimi

Roher Fisch

생선초밥 (스시)
sushi

sushi

Sushi auf Reis

김초밥
makizushi (rollo de sushi enrollado en alga)

nori maki

Sushi-Rollen

유부초밥
inarizushi (tofu frito relleno de arroz)

inarisushi

Saurer Reis in Tofuhaut

알밥
arroz con huevas

riz aux œufs de poisson

Reis mit Fischrogen

돈가스
tonkatsu (chuleta de cerdo rebozada)

porc frit

Paniertes Schweineschnitzel

생선가스
pescado frito

poisson frit

Paniertes Fischfilet

장어구이
anguila asada

anguille grillée

Gebratener Aal

우동
udon (fideos gruesos)

udong

Suppe mit dicken Nudeln

메밀국수
soba (tallarines de alforfón fríos)

nouilles au sarrasin

Kalte Buchweizennudeln

비프스테이크
bistec, bife
bifteck
Beefsteak

비프커틀릿
chuleta de cerdo / chancho
escalope de bœuf
Rindsschnitzel

스프
sopa
soupe
Cremesuppe

샐러드
ensalada
salade
Salat

스파게티
espaguetis
spaghetti
Spaghetti

카레라이스
arroz al curry
riz au curry
Reis mit Curry

샌드위치
sándwich
sandwich
Sandwich

피자
pizza
pizza
Pizza

프라이드치킨
pollo frito
poulct frit
frittiertes Hähnchenfleisch

More Vocabulary

바비큐폭찹　　chuletas de cerdo a la brasa | côtes de porc au barbecue | gegrillte Schweinekoteletts

음식

04

쿠키
galleta, pasta

cookie

Cookie

빵
bollo

pain

Brot, Kleingebäck

케이크
tarta, torta

gâteau

Torte

사탕
caramelo

bonbon

Bonbon

초콜릿
chocolate

chocolat

Schokolade

아이스크림
helado

glace

Eiscreme

More Vocabulary

비스킷	galleta, bizcocho	biscuit	Keks, Plätzchen
파이	pastel, tartaleta	tarte	Pie, Kuchen
껌	chicle, goma de mascar	chewing-gum	Kaugummi

식료품 | Ingredientes | produits alimentaires | Lebensmittel 

1 쌀	**4 두부**	**7 국수**	**10 마요네즈**
arroz	tofu	tallarines, fideos	mayonesa
riz	tofu	nouilles	mayonnaise
Reis	Tofu	Weizennudeln	Mayonnaise
2 보리	**5 미역**	**8 김**	**11 케첩**
cebada	alga marina comestible	láminas de alga seca	ketchup
blé	algue	feuille d'algue séchée	ketchup
Gerste	Wakame-Algen	Nori-Algen	Ketchup
3 밀가루	**6 당면**	**9 스파게티 면**	**12 버터**
harina de trigo	tallarines transparentes de patata	espaguetis	mantequilla
farine de blé	vermicelles	spaghettis	beurre
Weizenmehl	Glasnudeln	Spaghetti	Butter

13 마가린
margarina
margarine
Margarine

14 치즈
queso
fromage
Käse

15 꿀
miel
miel
Honig

16 잼
mermelada
confiture
Marmelade

17 된장
salsa de soja fermentada
pâte de soja fermentée
fermentierte Sojabohnenpaste

18 고추장
pasta de chiles rojos
pâte de piment fermentée
Chilipaste

19 깨
sésamo
graines de sésame
Sesam

20 고춧가루
pimienta roja, chile en polvo
poudre de piment
Chilipulver

21 후춧가루
pimienta negra
poivre
Gemahlener Pfeffer

22 설탕
azúcar
sucre
Zucker

23 소금
sal
sel
Salz

24 간장
salsa de soja / soya
sauce de soja
Sojasoße

25 참기름
aceite de sésamo
huile de sésame
Sesamöl

26 식초
vinagre
vinaigre
Essig

27 식용유
aceite de cocina
huile
Speiseöl

More Vocabulary

컵라면	tallarines instantáneos en vaso de cartón | barquette de nouilles instantanées | Cup-Nudeln	꽁치 캔	parpada en lata | boîte de sardine | Makrelenhecht in Dosen
양념	condimentos, aliño, aderezo | épices, condiment | Gewürze, Marinade	과식	comer en exceso | excès de nourriture | übermäßiges Essen
조미료	condimentos en polvo | exhausteur de goût | Geschmacksverstärker	과음	ingesta excesiva de alcohol | abus d'alcool | übermäßiger Alkoholgenuss
젓갈	encurtido fermentado de pescado o marisco | saumure de poisson | fermentierter Fisch und Meeresfrüchte	금식	ayuno | jeûne | Fasten
		후식	postre | dessert | Dessert
통조림	conservas | boîte de conserve | Lebensmittel in Dosen	군것질	picar entre comidas | grignotage entre les repas | Naschen
참치 캔	atún en lata | boîte de thon | Thunfisch in Dosen	다이어트	dieta | régime | Diät

Appendix p.168

Phrases & Expressions

- 짜다
- 맵다
- 달다
- 쓰다
- 시다
- 싱겁다

- 칼칼하다
- 텁텁하다
- 매콤하다
- 얼큰하다
- 시원하다
- 느끼하다

1 메뉴 menú carte Speisekarte	**2 불고기 버거** hamburguesa de ternera marinada burger de bulgogi Bulgogiburger

3 치즈 버거 hamburguesa de queso cheese burger Cheeseburger	**4 새우 버거** hamburguesa de gambas / camarones burger de crevettes Shrimpsburger

5 치킨 버거
hamburguesa de pollo
burger au poulet
Chickenburger

6 주문대 (계산대)
mostrador
caisse
Kasse

7 컵
taza
verre
Becher

8 스트로 (빨대)
pajita
paille
Strohhalm

9 딸기잼
mermelada de fresa / frutilla
confiture de fraises
Erdbeermarmelade

10 물티슈
servilleta húmeda
lingette
Feuchttuch

11 프렌치프라이
patatas fritas
frites
Pommes frites

12 팥빙수
helado o hielo picado con judías dulces
patbingsu
Wassereis mit roten Bohnen

13 콘 샐러드
ensalda de maíz
salade de maïs
Maissalat

14 치킨
pollo frito
poulet
frittiertes Hähnchenfleisch

15 핫도그
perrito caliente, pancho
hot-dog
Hotdog

16 치즈 스틱
rollito de queso
bâtonnet de fromage frit
Cheese Sticks

More Vocabulary

세트 메뉴	un menú | menu | Menü
햄버거	hamburguesa | hamburger | Hamburger
애플파이	pastel de manzana | tarte aux pommes | Apfelkuchen
아르바이트생	empleado a tiempo parcial | étudiant travaillant à temps partiel | Teilzeitaushilfe
유니폼	uniforme | tenue de travail | Uniform
이름표	placa identificativa | badge | Namensschild
회원 카드	tarjeta de miembro | carte adhérent | Mitgliedskarte
포장	pedido, orden | emballage | Verpackung
분리수거함	separadores de basura ecológicos | poubelle de recyclage | Mülleimer mit Mülltrennung

Appendix p.169

Phrases & Expressions

- 메뉴를 고르다 / 결정하다
- 세트 메뉴를 주문하다
- 회원 카드를 제시하다
- 햄버거를 먹다
- 소스를 뿌리다
- 음료수를 마시다

- 음료수를 리필하다
- 음식을 흘리다
- 휴지로 닦다
- 테이블을 치우다
- 테이블이 더럽다 / 깨끗하다
- 음식을 포장하다

김치 담그기 Preparación del kimchi | préparer du gimchi | Kimchizubereitung  Track 40

1 **배추를 2~4 등분하다** cortar las coles chinas en 2 ó 4 trozos | découper un chou chinois en deux moitiés ou en quatre quarts | Chinakohl halbieren oder vierteln

2 **배추를 소금물에 절이다** ponerlas a remojo en agua salada | saumurer le chou chinois découpé | Chinakohl in Salzwasser ziehen lassen

3 **무를 채(를) 썰다** cortar nabos en rodajas | émincer un navet | Rettich in feine Streifen schneiden

4 **마늘 / 생강을 다지다** picar ajo / jengibre | hacher de l'ail et du gingembre | Knoblauch / Ingwer quetschen und fein hacken

5 **무채에 고춧가루를 넣어 버무리다** echar chile en polvo al nabo y mezclar bien | mélanger de la poudre de piment avec des navets émincés | Rettichstreifen mit Chilipulver vermischen

6 **배추 포기에 소를 넣다** poner la mezcla en todas las hojas de col | garnir chaque chou découpé et saumuré | Chinakohl füllen

7 **독(용기, 김치냉장고)에 담다** guardar en una vasija (tinaja de barro, refrigerador de kimchi) | mettre dans une jarre (un récipient, un réfrigérateur à gimchi) | in einen Kimchitopf (ein Gefäß, den Kimchikühlschrank) füllen

총각김치	rábano blanco encurtido | gimchi de petits navets | Kimchi aus jungem Rettich
파김치	puerros encurtidos | gimchi de cébette | Lauchkimchi
오이소박이	pepino encurtido | gimchi de concombre | Kimchi aus gefüllten Gurken
깍두기	rábano troceado encurtido | gimchi de navet | Rettichkimchi
백김치	kimchi blanco (sin chile en polvo) | gimchi blanc | Weißes Kimchi
동치미	kimchi caldoso de nabo | gimchi de navet à l'eau salée | Weißes Rettichkimchi

1 밥상
mesa tradicional
table basse
(traditioneller) Esstisch

2 김치
kimchi
gimchi
Kimchi

3 젓가락
palillos chinos
baguettes
Stäbchen

4 숟가락
cuchara
cuillère
Esslöffel

5 국그릇
cuenco de sopa
bol à soupe
Suppenschüssel

6 밥그릇
cuenco de arroz
bol à riz
Reisschüssel

7 접시
plato
assiette
Teller

8 종지
platito para salsa
petite coupelle
kleine Schüssel

9 뚝배기
cuenco de barro
jatte en terre cuite
irdener Topf

10 밥
arroz
riz
Reis

11 국
sopa
soupe
Suppe

12 냄비 받침
salvamanteles
sous-plat
Topfuntersetzer

13 국자
cazo, cucharón
louche
Kelle

14 반찬 그릇
platillo, plato de tapa
coupelle
Beilagenschüssel

15 밥주걱
paleta para arroz
spatule pour le riz
Reisheber

식당 (음식점) El restaurante | restaurant | Restaurant (Track 42)

1 차림표 (메뉴) lista de platos y precios (menú) carte Speisekarte	**3 양념통** recipiente de condimentos boîte d'épices Gewürzgläser	**5 컵** vaso verre Becher	**7 수저통** cubertero boîte à couverts Besteckkasten
2 냅킨 servilleta serviette Serviette	**4 개인 접시** plato de uso individual del comensal assiette individuelle Essteller	**6 쟁반** bandeja plateau Tablett	**8 테이블** mesa table Tisch

9 정수기
dispensador de agua
fontaine à eau
Wasserspender

10 물수건
toallitas húmedas de tela
lingette
feuchtes Handtuch

11 살균 소독기
esterilizador
appareil stérilisateur
Sterilisator

12 휴대용 가스레인지
hornillo portátil
camping-gaz
mobiler Gaskocher

13 종업원
empleado
employé, serveur
Angestellte, Bedienung

More Vocabulary

가격표	lista de precios ǀ étiquette de prix ǀ Preisliste
재떨이	cenicero ǀ cendrier ǀ Aschenbecher
예약석	mesa reservada ǀ place réservée ǀ reservierter Tisch
금연석	área / zona de no fumadores ǀ place non fumeur ǀ Nichtrauchertisch
주방장	jefe de cocina ǀ chef-cuisinier ǀ Küchenchef
주인	dueño, propietario ǀ propriétaire ǀ Besitzer
계산서	cuenta, nota ǀ addition ǀ Rechnung
영수증	recibo, factura ǀ facture ǀ Beleg
이쑤시개	mondadientes, palillo dental ǀ cure-dents ǀ Zahnstocher
셀프서비스	autoservicio ǀ self-service ǀ Selbstbedienung
유아 놀이방	ludoteca, guardería ǀ aire de jeux ǀ Spielzimmer
자동판매기 (자판기)	máquina expendedora ǀ distributeur automatique ǀ Automat

Appendix p.169

Phrases & Expressions

- 주문을 받다
- 음식을 주문하다 / 시키다
- 반찬을 더 주문하다
- 개인 접시에 음식을 덜다
- 냅킨으로 입을 닦다
- 계산하다, 돈을 내다

- (돈을) 각자 내다
- 예약하다
- 예약을 취소하다
- 친절하다 / 불친절하다
- 자리가 없다
- 배달하다

아파트　apartamento en un gran edificio ∣ appartement ∣ Apartment

1 **1층**
1.ᵉʳ piso, 1.ª planta
rez-de-chaussée
1. Stock (EG)

2 **2층**
2.º piso, 2.ª planta
1er étage
2. Stock

3 **3층**
3ᵉʳ piso, 3.ª planta
2ème étage
3. Stock

4 **4층**
4.º piso, 4.ª planta
3ème étage
4. Stock

5 **비상구**
salida de emergencia
sorti de secours
Notausgang

6 **계단**
escaleras
escalier
Treppe

7 **엘리베이터 (승강기)**
ascensor (elevador)
ascenseur
Aufzug

8 **관리실 (경비실)**
puesto de seguridad,
portería
loge de concierge
Pförtnerhäuschen

9 **주차장**
aparcamiento, parqueadero, área de estacionamiento
parking
Parkplatz

10 **놀이터**
parque infantil
terrain de jeux
Spielplatz

단독주택 vivienda unifamiliar | maison individuelle | Einfamilienhaus

11 **집**
casa
maison
Haus

12 **정원**
jardín
jardin
Garten

13 **대문**
entrada principal
portail
Eingangstor

14 **초인종 (벨)**
portero automático (timbre)
sonnette
Türklingel

15 **우편함**
buzón
boîte aux lettres
Briefkasten

More Vocabulary

연립주택	casas adosadas	lotissement	Reihenhaus
빌라	apartamento en un edificio pequeño, chalé	villa	Mehrfamilienhaus
가옥	edificio de vivienda	maison	Wohnhaus
문패	placa	plaque de maison	Namensschild
마당	patio, jardín	cour	Hof
뜰	jardín	jardinet, petit jardin	Garten
옥상	terraza, azotea	toit-terrasse	Flachdach
양로원	residencia de ancianos, asilo	maison de retraite	Alten- und Pflegeheim
유치원	parvulario, jardín de infancia	école maternelle	Kindergarten
어린이집	guardería infantil	crèche et école maternelle	Kindertagesstätte
아파트 관리비	gastos de mantenimiento / comunidad	charges locatives d'appartement	Apartmentverwaltungsgebühren
전기세	factura / gasto de electricidad	facture d'électricité	Stromgebühr
수도세	factura / gasto de agua	facture d'eau	Wassergebühr
전화세	factura / gasto de teléfono	facture du téléphone	Telefongebühr
재산세	impuesto a la propiedad inmobiliaria	impôt sur la propriété privée	Vermögenssteuer
자동차세	impuesto a la propiedad de vehículo	taxe sur les voitures	Kfz-Steuer
보험료	cuota del seguro	cotisation d'assurance	Versicherungsgebühr

Appendix p.169

Phrases & Expressions

- 엘리베이터를 타다
- 계단을 올라가다 / 내려가다
- 주차장에 차를 주차시키다 (주차하다)

1 찬장 armario placard Küchenschrank	**4 식기세척기** lavaplatos, fregaplatos lave-vaisselle Geschirrspülmaschine	**7 도마** tablar de cortar planche à découper Schneidebrett
2 그릇 plato récipient Geschirr	**5 싱크대** fregadero, pila de fregar évier Spüle	**8 믹서** batidora mixer Mixer
3 선반 estante, anaquel étagère Regal, Ständer	**6 칼** cuchillo couteau Messer	**9 커피 메이커** cafetera, máquina de café cafetière Kaffeemaschine

10 **냉장고**
frigorífico, nevera, heladera
réfrigérateur
Kühlschrank

11 **쌀통**
recipiente o mueble para el arroz
huche à riz
Reisbehälter

12 **전기밥솥**
arrocera eléctrica
autocuiseur de riz
Reiskocher

13 **환풍기**
extractor de humos, campana
extracteur
Dunstabzugshaube

14 **주전자**
tetera, pava
bouilloire
Kessel

15 **가스레인지**
cocina de gas
gazinière
Gasherd

16 **전자레인지**
microondas
micro-ondes
Mikrowelle

17 **오븐**
horno
four
Ofen

18 **종이 타월**
papel de cocina
essuie-tout
Küchentücher

19 **토스터**
tostadora
grille-pain
Toaster

20 **식탁**
mesa
table
Esstisch

21 **냄비**
cazuela, olla, puchero
casserole
Topf

22 **거품기**
batidor
batteur électrique
Schneebesen

23 **김치냉장고**
refrigerador / nevera de kimchi
réfrigérateur à gimchi
Kimchikühlschrank

More Vocabulary

냄비 집게	paños para agarrar utensilios calientes ǀ poignée de casserole ǀ Topfheber
조리대	mesa de cocina ǀ plan de travail ǀ Küchenarbeitsplatte
팬	cazo, sartén ǀ poêle ǀ Pfanne

체	colador ǀ tamis ǀ Sieb
식탁보	mantel ǀ nappe ǀ Tischdecke
식탁 의자	silla de comedor ǀ chaise de salle à manger ǀ Esstischstuhl
가스 밸브	válvula del gas ǀ robinet à gaz ǀ Gasventil

Appendix p.169

Phrases & Expressions

- (야채를) 볶다
- (시금치를) 데치다
- (나물을) 무치다
- (콩나물을) 삶다
- (호박전을) 부치다
- (오징어를) 튀기다
- (국을 / 찌개를) 끓이다
- (콩을) 졸이다
- 밥상을 펴다 / 접다

- 밥을 푸다
- 국을 뜨다
- 숟가락질 / 젓가락질을 하다
- 생선 가시를 바르다
- 간장에 찍다
- 숭늉을 마시다
- 빈 그릇을 치우다
- 그릇을 씻다
- 그릇을 말리다
- 설거지를 하다

거실 El salón, la sala de estar | salle de séjour | Wohnzimmer  Track 45

1 천장 techo plafond Decke	**4 벽** pared mur Wand	**7 커튼** cortina rideau Vorhang
2 형광등 lámpara, tubo fluorescente lampe néon Neonlampe	**5 창문** ventana fenêtre Fenster	**8 쿠션** cojín coussin Kissen
3 전구 bombilla ampoule Glühbirne	**6 책장** estantería, librería bibliothèque Bücherregal	**9 소파** sofá canapé Sofa

10 탁자 mesa de salón / sala table Tisch	**13 에어컨** acondicionado climatiseur Klimaanlage
11 카펫 alfombra moquette Teppich	**14 오디오** minicadena, estéreo chaîne audio Stereoanlage
12 마룻바닥 parqué, suelo de madera plancher Parkett	**15 화분** tiesto, maceta plante Blumentopf

More Vocabulary

베란다　galería, veranda, balcón | véranda | Veranda

	화장대		시계		베개		매트리스
1	**화장대**	4	**시계**	7	**베개**	10	**매트리스**
	tocador		reloj		almohada		colchón
	coiffeuse		horloge		oreiller		matelas
	Schminktisch		Uhr		Kopfkissen		Matratze

1 **화장대**
tocador
coiffeuse
Schminktisch

2 **거울**
espejo
miroir
Spiegel

3 **옷장**
armario ropero
armoire à habits
Kleiderschrank

4 **시계**
reloj
horloge
Uhr

5 **스탠드**
lámpara de mesa
lampe de bureau
Stehlampe

6 **침대**
cama
lit
Bett

7 **베개**
almohada
oreiller
Kopfkissen

8 **시트**
sábana
drap-housse
Bettlaken

9 **이불**
colcha
couette
Bettdecke

10 **매트리스**
colchón
matelas
Matratze

11 **방바닥**
suelo
sol
Fußboden

More Vocabulary

| 침대 커버 | cobertor, sobrecama | dessus de lit | Tagesdecke |
| 담요 | manta | couverture (de laine) | Wolldecke |

| 전등 | luz eléctrica | lampe électrique | elektrische Lampe |

79

1 수건
toalla

serviette

Handtuch

2 화장지
papel higiénico

papier hygiénique

Toilettenpapier

3 면도기
maquinilla de afeitar, rastrillo

rasoir

Rasierer

4 샴푸
champú

shampoing

Shampoo

5 린스 (컨디셔너)
acondicionador

après-shampoing (soins capillaires)

Haarspülung

6 치약
dentífrico, pasta de dientes

dentifrice

Zahnpasta

7 칫솔
cepillo de dientes

brosse à dents

Zahnbürste

8 수도꼭지
grifo, canilla

robinet

Wasserhahn

05 주거

9 **세면대**
lavabo
lavabo
Waschbecken

10 **비누**
jabón
savon
Seife

11 **샤워 커튼**
cortina de ducha
rideau de douche
Duschvorhang

12 **샤워기**
ducha, regadera
douche
Duschkopf

13 **변기**
inodoro
cuvette des toilettes
Toilette

14 **타일**
baldosa, azulejo
carrelage
Fliese

15 **배수구**
desagüe, sumidero
bonde d'évacuation
Abfluss

16 **욕조**
bañera, tina
baignoire
Badewanne

More Vocabulary

타월장	toallero	meuble de salle de bains	Handtuchschrank
목욕 가운	bata de baño	peignoir	Bademantel
욕실 슬리퍼	zapatillas de baño	pantoufles de salle de bains	Badeschlappen
체중계	báscula	pèse-personne, balance	Körperwaage
콘택트렌즈	lentillas, lentes de contacto	lentilles de contact	Kontaktlinsen
헤어 드라이기 (드라이어)	secador de pelo	sèche-cheveux	Fön
때수건	toallita exfoliante de baño	serviette pour gommage de la peau	Peelingtuch
거품	espuma, burbujas	mousse	Schaum
비데	bidé	bidet	Bidet
가글	enjuague bucal	bain de bouche	Mundwasser
양치 컵	vaso empleado para lavarse los dientes	verre à dents	Zahnputzbecher
세숫대야	palangana	cuvette en plastique	Waschschüssel
바가지	cuenco o cucharón para aclararse con agua	calebasse en plastique	Schöpfkelle
세척 솔	escobilla	brosse à récurer	Reinigungsbürste

Appendix p.170

Phrases & Expressions

- 용변을 보다
- 물을 내리다
- 물을 틀다 / 잠그다
- 비누를 칠하다
- 세수를 하다
- 수건으로 닦다
- 수건을 걸다

- 치약을 짜다
- 면도하다
- 샤워를 하다
- 욕조에 물을 받다
- 목욕을 하다
- 체중을 달다
- 렌즈를 끼다 / 빼다

청소 용구 Artículos de limpieza | ustensiles de ménage | Putzutensilien (Track 48)

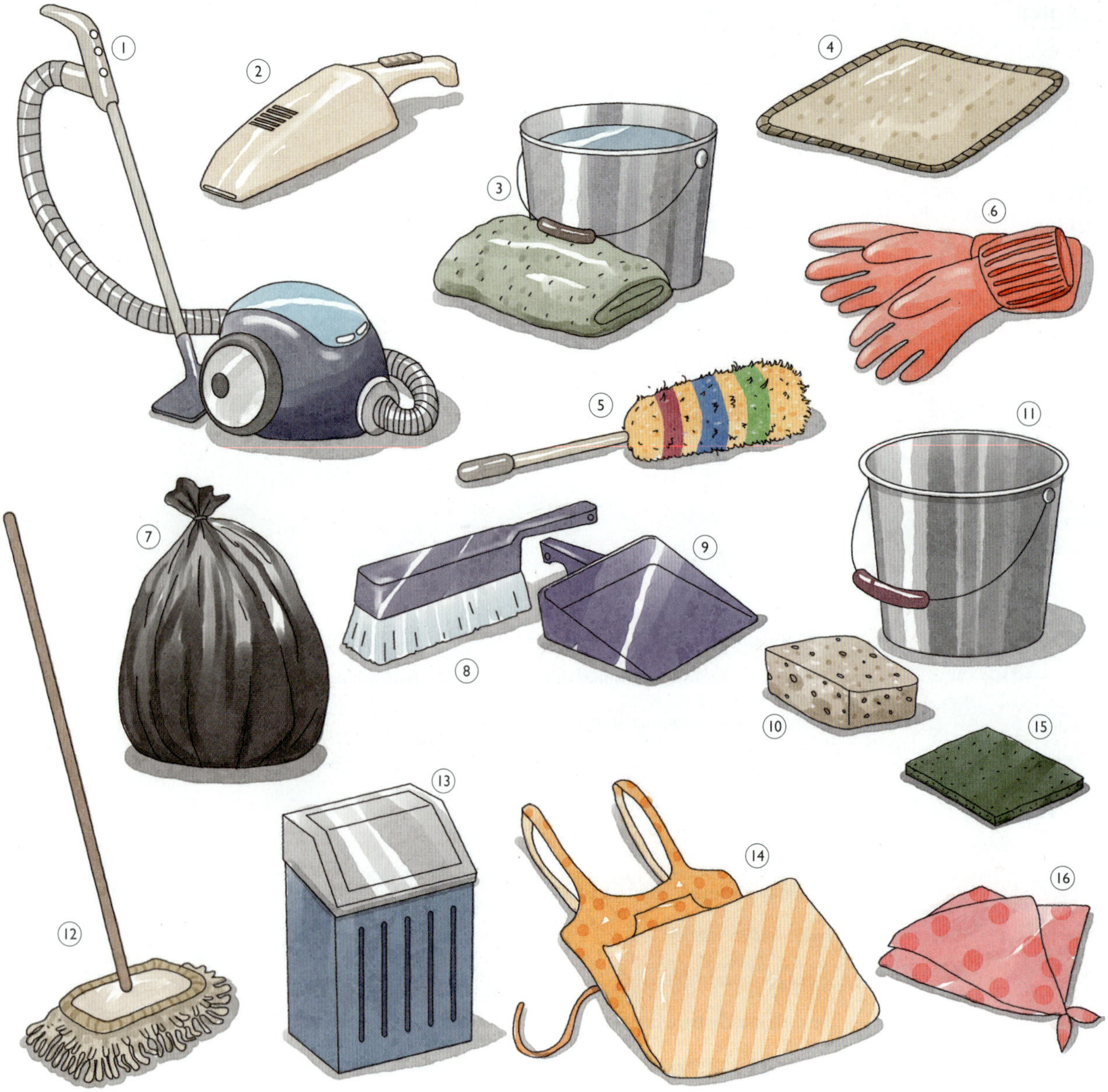

1 **청소기**
aspiradora
aspirateur
Staubsauger

2 **소형 청소기**
aspirador portátil
aspirateur de table
Handstaubsauger

3 **물걸레**
bayeta, paño para suelos
chiffon humide
Wischlappen

4 **마른걸레**
paño seco
chiffon sec
trockenes Tuch

5 **먼지떨이**
plumero, atrapapolvo
plumeau
Staubwedel

6 **고무장갑**
guantes de fregar / goma
gants en caoutchouc
Gummihandschuhe

7 **쓰레기봉투**
bolsa de basura
sac poubelle
Mülltüte

8 **빗자루**
cepillo, escoba
balayette
Kehrbesen

05

주거

9 **쓰레받기**
recogedor
pelle à main
Kehrschaufel

10 **스펀지**
esponja
éponge
Schwamm

11 **양동이**
cubo, balde
seau
Eimer

12 **자루걸레**
fregona
serpillière
Mopp

13 **쓰레기통**
cubo de la basura
poubelle
Mülleimer

14 **앞치마**
delantal
tablier
Schürze

15 **수세미**
estropajo
éponge abrasive
Scheuerschwamm

16 **두건**
pañuelo para el pelo
bonnet de ménage
Kopftuch

More Vocabulary

사닥다리 (사다리)	escalera de mano | escabeau | Leiter
방충제	insecticida | insecticide | Insektizid
방향제	ambientador, aromatizador | désodorisant | Duftspender
욕실용 세제	productos de limpieza del baño | produit ménager pour salle de bains | Badreiniger
곰팡이 제거제	producto quitahumedades, quitamoho | produit anti-moisissure | Schimmelentferner
습기 제거제	absorbente de humedad | déshumidificateur | Entfeuchter
유리 세정제	limpiacristales | nettoyant pour les vitres | Glasreiniger
가구 광택제	abrillantador de muebles, lustramuebles | produit à lustrer les meubles | Möbelpolitur
소독	desinfectante | désinfection | Desinfizierung
파출부 (가정부)	asistenta doméstica | femme de ménage | Haushaltshilfe

Appendix p.170

Phrases & Expressions

- 침대를 정돈하다
- 시트를 갈다
- 이불을 개다 / 펴다
- 환기시키다
- 장난감을 치우다
- (카펫을) 진공 청소하다
- 마룻바닥을 쓸다 / 닦다
- 걸레질하다

- 책장을 정리하다
- 가구의 먼지를 털다
- 창문을 닦다
- 쓰레기통을 비우다
- 쓰레기를 버리다
- 화분에 물 주다
- 정원을 가꾸다

1 **삽** pala pelle Schaufel	3 **망치** martillo marteau Hammer	5 **너트** tuerca écrou Mutter	7 **못** clavo clou Nagel
2 **도끼** hacha hache Axt	4 **볼트** perno boulon Metallschraube	6 **줄자** cinta métrica mètre à ruban Zentimetermaß	8 **나사** tornillo vis Holzschraube

9 **톱**
sierra
scie
Säge

10 **드릴**
taladro, taladradora
perceuse
Bohrer

11 **드라이버**
destornillador
tournevis
Schraubenzieher

12 **스패너**
llave inglesa
clé à molette
Mutterschlüssel

13 **펜치**
tenazas, alicates
pince
Zange

14 **페인트 붓**
brocha
pinceau
Farbpinsel

15 **페인트**
pintura
peinture acrylique
Farbe

16 **페인트 롤러**
rodillo de pintura
rouleau à peinture
Farbroller

17 **흙손**
paleta
truelle
Glättkelle

18 **끌**
cincel, formón, escoplo
ciseau
Meißel

19 **손수레**
carretilla
chariot
Handwagen

More Vocabulary

전선	cable eléctrico | cable électrique | elektrische Leitung
배터리	batería | batterie | Batterie
파이프	cañería, tubería | canalisation, conduit | Rohr
전기 테이프	cinta aislante | chatterton | Elektroklebeband
플래시	linterna | lampe torche | Taschenlampe
수도 계량기	contador del agua | compteur d'eau | Wasseruhr
두꺼비집	caja de los fusibles / tapones | compteur électrique | Sicherungskasten
가스	gas | gaz | Gas
계량기	contador, medidor | compteur | Messgerät
물뿌리개	regadera | pulvérisateur | Gießkanne
호스	manguera | tuyau | Schlauch

Appendix p.170

Phrases & Expressions

- 고장 나다
- 전원이 나가다
- 지붕이 새다
- 벽에 금이 가다
- 유리창이 깨지다
- 자물쇠가 부러지다
- 계단이 부서지다
- 보일러가 고장 나다
- 수도꼭지가 새다
- 싱크대 물이 새다
- 배수구 / 변기가 막히다
- 파이프가 얼다

교실 **El aula, el salón de clase** | **salle de cours** | **Unterrichtsraum** (Track 50)

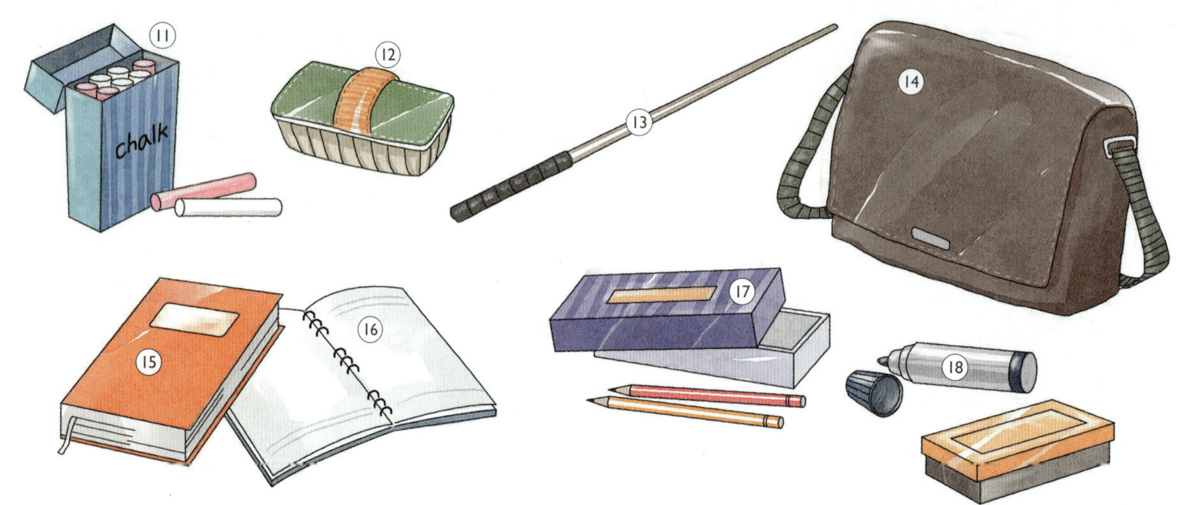

1 화이트보드
pizarra acrílica
tableau blanc
Whiteboard

2 선생님
profesor, maestro
professeur
Lehrer

3 칠판
pizarra, encerado
tableau noir
Tafel

4 지구본
globo terráqueo
globe terrestre
Globus

5 탁자
mesa
bureau
Tisch

6 의자
silla
chaise
Stuhl

7 책상
escritorio, pupitre
table
Schreibtisch

8 학생
estudiante, alumno
étudiant
Schüler, Student

9 **지도**
mapa
carte
Karte

10 **복도**
pasillo, corredor
couloir
Gang

11 **분필**
tiza
craie
Kreide

12 **칠판지우개**
borrador
brosse à effacer
Schwamm

13 **지시봉**
puntero
baguette
Zeigestock

14 **책가방**
cartera para libros
sacoche d'écolier
Schultasche

15 **책**
libro
livre
Buch

16 **공책**
cuaderno
cahier
Heft

17 **필통**
estuche
trousse
Mäppchen

18 **보드 마커**
rotulador de pizarra acrílica
marqueur pour tableau
Boardmarker

More Vocabulary

국기	bandera nacional | drapeau | Nationalflagge
게시판	tablón de anuncios | panneau d'affichage | Anschlagtafel
스피커	altavoces, parlantes | haut-parleur | Lautsprecher
출석	asistencia | présence | Anwesenheit
결석	absentismo, falta de asistencia | absence | Fehlen (im Unterricht)
조퇴	salir temprano de la escuela | sortie avant l'heure | früher nach Hause gehen
지각	retraso, demora | retard | Zuspätkommen
휴강	cancelación de una clase | suspension de cours | Unterrichtsausfall
교과서	libro de texto | manuel | Lehrbuch
연습장	cuaderno de ejercicios | cahier d'exercices | Übungsheft
사전	diccionario | dictionnaire | Lexikon
전자사전	diccionario electrónico | dictionnaire électronique | elektronisches Lexikon
입학	ingreso en una escuela | entrée (à l'école, à l'université...) | Zulassung
졸업	graduación | fin d'études | Abschluss
전학	cambio de escuela | changement d'école | Schulwechsel
짝	compañero de pupitre | voisin de classe | Tischnachbar

Appendix p.170

Phrases & Expressions

- 앉으세요
- 일어나세요
- 다시 한번 설명해 주세요
- 읽어 보세요
- 써 보세요
- 따라 하세요
- 잘 들으세요
- 숙제가 있습니다
- 토론하다
- 발표하다
- 공책에 쓰다
- 지우개로 지우다
- 질문하다
- 학생들이 떠들다
- 수업이 시작되다 / 끝나다
- 교실로 / 교실에 들어오다
- 출석을 부르다
- 대답하다
- 사전을 빌려 주다
- 단어를 찾다
- 단어를 암기하다
- 숙제를 제출하다

학교 시설 | Instalaciones escolares | équipements de l'école | Campuseinrichtungen

Track 51

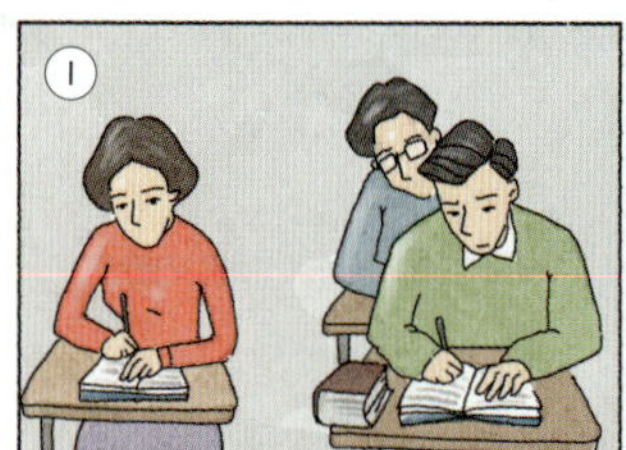

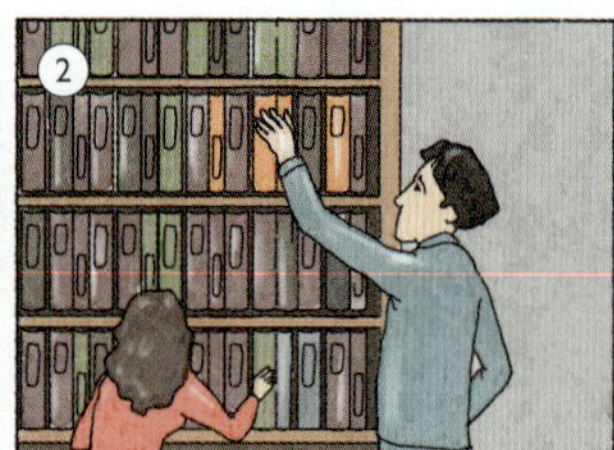

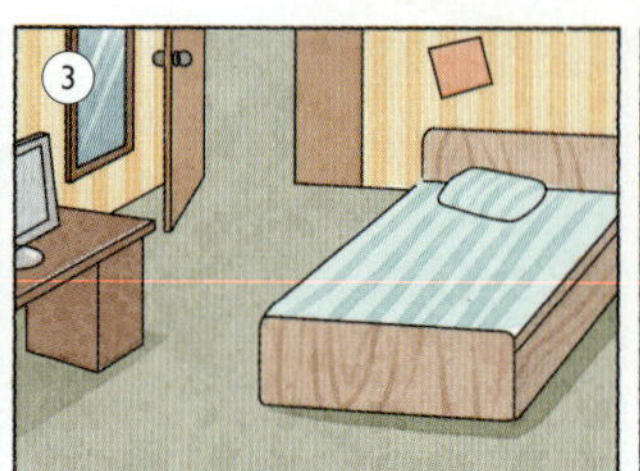

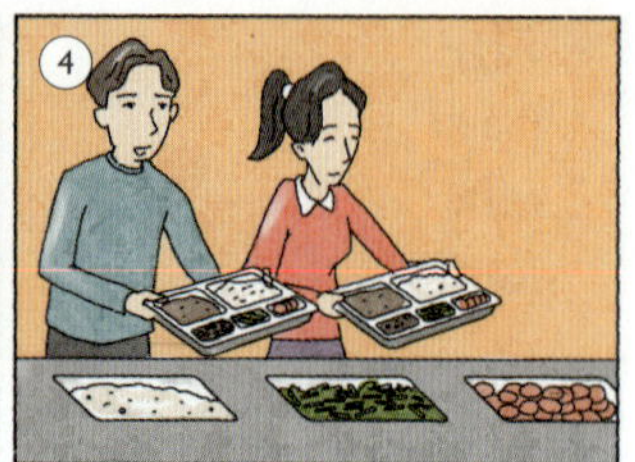

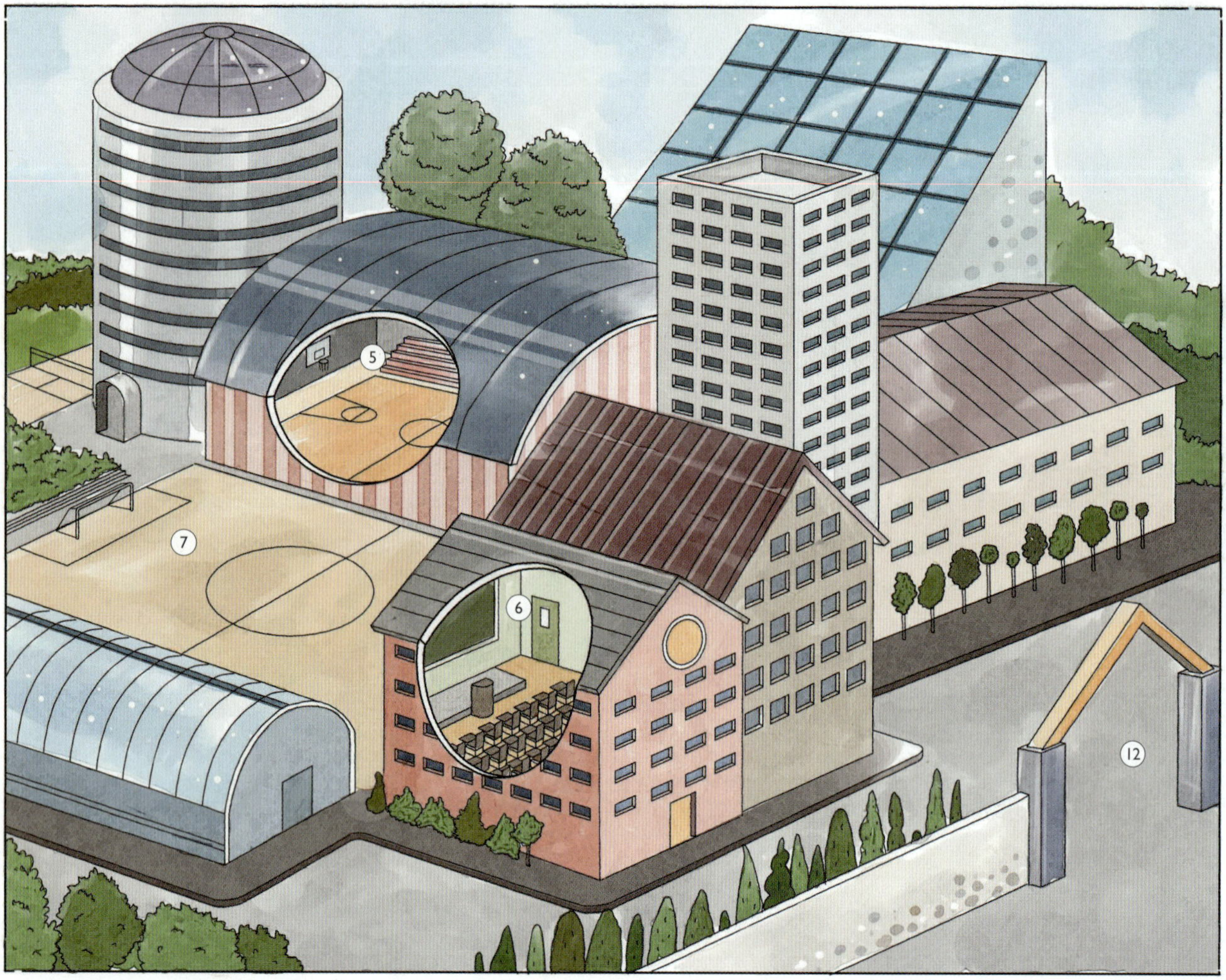

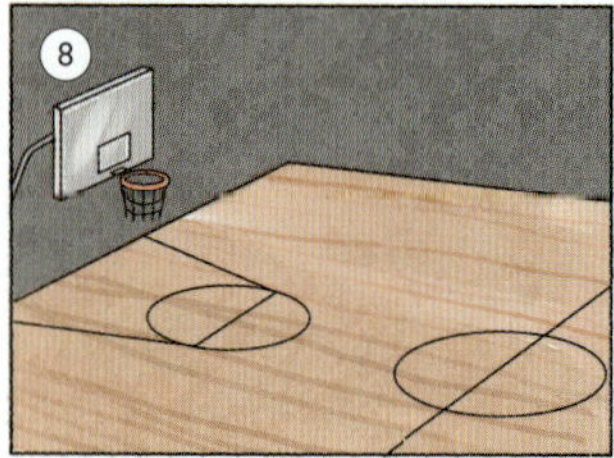

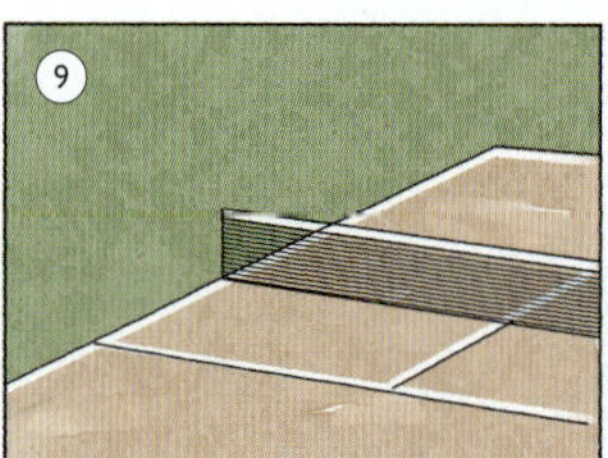

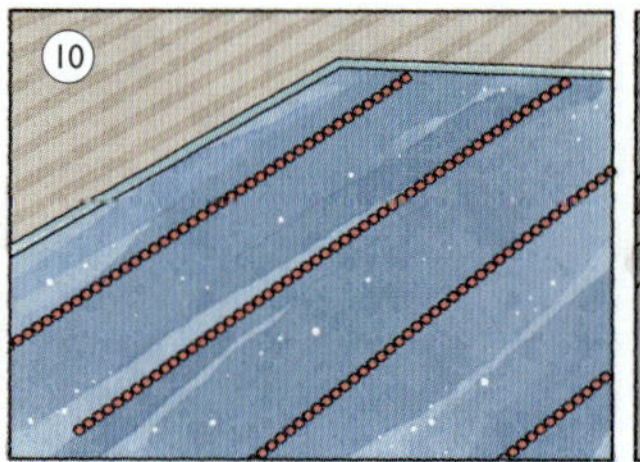

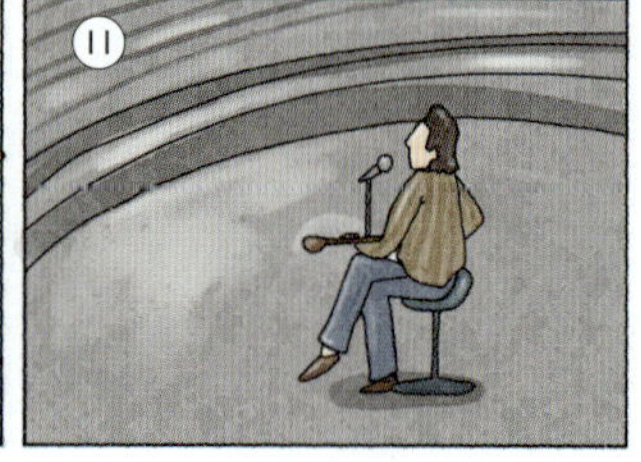

1 **강의실**
aula, salón de clase
salle de cours
Unterrichtsraum

2 **도서관**
biblioteca
bibliothèque
Bibliothek

3 **기숙사**
residencia, dormitorio
résidence, cité universitaire
Wohnheim

4 **학생 식당**
comedor de estudiantes
restaurant universitaire
Mensa, Schulcafeteria

5 **체육관**
gimnasio
salle de gymnastique
Sporthalle

6 **강당**
salón de actos
salle de conférences
Vorlesungssaal

7 **운동장**
campo deportivo
terrain de sports
Sportplatz

8 **농구 코트**
cancha de baloncesto
terrain de basket
Basketballplatz

9 **테니스 코트**
pista de tenis
court de tennis
Tennisplatz

10 **수영장**
piscina, alberca, pileta
piscine
Schwimmbad

11 **야외 음악당**
auditorio al aire libre
théâtre de plein air
Freilichtbühne

12 **정문**
entrada / puerta principal
entrée principale
Haupttor

More Vocabulary

본관	edificio principal	bâtiment principal	Hauptgebäude
학생회관	centro de estudiantes	bâtiment des étudiants	Studentendienstleistungszentrum
학생 상담소	asesoramiento a estudiantes	accueil des étudiants	Studentenberatung
학교 신문사	periódico escolar	presse de l'université	Redaktion der Universitätszeitung
동아리 방	sala de un club	salle des associations étudiantes	Vereinsraum
교수 연구실	sala de profesores	bureau du professeur	Büro eines Professors
학과 사무실	oficina de un departamento	bureau du département	Abteilungssekretäriat
세미나실	seminario	salle de séminaires	Seminarraum
실험실	laboratorio	laboratoire	Labor
미술실	aula / salón de arte	salle des arts plastiques	Kunstatelier
음악실	aula / salón de música	salle de musique	Musikzimmer
무용실	aula / salón de danza	salle de danse	Tanzstudio
탈의실	vestuarios	vestiaire	Umkleideraum
샤워실	duchas	douche	Duschen
서점	librería	librairie	Buchhandlung
문방구	papelería	papeterie	Schreibwarenhandlung
셔틀버스 승차장	parada del autobús escolar	arrêt de bus-navette	Pendelbushaltestelle
공중전화(기)	teléfono público	cabine téléphonique	Öffentliches Telefon
자동판매기	máquina expendedora	distributeur automatique	Automat
증명서 자동 발급기	máquina expendedora de certificados	distributeur de certificats	Studienbescheinigungsautomat
분수대	fuente	fontaine	Springbrunnen
벤치	banco	banc	Parkbank
후문	puerta trasera / de atrás	porte secondaire	Hintertor

도서관 La biblioteca | bibliothèque | Bibliothek (Track 52)

1 도서 (책) libro livre Buch	3 저자명 nombre del autor nom de l'auteur Name des Autors	5 휴게실 sala de recreo salle de repos Pausenraum
2 도서명 título (de libro) titre du livre Buchtitel	4 출판사명 nombre de la editorial nom de l'éditeur Name des Verlages	6 자료실 archivo salle des archives Bibliotheksmagazin

06 학교

7 **서가**
estantería, estantes
rayon de bibliothèque
Bücherregal

8 **신문**
periódico, diario
journal
Zeitung

9 **잡지**
revista
magazine
Zeitschrift

10 **백과사전**
enciclopedia
encyclopédie
Enzyklopädie

More Vocabulary

사서	bibliotecario | bibliothécaire | Bibliothekar
단행본	volumen | monographie | Monographie
주제어	palabra clave | mot-clé | Schlüsselwort
검색어	término de búsqueda | mot de recherche | Suchwort
학생증	carné / tarjeta de estudiante | carte d'étudiant | Studentenausweis
구입 신청	solicitud de adquisición | demande d'achat | Anschaffungsvorschlag
대출	préstamo de libros | prêt | Ausleihe
반납	devolución de libros | retour de prêt | Rückgabe

바코드	código de barras | code barres | Barcode
열람실	sala de lectura | salle de lecture | Leseraum
복사실	sala de fotocopias | salle de photocopies | Kopierraum
전자정보실	sala de ordenadores / computadoras | salle informatique | Computerraum
정기간행물실	hemeroteca | salle des périodiques | Periodikaraum
학위논문실	sala de conferencias | salle des thèses | Raum mit Hochschulschriften
참고 열람실	sala de lectura y referencia | salle de consultation | Raum mit Präsenzbestand

Appendix p.171

Phrases & Expressions

- 책을 신청하다
- 도서를 예약하다
- 목차를 보다
- 컴퓨터로 (도서를 / 책을) 검색하다
- 책을 찾다

- 대출 중이다
- 연체료를 지불하다
- 복사하다
- 책을 빌리다 / 반납하다

시험 El examen | examen | Prüfungen (Track 53)

필기시험 examen escrito | examen écrit | Schriftlicher Test

1 **시험지**
hoja de examen
feuille de questionnaire
Aufgabenblatt

2 **답안지**
hoja de respuestas
copie d'examen
Antwortbogen

3 **이름**
nombre
nom
Name

4 **번호**
número
numéro
Nummer

5 **문제**
pregunta
question
Aufgabe

듣기 시험 examen de comprensión auditiva | examen de compréhension orale | Hörtest

6 **랩실 (어학실)** laboratorio de idiomas | laboratoire de langues | Sprachlabor

필기도구 útiles de escritura | fournitures scolaires | Schreibutensilien

7 **연필**
lápiz
crayon
Bleistift

8 **볼펜**
bolígrafo
stylo à bille
Kugelschreiber

9 **지우개**
goma de borrar, borrador
gomme
Radierer

10 **컴퍼스**
compás
compas
Zirkel

11 **자**
regla
règle
Lineal

12 **삼각자**
escuadra
équerre
Geodreieck

13 **각도기**
transportador
rapporteur
Winkelmesser

유치원 parvulario, jardín de infancia │ école maternelle │ Kindergarten

초등학교 （6년） escuela primaria (6 años) │ école élémentaire (6 ans) │ Grundschule (sechs Jahre)

중학교 （3년） escuela secundaria (3 años) │ collège (3 ans) │ Mittelschule (drei Jahre)

고등학교 （3년） bachillerato (3 años) │ lycée (3 ans) │ Oberschule (drei Jahre)

대학교 （4년） universidad (4 años) │ université (4 ans) │ Universität (vier Jahre)

대학원 posgrado │ master │ Graduate School

학생 활동 actividades estudiantiles │ activités des étudiants │ Studentenaktivitäten

학생회 asociación de estudiantes │ conseil des étudiants │ Studierendenvertretung

동아리 club de estudiantes │ cercle, association │ studentischer Verein

축제 festival │ festival │ Festival

MT fiesta con motivo del inicio del curso o del semestre │ journées d'intégration │ kollektiver Wochenendtrip

야유회 fiesta campestre │ partie de campagne │ Picknickausflug

스터디 grupo de estudio │ groupe d'études │ Lerngruppe

수학여행 excursión escolar │ voyage scolaire │ Exkursion

졸업 여행 excursión de fin de curso, viaje de graduación │ voyage de fin d'études │ Abschlussfahrt

소풍 pícnic, comida campestre │ pique-nique, excursion │ Ausflug

예술제 （학예회-초등학교） festival de artes (llamado 학예회 en primaria) │ festival artistique scolaire (학예회 à l'école primaire) │ Kunstfest (in Grundschulen 학예회)

체육대회 （운동회-초등학교） festival de deportes (llamado 운동회 en primaria) │ journée sportive (운동회 à l'école primaire) │ Sporttag (in Grundschulen 운동회)

수련회 concentración para entrenamiento, retiro espiritual │ séjour d'entraînement │ Lager, Freizeit

More Vocabulary

여름방학	vacaciones de verano │ vacances d'été │ Sommerferien	
1학기	primer semestre │ premier semestre │ Frühlingssemester	
겨울방학	vacaciones de invierno │ vacances d'hiver │ Winterferien	
2학기	segundo semestre │ second semestre │ Herbstsemester	

1 블라인드 persiana store Jalousie	**4 책꽂이** apoyalibros, sujetalibros étagère à livres Bücherständer	**7 책상** escritorio bureau Schreibtisch
2 캐비닛 armario armoire Aktenschrank	**5 파티션** panel separador paravent Raumteiler	**8 의자** silla chaise Stuhl
3 서류함 clasificador module de classement Dokumentenablage	**6 컴퓨터** ordenador, computadora ordinateur Computer	**9 서랍** cajón tiroir Schublade

10 **휴지통**
papelera
poubelle
Papiermülleimer

11 **전화기**
teléfono
poste téléphonique
Telefon

12 **원형 테이블**
mesa redonda
table ronde
runder Tisch

13 **팩스**
máquina de fax
fax
Faxgerät

14 **회의실**
sala de reuniones
salle de réunion
Besprechungsraum

More Vocabulary

주식회사	sociedad anónima (S.A.)	société anonyme	Aktiengesellschaft
대기업	gran empresa	grande entreprise	Großunternehmen
중소기업	mediana y pequeña empresa (pyme)	petites et moyennes entreprises	kleine und mittlere Unternehmen
사장실	despacho del presidente, presidencia	bureau du directeur général	Büro des Geschäftsführers
비서	secretario	secrétaire	Sekretärin
신입 사원	nuevo empleado	nouvelle recrue	neuer Angestellter
경력 사원	empleado con experiencia	employé expérimenté	Angestellter mit Berufserfahrung
공개 채용	proceso de selección abierto	recrutement public	öffentliche Stellenausschreibung
특별 채용	proceso especial de selección	recrutement spécial	Sonderausschreibung
이력서	currículum vitae	curriculum vitae	Lebenslauf
자기소개서	carta de motivación	lettre de motivation	persönliches Vorstellungsschreiben
연봉	salario anual	salaire annuel	Jahresgehalt
월급	sueldo mensual	salaire mensuel	Monatsgehalt
휴가	día libre, excedencia	vacance	Urlaub
연차	días de descanso al año	congé annuel	jährlicher bezahlter Urlaub
월차	día libre al mes	congé mensuel	monatlicher bezahlter Urlaubstag
출장	viaje de negocios	déplacement	Geschäftsreise
야근	turno de noche, horas extra hasta tarde	service de nuit supplémentaire	Nachtschicht, Überstunden
회식	cena de empresa	repas entre collègues	geselliger Abend mit Kollegen
거래처	cliente, lugar de transacción	lieu de transaction	Geschäftspartner
매출액	conjunto de ventas	chiffre d'affaire	Umsatz
비품 보관함	archivador, armario	boîte archives	Schrank für Bürobedarf
파일 폴더	carpeta (para archivar documentos)	chemise dossier	Aktenordner
결재함	aprobación	bannette	Ablage für zu genehmigende Unterlagen
결재 파일	documentos por aprobar	parapheur	zu genehmigendes Dokument

Appendix p.171

Phrases & Expressions

- 인사하다
- 명함을 주고받다
- 악수하다
- 자신을 소개하다
- 사무실을 안내하다
- 업무를 설명하다
- 회의하다
- 협상하다
- 접대하다

1 **명함**	4 **인주**	7 **포스트잇**
tarjeta de visita / negocios	almohadilla de tinta roja	notas adhesivas, post-it
carte de visite	tampon-encreur rouge	Post-it
Visitenkarte	rote Siegelfarbe	Post-it
2 **다이어리**	5 **도장**	8 **메모지**
agenda	sello que se usa a modo de firma	hojas para notas
agenda	sceau	papier bloc-notes
Terminkalender	Siegel	Notizzettel
3 **계산기**	6 **탁상용 달력**	9 **가위**
calculadora	calendario de sobremesa	tijeras
calculatrice	calendrier de bureau	ciseaux
Taschenrechner	Tischkalender	Schere

Appendix p.171

Phrases & Expressions

- 출근하다
- 퇴근하다
- 전화하다
- 서류에 사인하다
- 보고서를 작성하다
- 결재를 올리다
- 도장을 찍다

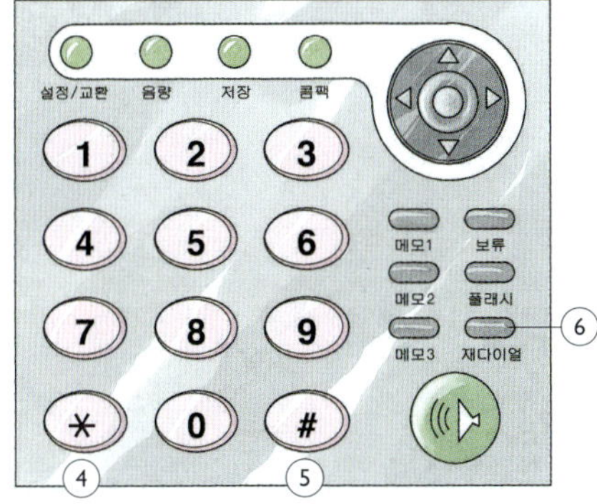

1 유선 전화기
teléfono con cable
téléphone fixe
Kabeltelefon

2 발신자 표시 창
pantalla identificadora de llamadas
fenêtre d'affichage de l'appel
Rufnummernanzeige

3 무선전화기
teléfono inalámbrico
téléphone sans fil
kabelloses Telefon

4 별표
estrella, asterisco
touche étoile
Sterntaste

5 우물 정
almohadilla
touche dièse
Rautentaste

6 재다이얼
rellamada
touche de rappel automatique
Rufwiederholung

7 휴대전화 (핸드폰)
teléfono móvil / celular
téléphone portable
Mobiltelefon

More Vocabulary

자동 응답기	contestador automático | répondeur | Anrufbeantworter
메시지	mensaje | message | Nachricht
문자메시지	SMS, mensaje de texto | texto | Textnachricht
음성메시지	mensaje de voz | message vocal | Anrufbeantworternachricht
부재중 통화	llamada perdida | appel manqué | Anruf in Abwesenheit
통화 중	estar comunicando | ligne occupée | besetzt sein
디카폰	móvil / celular con cámara digital | téléphone portable avec appareil photo numérique | Telefon mit Digitalkamera
MP3폰	móvil / celular MP3 | téléphone portable avec lecteur MP3 | Telefon mit MP3-Funktion

Appendix p.171

Phrases & Expressions

• 전화를 걸다 / 끊다
• 전화를 잘못 걸다
• 응답기를 확인하다

• 전화번호부를 찾다
• 114에 문의하다

컴퓨터 Informática | ordinateur | Computer  Track 58

1 데스크톱 컴퓨터
ordenador de sobremesa
ordinateur de bureau
Desktop-Computer

2 디스크드라이브
lector de CD
lecteur de disque
CD / DVD-Laufwerk

3 전원 스위치
botón de encendido
commutateur
Einschaltknopf

4 모니터 (화면)
monitor (pantalla)
écran
Monitor (Bildschirm)

5 키보드 (자판)
teclado
clavier
Tastatur

6 마우스
ratón
souris
Maus

7 마우스 패드
alfombrilla del ratón
tapis de souris
Mauspad

8 모뎀
módem
modem
Modem

9 멀티탭
regleta
prise multiple
Mehrfachsteckdose

10 **플로피디스크**
disquete
disquette
Diskette

11 **CD**
disco compacto, CD
CD
CD

12 **PDA**
ordenador de bolsillo
PDA
PDA

13 **프린터**
impresora
imprimante
Drucker

14 **스캐너**
escáner
scanner
Scanner

15 **노트북컴퓨터**
ordenador portátil
ordinateur portable
Notebook

More Vocabulary

초고속 인터넷	internet de alta velocidad | internet haut débit | Hochgeschwindigkeitsinternet
바이러스	virus informático | virus | Virus
백신	programa antivirus | antivirus | Antivirenprogramm
컴퓨터 기사	técnico informático | informaticien | Computertechniker
해킹	piratería informática | piratage | Hacking
워드프로세서	procesador de texto | traitement de texte | Textverarbeitungsprogramm
엑셀	Excel | Excel | Excel
파워포인트	Power Point | power point | Power Point
하드디스크	disco duro | disque dur | Festplatte
사용 설명서	instrucciones de uso | manuel de l'utilisateur | Gebrauchsanleitung
CD ROM	CD-ROM | CD-ROM | CD-ROM
DVD ROM	DVD-ROM | DVD-ROM | DVD-ROM
디스켓 함	archivador de disquetes | boîte à disquettes | Diskettenhülle
케이블 포트	cable para puerto informático | câble de port informatique | Schnittstelle

Appendix p.171

Phrases & Expressions

- 컴퓨터를 켜다 / 끄다
- 메일을 확인하다 (체크하다)
- 마우스를 클릭하다
- 문서를 작성하다
- CD를 넣다 / 빼다
- 파일을 열다 / 닫다
- 파일을 불러오다
- 파일을 복사하다
- 파일을 저장하다
- 파일을 삭제하다
- 파일을 전송하다
- 그림을 스캔하다
- 출력하다 (프린트하다)
- 자료를 백업하다
- 문서를 편집하다
- 자료를 다운받다
- 컴퓨터가 다운되다
- 바이러스 체크하다

E-mail Correo electrónico | E-mail | E-Mail (Track 59)

1 **아이디**
nombre de usuario
nom d'utilisateur
Nutzername

2 **비밀번호**
número secreto, contraseña
mot de passe
Passwort

3 **받은편지함**
bandeja de entrada
boîte de réception
Empfangene Nachrichten

4 **보낸편지함**
bandeja de salida
messages envoyés
Gesendete Nachrichten

5 **지운편지함**
papelera
corbeille
Gelöschte Nachrichten

6 **발신자 (보내는 사람)**
De: remitente
expéditeur
Sender

7 **수신자 (받는 사람)**
Para: destinatario
destinataire
Empfänger

8 **제목**
asunto
objet
Betreff

9 **편지쓰기**
redactar correo
écrire
Nachricht verfassen

10 **편지읽기**
leer correo
lire
Nachricht lesen

11 **수신확인**
enviados
vérification de réception
Empfangsbestätigung

12 **주소록**
contactos
carnet d'adresses
Adressbuch

13 **메일 주소**
dirección de correo electrónico
adresse e-mail
E-Mail-Adresse

14 **스팸메일 차단**
carpeta de correo spam
protection contre les spams
Spamfilter

More Vocabulary

보낼편지함	mensajes por enviar | boîte d'envoi | ausgehende Nachrichten
첨부 파일	archivo adjunto | pièce jointe | Anhang
로그인	inicio de sesión | login | Login
로그아웃	cierre de sesión | déconnexion | Logout
도움말	ayuda | aide | Hilfe
완전 삭제	eliminar de manera permanente | suppression | endgültiges Löschen
취소	cancelar | annulation | Abbrechen
다음 페이지	página siguiente | page suivante | nächste Seite
이전 페이지	página anterior | page précédente | vorherige Seite
임시보관함	borradores | brouillons | Entwürfe
공지 사항	notificaciones | annonce | Bekanntmachungen
전체 메일 용량	espacio disponible para guardar correos | capacité disponible de la boîte e-mail | gesamter Speicherplatz
사용 메일 용량	espacio ocupado por correos guardados | capacité utilisée de la boîte e-mail | genutzter Speicherplatz
환경 설정	configuración | préférences | Einstellungen
편지 찾기	buscar un correo electrónico | rechercher un mail | E-Mail suchen
편지함	correo, bandeja de entrada | mes dossiers | E-Mail-Konto
카드 메일	tarjeta electrónica | carte électronique | elektronische Grußkarte
바이러스 감염	infección por virus infromático | infection par un virus | Infektion mit einem Computervirus
채팅	chat, chatear | chat | Chatten

Appendix p.172

Phrases & Expressions

- 로그인하다
- 로그아웃하다
- 가입 신청하다
- 아이디와 비밀번호를 넣다 (입력하다)
- 새 편지를 확인하다
- 회신하다

- 메일을 삭제하다
- 첨부 파일을 보내다 / 받다 / 열다
- 저장하다
- 편지를 읽다 / 쓰다
- 주소록을 보다

1 **창고**	3 **타임 클록 (시간 기록 시계)**	5 **컨베이어 벨트**
almacén	reloj de control de asistencia	cinta transportadora
entrepôt	horloge pointeuse	convoyeur
Lager	Zeiterfassungsgerät	Fließband
2 **지게차**	4 **손수레**	6 **근로자 (노동자)**
carretilla elevadora	carretilla	trabajador
chariot élévateur	chariot	travailleur (ouvrier)
Gabelstapler	Sackkarre	Arbeiter

More Vocabulary

부품	pieza, parte	pièce détachée	Einzelteil, Ersatzteil
조립라인	cadena de montaje, línea de ensamble	chaîne de montage	Montagestraße
생산하다	producir	produire	produzieren
소비하다	consumir, gastar	consommer	konsumieren
디자인하다	diseñar	designer	designen
제조하다	fabricar, manufacturar	fabriquer	fertigen
수송하다	transportar	transporter	verschicken
운반하다	cargar, llevar, trasladar	porter	transportieren
주문하다	hacer un pedido	commander	bestellen
납품하다	repartir, entregar artículos	livrer un produit	Ware abliefern

07

일

7 **안전모**
casco de seguridad
casque de chantier
Schutzhelm

8 **보호안경**
gafas protectoras
lunettes de protection
Schutzbrille

9 **안전 마스크**
máscara de seguridad
masque de sécurité
Staubschutzmaske

10 **호흡 마스크**
máscara de respiración asistida
masque respiratoire
Atemschutzmaske

11 **귀마개**
cascos protectores de oídos, orejeras
casque antibruit
Lärmschützer

12 **고무장갑**
guantes de protección
gants en caoutchouc
Gummihandschuhe

13 **안전 장화**
botas de seguridad / trabajo
bottes de sécurité
Sicherheitsstiefel

14 **안전 조끼**
chaleco salvavidas
gilet de sécurité
Sicherheitsweste

15 **소화기**
extintor
extincteur
Feuerlöscher

More Vocabulary

안전 작업 기호	señalización de seguridad en el lugar de trabajo | pictogramme de sécurité au travail | Warnschilder
전기 위험	peligro alta tensión | risque électrique | Gefährliche elektrische Spannung
인화 물질	material inflamable | inflammable | Feuergefährliche Stoffe
독성	tóxico | toxicité | Giftig
방사능	radioactivo | radioactivité | Radioaktiv

병원 El hospital | hôpital | Krankenhaus (Track 61)

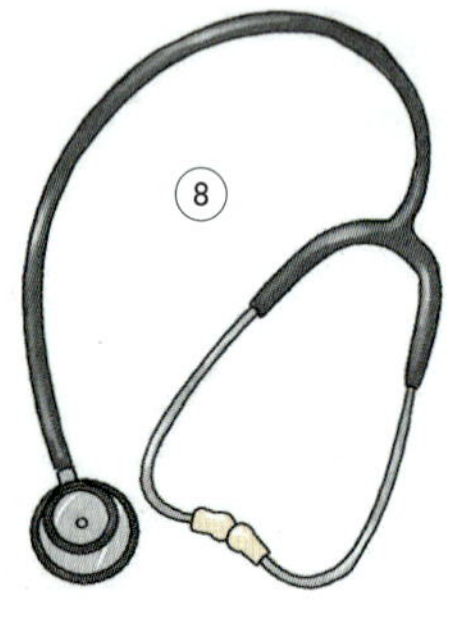
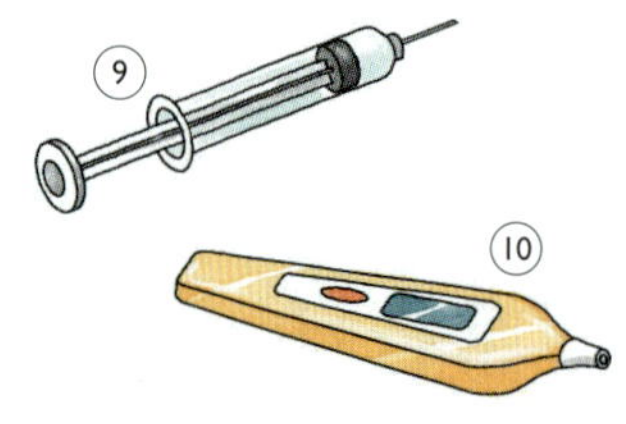
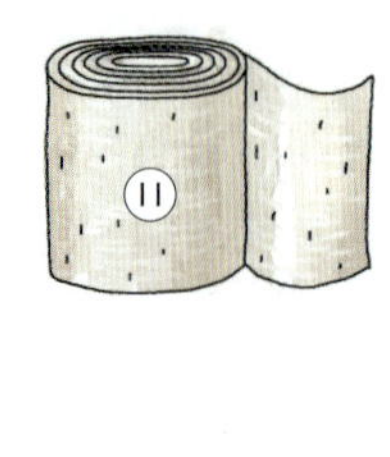
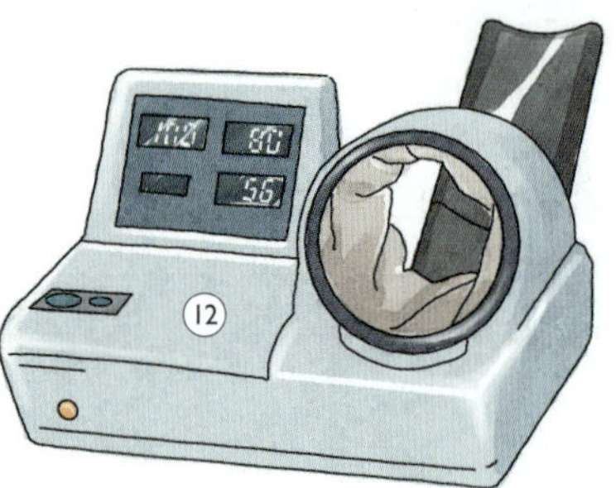

1 병실 (입원실) habitación / cuarto / pieza de hospital chambre de malade Krankenzimmer	**3 의사** médico / doctor médecin Arzt	**5 환자** paciente patient Patient
2 간호사 enfermero infirmier Krankenschwester	**4 간병인** acompañante del paciente aide-soignant Pfleger	**6 링거** suero perfusion Infusion

생활

7 가습기
humificador
humidificateur
Luftbefeuchter

8 청진기
estetoscopio
stéthoscope
Stethoskop

9 주사
inyección
injection, piqûre
Spritze

10 체온계
termómetro clínico
thermomètre médical
Fieberthermometer

11 붕대
venda
pansement
Bandage

12 혈압계
tensiómetro
appareil de mesure de la tension artérielle
Blutdruckmessgerät

More Vocabulary

종합병원	hospital clínico ｜ centre hospitalier ｜ Allgemeines Krankenhaus
개인 병원	clínica privada ｜ cabinet du médecin ｜ Arztpraxis
진찰실	consultorio ｜ cabinet de consultation ｜ Sprechzimmer
응급실	sala de urgencias ｜ urgences ｜ Notfallaufnahme
수술실	quirófano ｜ salle d'opération ｜ Operationssaal
산부인과	ginecología ｜ gynécologie ｜ Gynäkologie
소아과	pediatría ｜ pédiatrie ｜ Kinderheilkunde
내과	medicina interna ｜ médecine interne ｜ Innere Medizin
외과	cirugía ｜ chirurgie ｜ Chirurgie
안과	oftalmología ｜ ophtalmologie ｜ Augenheilkunde
정형외과	ortopedia ｜ orthopédie ｜ Orthopädie
이비인후과	otorrinolaringología ｜ oto-rhino-laryngologie ｜ Hals-Nasen-Ohren-Heilkunde
정신과	psiquiatría ｜ psychiatrie ｜ Psychatrie
비뇨기과	urología ｜ urologie ｜ Urologie
피부과	dermatología ｜ dermatologie ｜ Dermatologie
성형외과	cirugía plástica ｜ chirurgie esthétique ｜ Schönheitschirurgie
치과	odontología ｜ odontologie ｜ Zahnheilkunde
의료보험 카드	tarjeta médica ｜ carte d'assurance maladie ｜ Krankenversicherungskarte
한의원	clínica de medicina oriental ｜ clinique de médecine chinoise ｜ Praxis für traditionelle koreanische Medizin
진맥	toma del pulso ｜ prise du pouls ｜ Pulsdiagnose
침	aguja de acupuntura ｜ aiguille d'acupuncture ｜ Akupunktur
한약	medicina oriental ｜ médicament chinois ｜ traditionelle Medikamente

Appendix p.172

Phrases & Expressions

- 접수하다
- 예약하다
- 진찰을 받다
- X-ray를 찍다
- 검사를 받다
- 링거를 맞다
- 체온을 재다

- 혈압을 재다
- 연고를 바르다
- 소독하다
- 입원하다
- 수술하다
- 퇴원하다

증상 및 질병 Síntomas y enfermedades | symptômes et maladies | Symptome und Krankheiten 

1 두통	**3 복통**
jaqueca	dolor de estómago
migraine	douleur abdominale
Kopfschmerzen	Bauchschmerzen
2 치통	**4 요통**
dolor de muelas	lumbago
douleur dentaire	douleur lombaire
Zahnschmerzen	Kreuzschmerzen

5 귀앓이
otalgia, dolor de oído
mal à l'oreille
Ohrenschmerzen

6 목 아픔
anginas, dolor de garganta
mal de gorge
Halsschmerzen

7 코막힘
congestión nasal
nez bouché
verstopfte Nase

8 오한
escalofrío
frisson
Schüttelfrost

9 구토
vómito
vomissement
Erbrechen

10 발진
sarpullido, erupción en la piel
éruption
Hautausschlag

11 고열
fiebre alta
température élevée
hohes Fieber

12 감기
resfriado
rhume
Erkältung

13 빈혈
anemia
anémie
Blutarmut

14 물집
ampolla
cloque
Blase

15 베인 상처
corte
plaie
Schnittwunde

16 여드름
grano, espinilla
bouton d'acné, acné
Pickel

More Vocabulary

멍	moratón, moretón	ecchymose	Bluterguss
암	cáncer	cancer	Krebs
당뇨병	diabetes	diabète	Diabetes
뇌졸중	apoplejía, derrame cerebral	accident vasculaire cérébral	Schlaganfall
알츠하이머병	enfermedad de Alzheimer	maladie d'Alzheimer	Alzheimer-Krankheit
고혈압	tensión alta	hypertension	hoher Blutdruck
저혈압	tensión baja	hypotension	niedriger Blutdruck
생리통	dolores menstruales	troubles de la menstruation	Menstruationsschmerzen
알레르기	alergia	allergie	Allergie
아토피	dermatitis atópica	atopique	Atopie
디스크	hernia discal	disque lombaire	Bandscheibenvorfall
비염	rinitis	rhinite	Schnupfen
홍역	sarampión	rougeole	Masern
수두	varicela	varicelle	Windpocken
치매	demencia	démence sénile	Demenz
땀띠	sarpullido	bouton de chaleur	Schweißbläschen
멀미	náuseas	mal de mer / des transports	Übelkeit
독감	gripe	grippe	Grippe
배탈	malestar estomacal	indigestion	Magenverstimmung
설사	diarrea	diarrhée	Durchfall
변비	estreñimiento	constipation	Verstopfung
예방주사	vacuna	vaccination	Impfung

107

약국 및 응급처치

La farmacia y las urgencias médicas | pharmacie et soins d'urgence | Apotheke und Erste Hilfe

Track 63

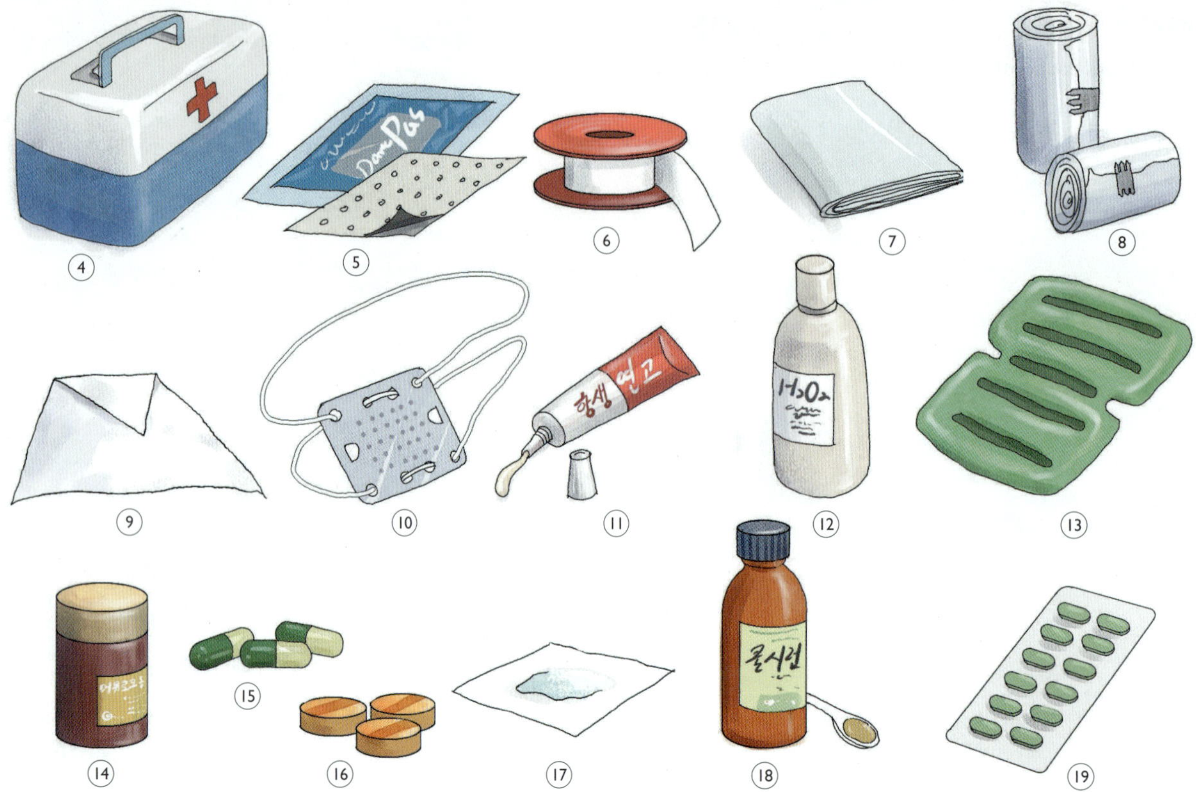

1 약국 farmacia pharmacie Apotheke	**3** 처방전 receta médica ordonnance Rezept	**5** 파스 parche patch Arzneipflaster
2 약사 farmacéutico pharmacien Apotheker	**4** 응급치료 상자 (구급상자) botiquín de primeros auxilios trousse médicale d'urgence Erste-Hilfe-Kasten	**6** 반창고 esparadrapo sparadrap Fixierpflaster

7 가제 (거즈)
gasa
compresse
Verbandmull

8 압박붕대 (탄력 붕대)
compresa (venda elástica)
bande de gaze
Kompressionsverband

9 삼각 붕대
venda triangular
bandage triangulaire
Dreiecktuch

10 안대
parche ocular
bandeau pour les yeux
Augenklappe

11 항생 연고
crema / pomada antibiótica
pommade antibiotique
antibakterielle Salbe

12 소독약
antiséptico
désinfectant
Antiseptikum

13 찜질팩
bolsa / almohada masajeadora
bouillotte
Wärmekissen

14 머큐로크롬
mercromina
mercurochrome
Mercuchrom

15 캡슐 약
cápsula
capsule
Kapsel

16 알약
pastilla
comprimé
Tablette

17 가루약
sobre, medicina en polvo
médicament en poudre
Pulver

18 시럽
jarabe
sirop
Sirup

19 소화제
digestivo
médicament digestif
Verdauungsmittel

More Vocabulary

좌약	supositorio │ suppositoire │ Zäpfchen	연고	crema, pomada, ungüento │ pommade │ Salbe
해열제	febrífugo │ fébrifuge │ fiebersenkendes Mittel	밴드	tirita, curita │ bande │ Pflaster
비타민제	compuesto vitamínico │ vitamines │ Vitaminpräparat	보청기	audífono │ prothèse auditive │ Hörgerät
진통제	analgésico, calmante │ analgésique │ Schmerzmittel	공기청정기	purificador de aire │ purificateur d'air │ Luftreiniger

Appendix p.172

Phrases & Expressions

- 다치다
- 의식을 잃다
- 쇼크 상태에 있다
- 심장마비를 일으키다
- 알레르기 반응을 보이다
- 화상을 입다
- 물에 빠지다
- 질식하다
- 출혈하다
- 숨을 못 쉬다
- 뼈가 부러지다
- 주사 맞다
- 약을 먹다
- 약을 과다 복용하다
- 요양하다

1 **통장**
cartilla bancaria
carnet des opérations bancaires
Sparbuch

2 **창구**
ventanilla
guichet banquier
Schalter

3 **은행원**
empleado de banca
banquier
Bankangestellter

4 **대기자 번호표**
turno expedido por una máquina
ticket d'attente
Wartenummer

5 **전광판**
monitor de turnos
panneau d'affichage électronique
elektronische Anzeige

6 **경비원**
guardia de seguridad
agent de sécurité
Wachpersonal

7 **감시용 카메라**
cámara de seguridad
caméra de surveillance
Überwachungskamera

8 **통장 정리기**
máquina actualizadora de cartillas
machine pour la mise à jour du carnet
Kontoauszugsautomat

9 **자동 현금인출기**
cajero automático
distributeur automatique de billets
Geldautomat

10 **돋보기안경**
gafas de aumento
lunettes loupe
Vergrößerungsbrille

More Vocabulary

계좌 번호	número de cuenta | numéro de compte | Kontonummer	지로 용지	transferencia | formulaire de virement | Zahlschein
신분증	carné / tarjeta de identidad | carte d'identité | Ausweisdokument	당좌수표	cheque | chèque | Scheck
비밀번호	número secreto | code confidentiel | Geheimnummer	예금	depósito, ahorro | dépôt d'argent | Sparguthaben
서명 (사인)	firma | signature | Unterschrift	적금	depósito a plazo fijo | livret d'épargne | Sparplan
입금 신청 용지	impreso de depósito | formulaire de dépôt | Einzahlungsformular	대출	préstamo | prêt bancaire | Darlehen
출금 신청 용지	impreso de ingreso | formulaire de retrait | Auszahlungsformular	이자	intereses | intérêts | Zinsen
인터넷뱅킹	operación bancaria por internet | opération de banque sur internet | Onlinebanking	자동이체	pago domiciliado | virement automatique | Dauerauftrag, Einzugsermächtigung
폰뱅킹	operación bancaria por teléfono | opération de banque par téléphone | Telefonbanking	공과금	gasto de luz, agua y / o gas | factures des services publics | öffentliche Abgaben
수수료	tasas | frais bancaires | Gebühr	복권	lotería | loterie | Lotterie
		고객 상담실	información al cliente | service client | Beratungszimmer

Appendix p.172

Phrases & Expressions

- 입금하다 (돈을 넣다)
- 출금하다 (돈을 찾다)

- 자동 현금인출기 이용 방법
  1. 현금 카드 또는 통장을 넣는다
  2. 해당 항목을 누른다
  3. 비밀번호를 누른다
  4. 출금 금액을 누른다
     / 입금기에 입금액을 넣는다
  5. 돈을 확인한다
  6. 명세서와 카드 또는 통장을 받는다

생활

1 편지
carta
lettre
Brief

2 봉투
sobre
enveloppe
Umschlag

3 우편번호
código postal
code postal
Postleitzahl

4 보내는 사람
remitente
expéditeur
Absender

5 우표
sello, estampilla
timbre
Briefmarke

6 우체국 소인
matasellos
cachet de la poste
Poststempel

7 받는 사람
destinatario
destinataire
Empfänger

8 엽서
postal
carte postale
Postkarte

9 카드
tarjeta
carte
Grußkarte

10 소포
paquete
colis
Paket

11 저울
báscula postal
balance
Waage

12 우체통
buzón
boîte aux lettres
Briefkasten

13 우체부
cartero
facteur
Briefträger

14 우체국
oficina de correos
poste
Postfiliale

More Vocabulary

빠른우편	correo urgente | courrier express | schnelle Sendung
보통우편	correo ordinario | courrier normal | normale Sendung
등기	envío certificado | courrier recommandé | Einschreiben
속달	envío especial | courrier et colis express | Eilsendung
국제우편	correo internacional | courrier international | internationale Post
규격 상자	caja reglamentaria | boîte standardisée d'expédition | genormter Karton
반송	correo devuelto | renvoi (d'une lettre ou d'un paquet) | Rücksendung

Appendix p.172

Phrases & Expressions

- 주소 / 우편번호를 쓰다
- 우표를 붙이다
- 우체통에 넣다
- 소포를 포장하다
- 저울에 달다
- 우체국 소인을 찍다
- 축하 카드 / 전보를 보내다
- 편지 / 소포를 배달하다
- 우편 / 퀵서비스 / 택배(으)로 보내다

1 거울 espejo miroir Spiegel	**3 스프레이** laca, aerosol para el cabello spray pour les cheveux Haarspray

1 거울
espejo
miroir
Spiegel

2 젤
gomina, espuma / crema fijadora
gel de coiffage
Haargel

3 스프레이
laca, aerosol para el cabello
spray pour les cheveux
Haarspray

4 무스
espuma
mousse á cheveux
Haarschaum

5 가운 (숄)
bata (mantón de peluquería)
cape
Friseurumhang

6 미용사
peluquero, esteticista
coiffeur
Friseur

08 생활

7 빗
peine
peigne
Kamm

8 드라이어
secador de pelo
séche-cheveux
Fön

9 잡지
revista
magazine
Zeitschrift

10 캡
gorro de peluquería
capuchon
Haube

11 스팀기
secador de casco
bateau à vapeur
Dampfhaube

More Vocabulary

이발사	barbero, peluquero de hombres ｜ coiffeur, barbier ｜ Barbier
위생복	bata sanitaria / esterelizada ｜ tenue sanitaire ｜ steriler Umhang
전기면도기	máquina de afeitar, afeitadora ｜ rasoir électrique ｜ Elektrorasierer
염색약	tinte ｜ teinture pour les cheveux ｜ Haarfärbemittel
샘플	muestra gratuita ｜ échantillon ｜ Kosmetikprobe
컷	corte ｜ coupe ｜ Haarschnitt
롤	rulo ｜ volume des cheveux ｜ Wickler
파마	permanente ｜ permanente ｜ Dauerwelle
집게	tenacillas ｜ pince ｜ Haarklammer
핀	horquilla ｜ épingle ｜ Haarnadel
할인	descuento ｜ réduction ｜ Ermäßigung
단골	clientela fija ｜ client fidèle ｜ Stammkunde

Appendix p.173

Phrases & Expressions

- 머리를 자르다
- 컷을 하다
- 파마를 하다
- 머리를 말다
- 캡을 쓰다
- 염색하다
- 머리를 올리다

- 핀을 꽂다
- 머리를 땋다
- 고무줄로 묶다
- 스프레이를 뿌리다
- 손톱을 정리하다 (다듬다)
- 매니큐어를 바르다

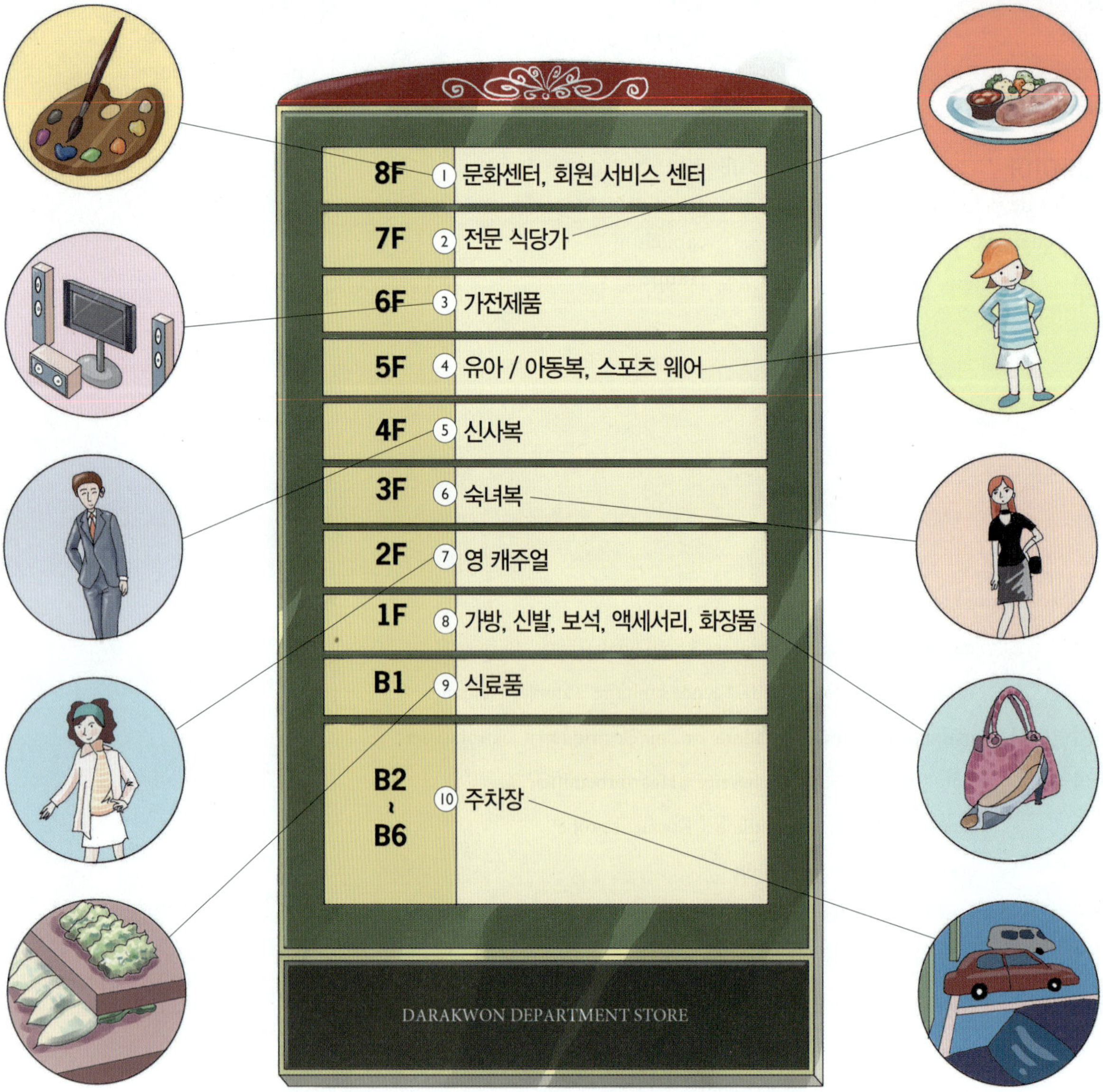

1 8층 : 문화센터, 회원 서비스 센터

8ª planta / 7ª planta: centro cultural, centro de atención al socio

7ème étage : Centre culturel, Centre de service clients

8. Stock: Kulturzentrum, Mitgliederservice

2 7층 : 전문 식당가

7ª planta / 6ª planta: restaurantes

6ème étage : Restaurants

7. Stock: Restaurants

3 6층 : 가전제품

6ª planta / 5ª planta: electrodomésticos

5ème étage : Appareils électroménagers

6. Stock: Elektrowaren

4 5층 : 유아 / 아동복, 스포츠 웨어

5ª planta / 4ª planta: ropa de bebé / niño, ropa deportiva

4ème étage: Vêtements pour bébé / enfant / sport

5. Stock: Baby- / Kinderbekleidung, Sportbekleidung

5 4층 : 신사복

4ª planta / 3ª planta: ropa de caballero

3ème étage : Vêtements pour homme

4. Stock: Herrenbekleidung

6 3층 : 숙녀복

3ª planta / 2ª planta: ropa de señora

2ème étage: Vêtements pour femme

3. Stock: Damenbekleidung

7　2층 : 영 캐주얼

2ª planta / 1ª planta: ropa juvenil e informal

1er étage: Vêtements décontractés

2. Stock: Junge Mode

8　1층 : 가방, 신발, 보석, 액세서리, 화장품

1ª planta / planta baja: bolsos, calzado, joyas, complementos, maquillaje

Rez-de-chaussée : Sacs, Chaussures, Bijoux, Accessoires, Cosmétiques

1. Stock (EG): Taschen, Schuhe, Schmuck, Accessoires, Kosmetik

9　지하 1층 : 식료품

sótano 1°: supermercado / alimentación

B1: Alimentaire

1.UG: Lebensmittel

10　지하 2~6층 : 주차장

sótanos 2° – 6° : aparcamiento, parqueadero, zona de estacionamiento

B2–B6 : Parking

2. – 6. UG: Parkhaus

More Vocabulary

엘리베이터	ascensor, elevador | ascenseur | Aufzug
에스컬레이터	escaleras mecánicas | escalator | Rolltreppe
안내 데스크	punto de información | accueil | Informationsschalter
포장 센터	lugar donde envuelven las compras en papel de regalo | zone d'emballage | Geschenkverpackungsservice
상품권	tarjeta / cupón de regalo | chèque cadeau | Gutschein
백화점 카드	tarjeta de crédito propia del centro comercial | carte de fidélité | Kaufhauskreditkarte
할인 쿠폰	cupón de descuento | coupon de réduction | Rabattcoupon
주차권	boleto/billete de aparcamiento | ticket de parking | Parkticket
주차 안내원	empleado de aparcamiento / parqueadero | gardien de parking | Parkhausangestellter
엘리베이터 안내원	empleado del ascensor / elevador | liftier | Fahrstuhlführer
직원 (판매원)	empleado (dependiente) | employé (vendeur) | Angestellte (Verkäufer)
가격표	etiqueta con el precio | étiquette de prix | Preisschild
정상가 (정가)	precio habitual | tarif fixe | Normalpreis
세일가 (할인가)	precio rebajado | tarif réduit | ermäßigter Preis

Appendix p.173

Phrases & Expressions

- 사다 (구입하다)
- 팔다 (판매하다)
- 지불하다
- 반환하다
- 교환하다

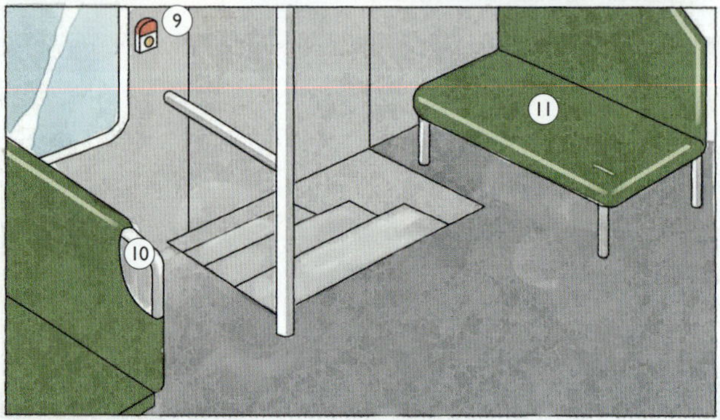

1 버스 정류장 (정거장) parada / paradero de autobús / ómnibus / colectivo / micro arrêt de bus Bushaltestelle	**4 승객** pasajero passager Fahrgast	**7 카드 단말기** lector de abonos / tarjetas de transporte lecteur de carte Kartenlesegerät
2 노선 번호 número de autobús / ómnibus / colectivo / micro numéro de bus Busliniennummer	**5 교통 카드** abono / tarjeta de transporte carte de transport aufladbare Plastikfahrkarte	**8 요금함** caja donde se deposita el pago en metálico caisse Einwurfkasten für Barzahlung
3 버스 autobús / ómnibus / colectivo / micro bus Bus	**6 운전기사 (운전사)** conductor, chófer chauffeur Fahrer	**9 벨** timbre sonnette Halteknopf

09

교통

10 손잡이
asidero / agarradero de seguridad
poignée
Griff

11 자리 (좌석)
asiento
place (siège)
Sitz

12 택시 승차장
parada de taxis
station de taxi
Taxistand

13 택시
taxi
taxi
Taxi

14 요금 미터기
taxímetro
compteur kilométrique
Taxameter

More Vocabulary

경로석	asiento reservado para ancianos ｜ place réservée aux personnes âgées ｜ Seniorenplätze
승차문	puerta de entrada ｜ porte passager ｜ Einsteigetür
하차문	puerta de salida ｜ porte arrière ｜ Aussteigetür
차	automóvil, coche, carro ｜ véhicule ｜ Fahrzeug
대중교통	transporte público ｜ transport en commun ｜ öffentlicher Verkehr
마을버스	minibús, microbús, buseta ｜ mini bus ｜ Stadtviertelbus
고속버스	autocar directo / exprés ｜ autocar ｜ Expressbus
시내버스	autobús urbano ｜ bus urbain ｜ Stadtbus
시외버스	autocar, autobús interurbano ｜ bus inter-urbain ｜ Fernbus
관광버스	autobús turístico ｜ bus touristique ｜ Reisebus
통근 버스	autobús para ir al trabajo ｜ bus supplémentaire aux heures de pointe ｜ Pendlerbus
스쿨버스	autobús escolar ｜ bus scolaire ｜ Schulbus
요금	tarifa, precio del billete / boleto ｜ tarif ｜ Fahrpreis
종점	última parada ｜ terminus ｜ Endhaltestelle
노선	ruta de autobús ｜ itinéraire ｜ Linie
노선도	mapa de ruta ｜ carte d'itinéraire des bus ｜ Verkehrsnetzplan
터미널	estación / terminal de autobuses ｜ gare routière ｜ Busbahnhof
경로 우대권	billete / boleto con tarifa especial para los ancianos ｜ carte senior ｜ Seniorenticket
교통법규 위반	infracción de tráfico ｜ violation du code de la route ｜ Verkehrsregelverstoß
범칙금	multa ｜ amende ｜ Strafgebühr
심야 할증	tarifa nocturna ｜ prime de nuit ｜ Nachtzuschlag
합승	compartir un taxi ｜ partager un taxi déjà occupé ｜ ein Taxi teilen
모범택시	taxi de lujo ｜ taxi de luxe ｜ Deluxe-Taxi
개인택시	taxi particular ｜ taxi privé ｜ privates Taxi
콜택시	taxi que se pide por teléfono ｜ call-taxi ｜ Funktaxi

Appendix p.173

Phrases & Expressions

- 버스가 오다 / 가다
- 버스에 타다
- 버스에서 내리다
- 요금을 요금함에 넣다
- 패스 카드 / 교통 카드를 대다
- 좌석에 앉다
- 좌석에서 일어나다
- 자리를 양보하다
- 손잡이를 잡다
- 안내 방송을 듣다
- 벨을 누르다
- 버스를 잘못 타다
- 버스를 놓치다
- 택시를 잡다
- 목적지를 말하다

지하철 El metro, el subte | métro | U-Bahn

Track 69

7

8

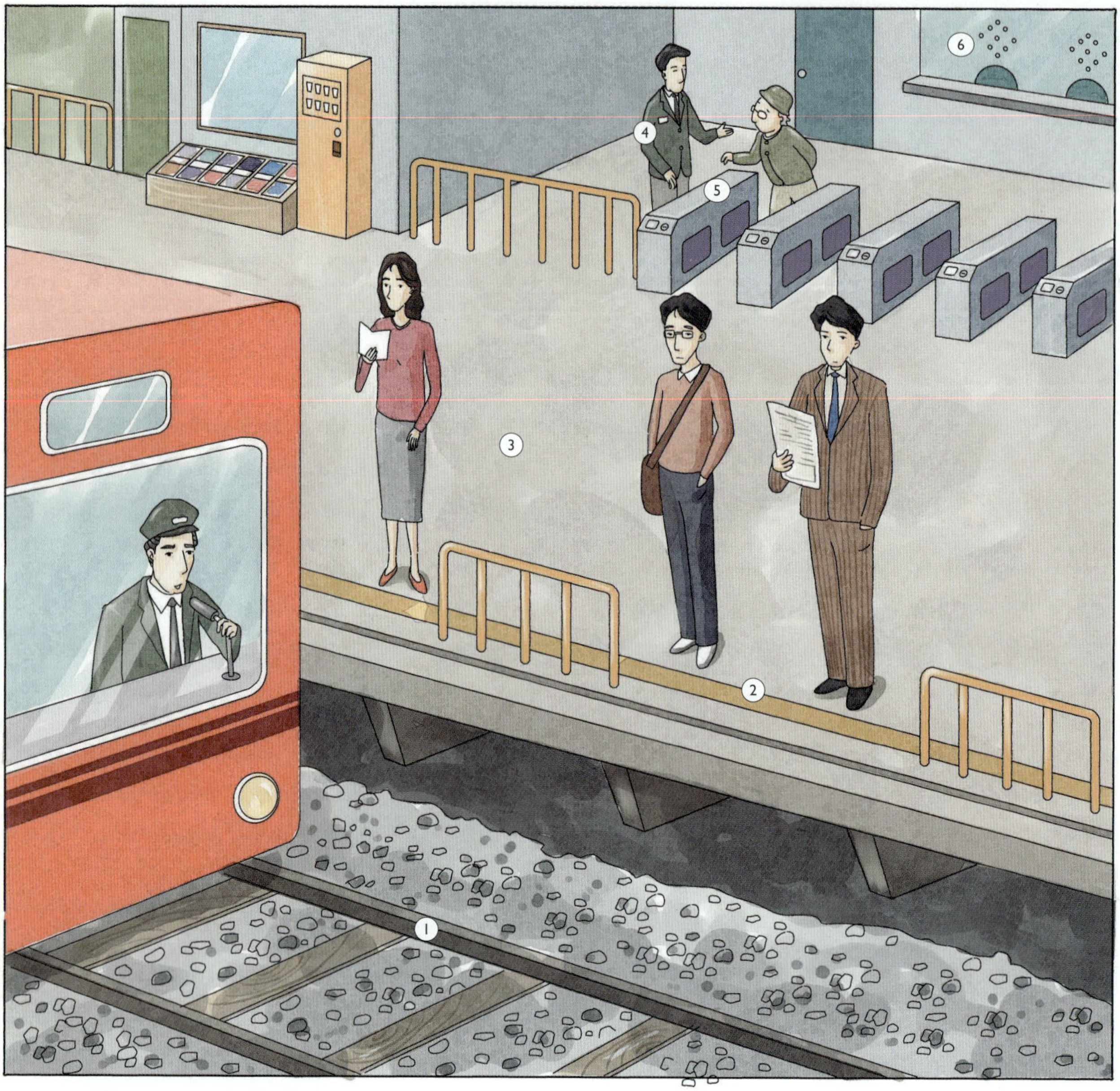

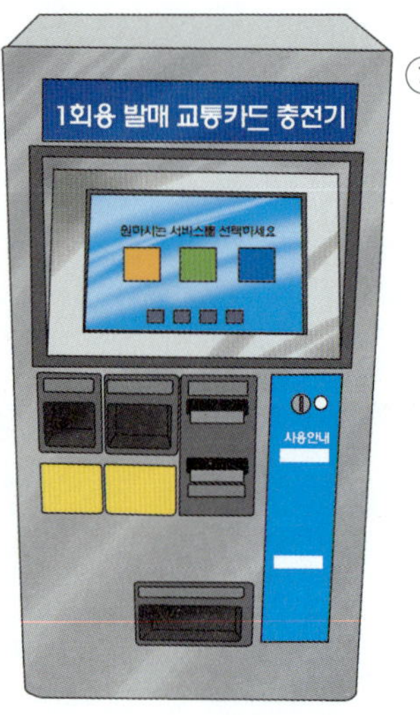

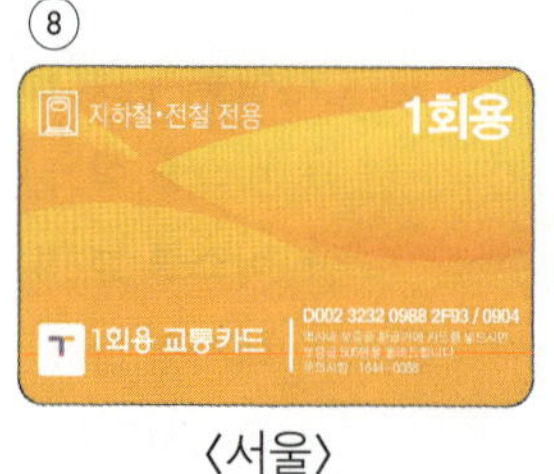

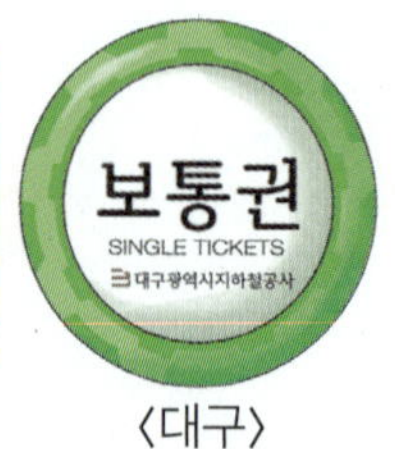

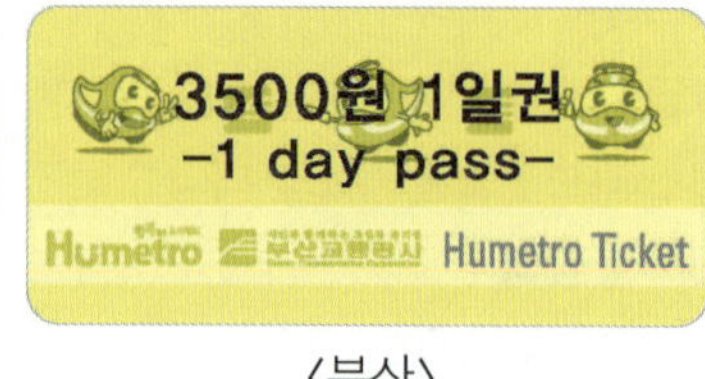

〈서울〉

〈대구〉

〈부산〉

1 **철로 (선로)**
vía
rail
Gleise

2 **안전선**
línea de seguridad
ligne de sécurité
Sicherheitsstreifen

3 **플랫폼**
andén
voie
Bahnsteig

4 **역무원**
personal de la estación
personnel de gare
Stationsbeamter

5 **개찰구**
barrera de acceso, molinete
accès aux quais
Fahrkartenschranke

6 **매표소**
oficina de venta al público
guichet
Fahrkartenschalter

7 **승차권 자동 발매기**
máquina expendedora de billetes / boletos
distributeur de tickets de métro
Fahrkartenautomat

8 **승차권**
billete / boleto
ticket de métro
Fahrkarte

More Vocabulary

정기권	abono temporal, boleto para varios viajes | carte d'abonnement | Zeitkarte
환승역	estación de conexión | station de correspondance | Umsteigebahnhof
지하철 노선도	plano del metro / subte | carte de métro | U-Bahn-Netzplan
분실물 센터	oficina de objetos perdidos | centre des objets perdus | Fundbüro
물품 보관소	consigna | consigne | Gepäckaufbewahrung
지하도	pasaje subterráneo | passage souterrain | Unterführung
전철	tren / metro / subte eléctrico | train | U-Bahn
출발역	primera estación de la línea | station de départ | Einsatzbahnhof
종착역	última estación de la línea | terminus | Endstation
지하철 출구	boca de metro | sortie de métro | Ausgang einer U-Bahn-Station
신문 판매대	quiosco, kiosco | kiosque à journaux | Zeitungskiosk
노약자 보호석	asientos reservados para personas mayores y con minusvalías | place réservée aux personnes âgées | Seniorenplatz
동전 교환기	máquina de cambio | changeur de monnaie | Münzwechselautomat

Appendix p.173

Phrases & Expressions

- 줄을 서다
- 표(정기권, 정액권)를/을 사다
- 표를 넣다 / 빼다
- 안전선 안쪽에서 기다리다
- 지하철이 만원이다
- 지하철을 타다 / 내리다
- 환승역에서 갈아타다
- 에스컬레이터를 타다
- 개찰구를 통과하다
- 열차가 지연되다

교통

1 **차도**	3 **정지선**
carretera	marca transversal continua de
chaussée	detención obligatoria
Straße	ligne d'arrêt
	Haltelinie

1 **차도**
carretera
chaussée
Straße

2 **감시 카메라**
cámara de tráfico
caméra de surveillance
Verkehrskamera

3 **정지선**
marca transversal continua de detención obligatoria
ligne d'arrêt
Haltelinie

4 **안전지대**
área de seguridad
zone de sécurité
Sperrfläche

5 **가로등**
farola
lampadaire
Straßenlampe

6 **육교**
paso elevado
passerelle
Fußgängerüberführung

7 **보도 (인도)**
acera, banqueta
trottoir
Gehweg

8 **가로수**
alameda, árbol de la calle
arbre en bordure de route
Straßenbaum

9 **자전거**
bicicleta
vélo
Fahrrad

10 **오토바이**
motocicleta
moto
Motorrad

11 **횡단보도**
paso de peatones / cebra
passage piéton
Zebrastreifen

12 **승용차**
automóvil particular, turismo
voiture
PKW

13 **화물차**
camión, camioneta
camion
Laster

14 **신호등 (빨간불, 파란불, 노란불)**
semáforo (rojo, amarillo, verde)
feux de signalisation (rouge, vert, jaune)
Ampel (Rot, Grün, Orange)

15 **승합차**
furgoneta de pasajeros
minibus
Kleinbus, Van

16 **모퉁이**
esquina
coin
Ecke

17 **소형차**
automóvil de dimensiones reducidas
véhicule léger
Kleinwagen

18 **교통 경찰관**
policía de tráfico
agent de circulation
Verkehrspolizist

More Vocabulary

차선 (1차선, 2차선, 3차선, 4차선)	carril (carril 1, carril 2, carril 3, carril 4) | voie (1ère voie, 2ème voie, 3ème voie, 4ème voie) | Fahrstreifen (erster, zweiter, dritter, vierter Fahrstreifen)
블록	bloque de viviendas, cuadra | bloc | Block
국도	carretera nacional | route nationale | Nationalstraße
지방도	carretera provincial | route départementale | Provinzstraße
고속도로	autopista | autoroute | Autobahn
고속도로 통행 카드	billete / boleto de peaje de autopista | pass autoroute | Autobahnmautpass
갓길	arcén | accotement | Seitenstreifen
긴급전화	teléfono de emergencia | appel d'urgence | Notrufsäule
통행권	boleto de peaje | ticket de péage | Mautpass
통행료	peaje de autopista | tarif du péage | Mautgebühr
속도 측정기	radar de velocidad | indicateur de vitesse | Geschwindigkeitsmessgerät
표지판	señal de tráfico | panneau indicateur | Verkehrsschild
주차 단속원	vigilante de estacionamientos | contrôleur de stationnement | Politesse
주유소	gasolinera, gasolinería | station-service | Tankstelle
세차장	lavado de automóviles | station de lavage | Autowaschanlage
카센터	tienda de suministros | garage petite mécanique | Autowerkstatt
자동차 정비소	taller mecánico | garage mécanique | Autowerkstatt
소화전	toma de agua, boca de riego | poste d'incendie | Hydrant

Appendix p.173

Phrases & Expressions

- 셀프 주유
- 자동 세차
- 셀프 세차
- 전면 주차
- 후면 주차

교통표지판 Señales de tráfico | panneaux de signalisation | Verkehrsschilder 

비보호 좌회전
Cambio de sentido
autorisation de tourner à gauche
Links abbiegen ohne Signal

우회전 금지
Prohibido girar a la derecha
interdiction de tourner à droite
Rechtsabbiegen verboten

위험
Peligro
danger
Gefahr

유턴 금지
Prohibido dar media vuelta
demi-tour interdit
Wenden verboten

일방통행
Dirección única
sens unique
Einbahnstraße

직진 및 좌회전
Tramo de calzada en sentido único
aller tout droit ou à gauche
vorgeschriebene Fahrtrichtung –
geradeaus und links

직진 금지
Única dirección permitida
sens interdit
Geradeaus fahren verboten

터널
Túnel
tunnel
Tunnel

최고 속도제한
Velocidad máxima
limitation de vitesse
Zulässige Höchstgeschwindigkeit

주차 금지
Prohibido estacionar
stationnement interdit
Parkverbot

화물차 통행금지
Prohibido el acceso a vehículos de
transporte de mercancías
interdit aux camions
Verbot für Lastfahrzeuge

최저 속도제한
Velocidad mínima
vitesse minimum
Vorgeschriebene
Mindestgeschwindigkeit

차 중량 제한

Limitación de peso

poids maximum autorisé

Verbot für Fahrzeuge über der angegebenen Masse

차 높이 제한

Limitación de altura

hauteur maximum autorisée

Verbot für Fahrzeuge über der angegebenen Höhe

T자형 교차로

Calzada sin salida

intersection en T

T-Kreuzung

우좌로 이중 굽은 도로

Curvas peligrosas

double virage

Doppelkurve (zunächst rechts)

도로 폭이 좁아짐

Estrechamiento de calzada

chaussée rétrécie

Verengte Fahrbahn

오르막 경사

Subida con fuerte pendiente

pente ascendante

Steigung

좌측면 통행

Paso obligatorio

passage à gauche

vorgeschriebene Vorbeifahrt – links vorbei

일시 정지

Detención obligatoria

stop

Halt!

양보

Ceda el paso

céder le passage

Vorfahrt gewähren

More Vocabulary

도로 공사 중	Calzada en obras | route en travaux | Baustelle
버스 전용	Carril de autobús | réservé aux autobus | Bussonderfahrstreifen

자동차 운전 Manejo de automóviles | conduite automobile | Autofahren (Track 72)

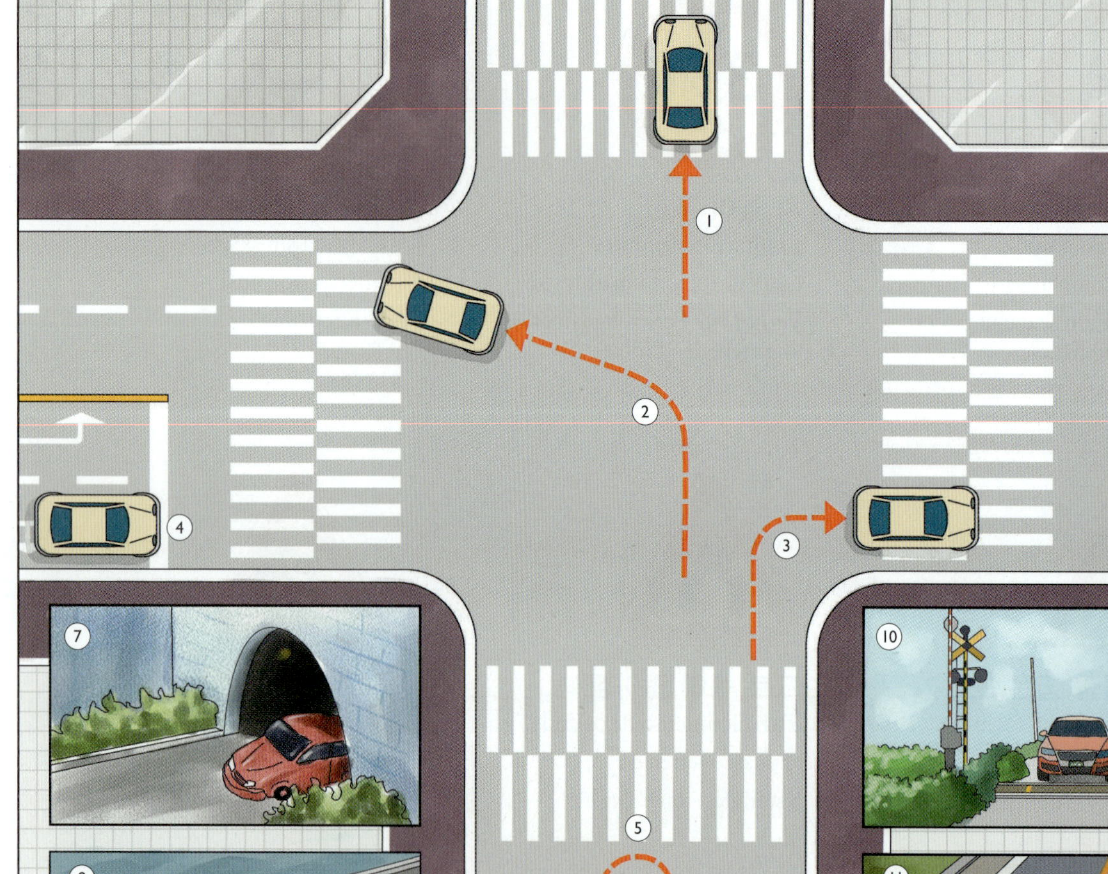

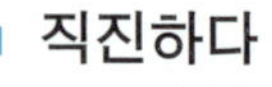

1 직진하다 ir recto / derecho aller tout droit geradeaus fahren	**3 우회전하다** girar a la derecha tourner à droite rechts abbiegen	**5 U턴하다** dar la vuelta faire demi-tour wenden
2 좌회전하다 girar a la izquierda tourner à gauche links abbiegen	**4 정지하다** parar, detenerse s'arrêter stoppen	**6 끼어들다** meterse entre dos automóviles doubler sich einfädeln

교통

7 터널을 통과하다
atravesar un túnel
franchir un tunnel
durch einen Tunnel fahren

8 다리를 건너다
cruzar un puente
traverser un pont
über eine Brücke fahren

9 주차하다
aparcar, estacionar
se garer
parken

10 건널목을 통과하다
cruzar un paso a nivel
franchir le passage à niveau
über einen Bahnübergang fahren

11 돌아가다
regresar, volver
faire un détour
einen Umweg machen

12 후진하다
dar marcha atrás
aller en marche arrière
rückwärtsfahren

More Vocabulary

전진하다	avanzar ǀ avancer ǀ vorwärtsfahren
정차하다	frenar, separarse ǀ s'arrêter ǀ halten
앞지르다	adelantar ǀ dépasser ǀ überholen

Appendix p.174

Phrases & Expressions

- 안전벨트를 매다 / 풀다
- 시동을 걸다
- 브레이크를 밟다
- 사이드브레이크를 올리다 / 내리다
- 핸들을 조절하다
- 기어를 넣다
- 액셀러레이터를 밟다
- 출발하다 / 도착하다
- 서행하다
- 경적을 울리다
- 양보하다
- 신호가 바뀌다
- 급정거하다
- 차선을 바꾸다

- 신호를 기다리다
- 과속하다
- 추돌하다
- 신호를 위반하다
- 중앙선을 침범하다
- 차선을 위반하다
- 역주행하다
- 감시 카메라에 찍히다
- 교통 경찰관에게 걸리다
- 딱지를 떼다
- 음주 운전을 하다
- 교통사고를 내다
- 교통사고가 나다

자동차 부품 Partes del automóvil | accessoires de la voiture | Autoteile  Track 73

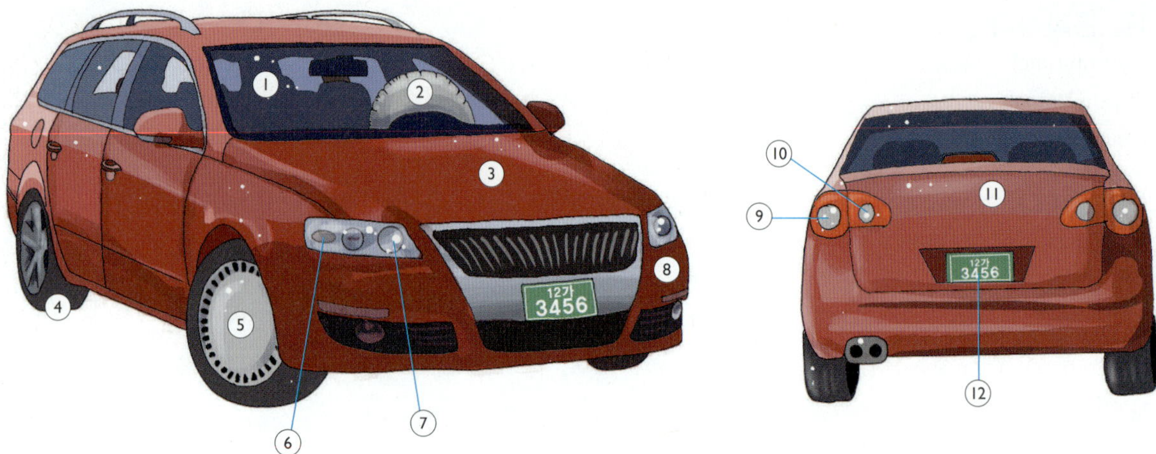

1 **앞 유리** parabrisas pare-brise Windschutzscheibe	4 **타이어** neumático, llanta pneu Reifen	7 **전조등** faro phare Frontscheinwerfer	10 **미등** luces traseras feu arrière Rückscheinwerfer
2 **에어백** airbag airbag Airbag	5 **휠캡** tapabucos enjoliveur Reifenkappe	8 **범퍼** parachoques pare-chocs Stoßstange	11 **트렁크** maletero, cajuela coffre Kofferraum
3 **보닛** capó capot Motorhaube	6 **방향 지시등** intermitente clignotant Richtungsblinker	9 **제동등** luces de freno feu de stop Bremslichter	12 **번호판** matrícula plaque d'immatriculation Nummernschild

교통

13 핸들
volante
volant
Lenkrad

14 와이퍼
limpiaparabrisas
essuie-glace
Scheibenwischer

15 속도 계기판
velocímetro
indicateur de vitesse
Geschwindigkeitsanzeige

16 주행거리 계기판
cuentakilómetros
kilométrage
Kilometeranzeige

17 연료 계기판
indicador de
combustible
indicateur de jauge
Tankanzeige

18 내비게이션
navegador
navigation
Navigationsgerät

19 경적
claxon, bocina
klaxon
Hupe

20 클러치
embrague
embrayage
Kupplung

21 브레이크
freno
frein
Bremse

22 액셀 (액셀러레이터)
acelerador
accélérateur
Gas

23 기어
marcha
vitesse
Gangschaltung

24 사물함
caja
boîte à gants
Handschuhfach

25 사이드미러
retrovisor exterior
rétroviseur extérieur
Seitenspiegel

More Vocabulary

수동 변속	transmisión manual de cambios | boîte de vitesse manuelle | manuelle Schaltung
레버	palanca de cambios | levier de vitesse | Hebel
실내등	luz interior | éclairage intérieur | Innenbeleuchtung
열선	cables calefactores | rayons thermiques | Heizkabel
스페어타이어	rueda de repuesto | pneu de rechange | Reserverad
배터리	batería | batterie | Batterie
워셔액	líquido limpiaparabrisas | liquide lave-glace | Scheibenflüssigkeit
광택제 (왁스)	cera | polish | Autowachs
도어록	cerradura | serrure de porte | Türschloss
안테나	antena | antenne | Antenne
차고	garaje | garage | Garage
히터	calefacción | chauffage | Heizung
잠금장치	mecanismo de cierre | système de verrouillage | Autokralle
안전벨트	cinturón de seguridad | ceinture de sécurité | Sicherheitsgurt
핸드브레이크	freno de mano | frein à main | Handbremse
열쇠	llave | clé | Schlüssel

Appendix p.174

Phrases & Expressions

- 배터리를 갈다
- 오일을 교환하다
- 타이어(바퀴)를 갈다
- 세차를 하다
- 호스로 물을 뿌리다
- 스펀지로 닦다
- 마른걸레로 닦다
- 광택제를 바르다
- 시트를 털다
- 엔진오일을 체크하다
- 냉각수를 채우다
- 보닛을 열다 / 닫다

1 **활주로**
pista de aterrizaje / despegue
piste d'atterrissage
Start- und Landebahn

2 **비행기**
avión
avion
Flugzeug

3 **캐리어**
portaequipajes
sac de cabine
Kabinentrolley

4 **수하물 찾는 곳**
zona de recogida de equipajes
sortie bagages
Gepäckausgabe

5 **수하물**
equipaje
bagages
Gepäck

6 **원형 컨베이어**
cinta transportadora
carrousel
Gepäckkarussell

7 **조종사**
piloto
pilote
Pilot

8 **승무원**
asistente de vuelo
hôtesse de l'air
Stewardess

9 **승객**
pasajero
passager
Passagier

10 **탑승**
embarque
embarquement
Einsteigen

More Vocabulary

공항 터미널	terminal aeroportuaria	terminal d'aéroport	Flughafenterminal
공항 직원	empleado aeroportuario	personnel d'aéroport	Flughafenangestellter
관제탑	torre de control	tour de contrôle	Kontrollturm
국제선	vuelo internacional	vol international	internationale Flüge
국내선	vuelo nacional	vol national	nationale Flüge
출입국 신고서	tarjeta de entrada y salida	carte d'immigration	Ein- und Ausreiseformular
입국 심사	control de entrada a un país	contrôle d'entrée dans un pays	Einreisekontrolle
출국 심사	control de salida de un país	contrôle de sortie du territoire	Ausreisekontrolle
중량 초과 요금	cargo por sobrepeso	tarif excédent de bagages	Gebühr für Übergepäck
검역	cuarentena	quarantaine	Quarantäne
세관	aduana	douane	Zoll
기내식	comida servida durante el vuelo	repas à bord	Bordmahlzeit
공항버스	autobús de aeropuerto	navette de l'aéroport	Flughafenbus
체크인 카운터	mostrador de facturación	comptoir d'enregistrement	Check-in-Schalter
이착륙 모니터	monitor de llegadas y salidas	moniteur de décollage et d'atterrissage	Ankunfts- und Abflugsanzeige
세관 직원	agente de aduanas	personnel de douane	Zollbeamter
환전소	oficina de cambio	bureau de change	Wechselstube
면세점	tienda libre de impuestos	boutique hors taxes	Duty-Free-Geschäft

Appendix p.174

Phrases & Expressions

- 이륙하다
- 착륙하다
- 경유하다
- 결항하다
- 연착하다
- 항공권을 사다
- 짐을 체크하다

- 보안 검사를 통과하다
- 게이트에서 체크인하다
- 비행기에 탑승하다
- 좌석을 찾다
- 안전벨트를 하다
- 수하물을 찾다

1 **독서**
lectura, leer
lecture
Lesen

2 **음악 감상**
escuchar música
écouter de la musique
Musikhören

3 **등산**
montañismo
randonnée
Bergsteigen

4 **노래**
cantar
chanter
Singen

5 **사진 찍기**
fotografía, sacar fotos
faire de la photo
Fotografieren

6 **인라인스케이트**
patinar sobre ruedas
patins à roulettes
Inlineskaten

7 **영화 감상**
cine, ver películas
regarder un film
Filme anschauen

8 **낚시**
pesca
pêche
Angeln

9 **댄스**
baile
danse
Tanzen

10 컴퓨터게임
videojuego
jeu vidéo
Computerspiel

11 바둑
go
jeu de go
Go

12 장기
ajedrez oriental
jeu d'échecs orientaux
koreanisches Schach

13 당구
billar
billard
Billiard

14 체스
ajedrez
jeu d'échecs
Schach

15 카드놀이
juego de cartas
jeu de cartes
Kartenspiel

꽃꽂이	arreglo floral | arrangement floral | Blumenstecken
뜨개질	tejer, hacer punto, ganchillo | tricot | Stricken
종이접기	papiroflexia | origami | Origami
퍼즐 맞추기	hacer puzzles, armar rompecabezas | puzzle | Puzzlen
우표 수집	filatelia | philatélie | Briefmarkensammeln
연날리기	hacer volar una cometa | jouer au cerf-volant | Drachen steigen lassen
소꿉놀이	jugar a las cocinitas | jeu de dînette | Haushaltsspiel
구슬치기	jugar a las canicas | jeu de billes | Murmelspiel
숨바꼭질	jugar al escondite | cache-cache | Versteckspiel

1 태권도 taekwondo taekwondo Taekwondo	**3 농구** baloncesto basket-ball Basketball	**5 체조** gimnasia gymnastique Turnen, Gymnastik
2 축구 fútbol, balompié football Fußball	**4 씨름** lucha tradicional coreana lutte traditionnelle coréenne koreanisches Ringen	**6 스키** esquí ski Skifahren

7 **수영**
natación
natation
Schwimmen

8 **야구**
béisbol
base-ball
Baseball

9 **골프**
golf
golf
Golf

10 **배구**
balonvolea
volley-ball
Volleyball

11 **테니스**
tenis
tennis
Tennis

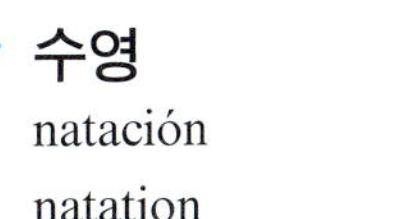

More Vocabulary

레슬링	lucha | catch | Ringen
권투	boxeo | boxe | Boxen
유도	yudo | judo | Judo
핸드볼	balonmano | handball | Handball
탁구	ping-pong, pimpón | ping-pong, tennis de table | Tischtennis
배드민턴	bádminton | badminton | Badminton
스케이트	patinaje | patinage | Schlittschuhlaufen
볼링	bolos | bowling | Bowling
펜싱	esgrima | escrime | Fechten
사격	tiro | tir | Sportschießen
양궁	tiro con arco | tir à l'arc | Bogenschießen
역도	halterofilia, levantamiento de pesas | haltérophilie | Gewichtheben
조깅	footing, jogging | jogging | Joggen
마라톤	maratón | marathon | Marathon
수상스키	esquí acuático | ski nautique | Wasserskifahren

대회	competición | tournoi | Wettkampf
아시안게임	Juegos Asiáticos | Jeux Asiatiques | Asienspiele
올림픽	Juegos Olímpicos | Jeux Olympiques | Olympische Spiele
월드컵	Copa Mundial | Coupe du Monde | Fußballweltmeisterschaft
우승	victoria, campeonato | championnat | Sieg
금메달 / 은메달 / 동메달	medalla de oro / plata / bronce | médaille d'or / d'argent / de bronze | Gold- / Silber- / Bronzemedaille
챔피언	campeón | champion | Meister
예선전	partido / prueba de clasificación | match éliminatoire | Vorrunde, Qualifikation
준준결승전 (8강전)	cuartos de final | quart de finale | Viertelfinale
준결승전 (4강전)	semifinal | demi-finale | Halbfinale
결승전	final | finale | Finale
선수	jugador, atleta | joueurs | Sportler
감독	entrenador | entraîneur | Cheftrainer
코치	entrenador adjunto | entraîneur adjoint | Trainer

음악 Música | musique | Musik

Track 77

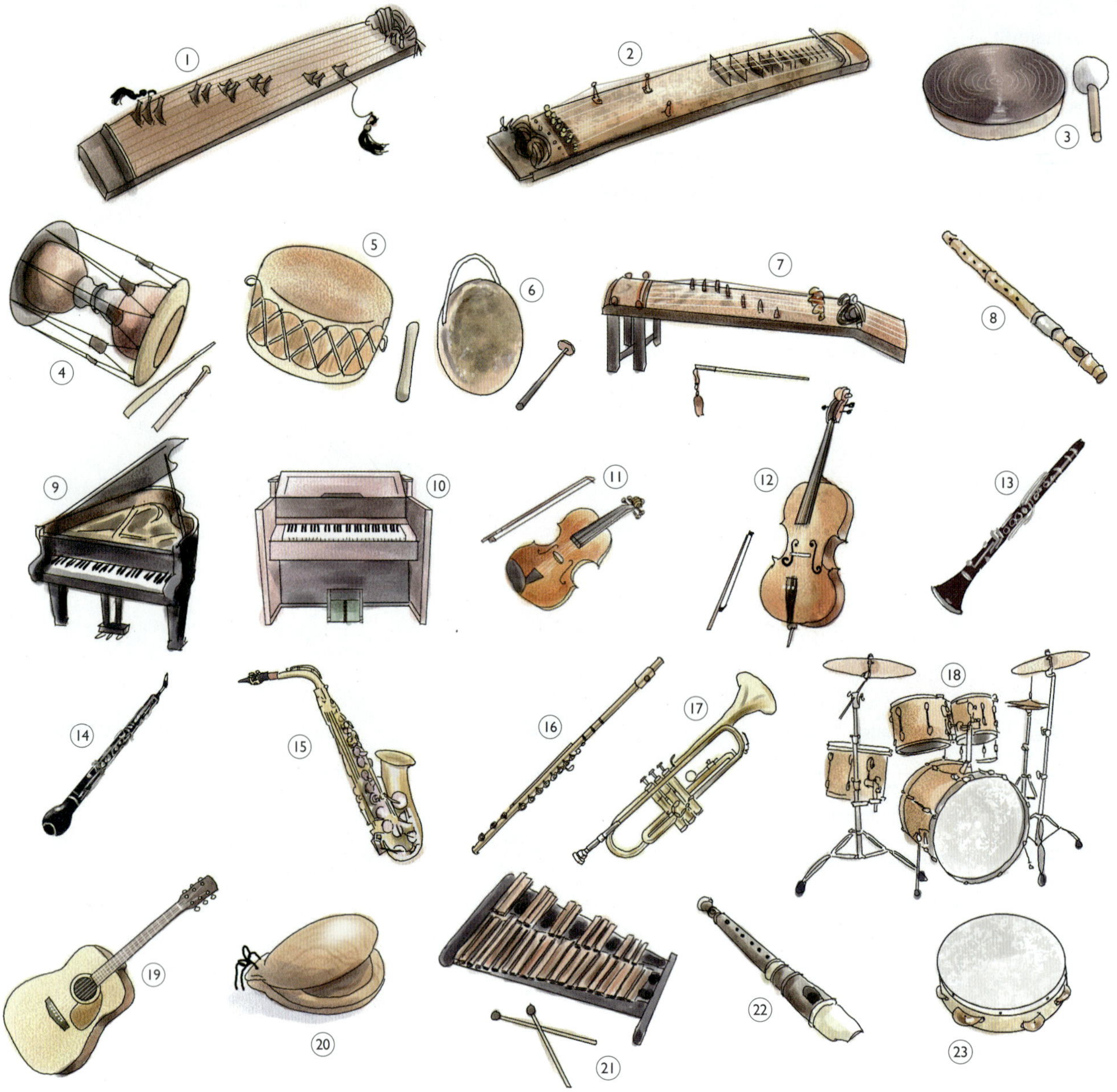

1 **가야금**
kayagum
gayageum
Gayageum

2 **거문고**
komungo
geomungo
Geomungo

3 **징**
batitín, gong
gong
Jing

4 **장구**
janggu
janggu
Janggu

5 **북**
tambor tradicional
tambour
Buk

6 **꽹과리**
kwenggwari
kkwaenggwari
Kkwaenggwari

7 **아쟁**
ajaeng
ajaeng
Ajaeng

8 **대금**
daegeum
daegeum
Daegeum

9 피아노
piano
piano
Klavier

10 오르간
órgano
orgue
Harmonium, Orgel

11 바이올린
violín
violon
Geige

12 첼로
chelo
violoncelle
Cello

13 클라리넷
clarinete
clarinette
Klarinette

14 오보에
oboe
hautbois
Oboe

15 색소폰
saxofón
saxophone
Saxophon

16 플루트
flauta travesera
flûte traversière
Querflöte

17 트럼펫
trompeta
trompette
Trompete

18 드럼
tambor
batterie
Schlagzeug

19 기타
guitarra
guitare
Gitarre

20 캐스터네츠
castañuelas
castagnettes
Kastagnetten

21 실로폰
xilófono
xylophone
Xylophon

22 피리
flauta
flûte
Flöte

23 탬버린
pandereta
tambourin
Tamburin

More Vocabulary

타악기	instrumento de percusión | instrument à percussions | Schlaginstrument
현악기	instrumento de cuerda | instrument à cordes | Streichinstrument
관악기	instrumento de viento | instrument à vent | Blasinstrument
아코디언	acordeón | accordéon | Akkordeon
트라이앵글	triángulo | triangle | Triangel
트롬본	trombón | trombone | Posaune
호른	trompa | cor | Horn
지휘자	director | chef d'orchestre | Dirigent
악보	partitura, notas musicales | partition | Noten
오케스트라	orquesta | orchestre | Orchester
클래식	música clásica | musique classique | klassische Musik
성악	música vocal | musique vocale | klassischer Gesang

재즈	jazz | jazz | Jazz
팝송	música / canción pop occidental | pop anglo-saxonne | (westliche) Popmusik
록	rock | rock | Rockmusik
발라드	balada | ballade | Ballade (Unterhaltungsmusik)
댄스음악	música de baile | musique de danse | Dance
랩	rap | rap | Rap
레게	reggae | reggae | Reggae
트로트 (뽕짝)	trot (primer estilo de la música pop coreana) | trot | Trot (koreanischer Schlager)
대중가요	canción pop | chanson populaire | koreanische Popmusik
디스코 음악	música disco | musique disco | Discomusik

1 캔버스	**3 물감**	**5 파스텔**
lienzo	pintura, acuarelas	pintura al pastel
toile	peinture	pastel
Leinwand	Wasserfarben	Pastellkreide
2 붓	**4 스케치북**	**6 서예**
pincel	bloc de dibujo, cuaderno de bocetos	caligrafía china
pinceau	carnet de dessin	calligraphie
Pinsel	Skizzenblock	Kalligraphie

7 조각
escultura
sculpture
Bildhauerei

8 배우
actor
acteur
Schauspieler

9 영사기
proyector cinematográfico
projecteur
Filmprojektor

10 필름
película
film
Film

11 포스터
cartel, póster
affiche
Poster

More Vocabulary

크레파스	lápiz de color, pintura | crayon de couleur | Wachsmalstifte
공예	artesanía | artisanat | Kunsthandwerk
판화	grabado | gravure | Lithographie, Holzstich
유화	óleo | peinture à l'huile | Ölgemälde
영화배우	actor de cine | acteur de cinéma | Filmschauspieler
스크린	pantalla | écran | Filmleinwand
자막	subtítulo | sous-titre | Untertitel
연극	obra teatral | pièce de théâtre | Theaterstück
무대	escenario | scène | Bühne
오페라	ópera | opéra | Oper
발레	ballet | ballet | Ballett
무용	danza | danse | Tanz
연주회	concierto | concert | klassisches Konzert
뮤지컬	musical | comédie musicale | Musical
주인공 (주연)	protagonista | protagoniste, acteur principal | Hauptrolle
조연	actor secundario | rôle secondaire | Nebenrolle
감독	director | réalisateur | Regisseur
촬영	rodaje | tournage | Dreh, Aufnahme
연출	producción | mise en scène | Regie
조명	iluminación | éclairage | Beleuchtung
연기	actuación | jeu d'acteur | Schauspielen
스타	estrella de cine | star | Star
제작자	productor | producteur | Produzent
세트장	estudio de cine | plateau de cinéma | Filmset
영화제	festival de cine | festival de film | Filmfestival
시사회	preestreno | avant-première | Vorpremiere
시나리오	guión, escenario | scénario | Drehbuch
비극	tragedia | tragédie | Tragödie
희극	comedia | comédie | Komödie
콘서트	concierto | concert | Konzert
미술	bellas artes | beaux-arts | Bildende Kunst
화가	pintor | peintre | Maler
미술관	museo de arte | galerie d'art | Kunstmuseum
전시회	exhibición | exposition | Ausstellung
회화	cuadro, pintura | peinture | Gemälde
초상화	retrato | portrait | Portrait
수묵화	pintura a la tinta china | lavis | traditionelle Tuschmalerei
수채화	pintura a la acuarela | peinture aquarelle | Aquarell
소묘	boceto, dibujo | dessin | Zeichnung
삽화	ilustración | illustration | Illustration
사진	fotografía | photographie | Fotografie
디자인	diseño | design | Design
컴퓨터 그래픽	infografía | infographie | Computergrafik
표 (티켓)	boleto / entrada | billet(ticket) | Eintrittskarte, Ticket
매표소	taquilla | guichet | Kasse
예술	arte | art | Kunst

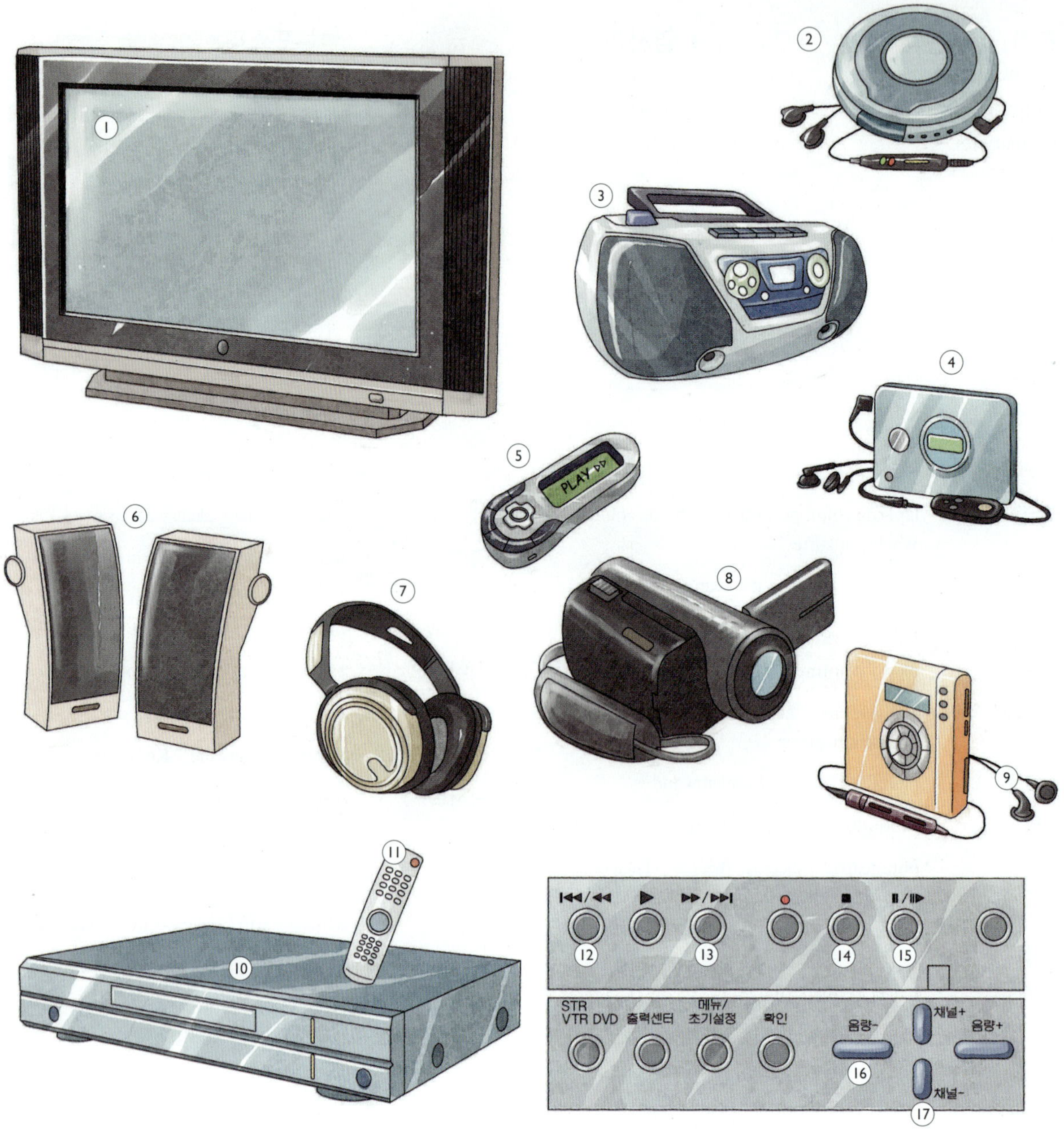

1 **TV (텔레비전)**
television
téléviseur
Fernseher

2 **CD 플레이어**
reproductor de CD
lecteur CD
CD-Player

3 **카세트 플레이어**
reproductor de casete
lecteur de cassette
Kassettenrekorder

4 **워크맨**
walkman
baladeur
Walkman

5 **MP3 플레이어**
MP3
lecteur MP3
MP3-Player

6 **스피커**
altavoces
haut parleur
Lautsprecher

7 **헤드폰**
cascos
casque audio
Kopfhörer

8 **비디오카메라 (캠코더)**
videocámara
caméra
Videokamera

9 **이어폰**
auriculares
écouteurs
Ohrhörer

10 **비디오 플레이어**
reproductor de vídeo
lecteur vidéo
Videorekorder

11 **리모컨**
control remoto, mando
télécommande
Fernbedienung

12 **되감기**
rebobinar
rembobiner
Zurückspulen

13 빨리감기
adelantar, pasar rápido
avance rapide
Vorspulen

14 정지
parar
arrêt
Stop

15 일시 정지
congelar la imagen
pause
Pause

16 음량 (볼륨)
volumen
volume
Lautstärke

17 채널
canal
chaîne
Kanal

More Vocabulary

DVD 플레이어	reproductor de DVD | lecteur DVD | DVD-Player
라디오	radio | radio | Radio
마이크	micrófono | micro | Mikrofon
건전지	batería | pile | Batterie
카세트테이프	cinta de casete | cassette | Audiokassette
비디오테이프	cinta de vídeo | cassette vidéo | Videokassette
비디오 대여점	videoclub | vidéo-club | Videothek
연체료	multa por devolución con restraso | astreinte | Mahngebühr
방송국	emisora o estudio de radiodifusión | chaîne de télévision | Rundfunkstation
케이블 TV	televisión por cable | télé câblée | Kabelfernsehen
생방송	emisión en directo | émission en direct | Liveübertragung
중계방송	retransmisión | retransmission | Übertragung
녹화방송	emisión en diferido | émission en différé | aufgezeichnete Sendung
위성방송	emisión por satélite | émission par satellite | Satellitenübertragung
뉴스	noticias | informations | Nachrichten
드라마	teleserie, telenovela | drama | Fernsehserie
다큐멘터리	documental | documentaire | Dokumentation
광고	anuncio de television | publicité | Werbung
ARS 퀴즈	concurso telefónico | jeu télévisé | Telefonquiz
시청자	telespectador | téléspectateur | Zuschauer
연예인	celebridad, famoso | artiste de variétés | Prominenter
탤런트	actor de televisión | acteur de télé | Fernsehschauspieler
가수	cantante | chanteur | Sänger
아나운서	locutor, presentador | présentateur | Moderator

Appendix p.175

Phrases & Expressions

- 텔레비전(TV)을/를 켜다 / 보다 / 끄다
- 채널을 돌리다
- 리모컨을 누르다
- 볼륨을 높이다 / 낮추다
- 시청하다 / 청취하다
- 프로그램을 녹화하다
- 비디오를 켜다 / 끄다
- 녹음하다
- 비디오를 빌리다
- 비디오를 반납하다
- 건전지를 갈아 끼우다
- 헤드폰(이어폰)을 끼다
- 주파수를 맞추다

1 텐트 tienda de campaña tente Zelt	**4 침낭** saco de dormir sac de couchage Schlafsack
2 캠프파이어 fogata de acampada feu de camp Lagerfeuer	**5 지도** mapa, plano carte Karte
3 배낭 mochila sac à dos Rucksack	**6 나침반** brújula boussole Kompass

7 손전등 linterna lampe de poche Taschenlampe	**10 사진기** cámara appareil photo Kamera
8 우산 paraguas parapluie Regenschirm	**11 버너** hornillo camping-gaz Campingkocher
9 라이터 encendedor, mechero briquet Feuerzeug	

12 여관
albergue, pensión
hôtel bon marché
Pension

13 호텔
hotel
hôtel
Hotel

14 콘도 (콘도미니엄)
complejo turístico
condominium
Ferienwohnanlage mit Timesharing

15 펜션
alojamiento turístico normalmente de pequeñas dimensiones en el campo
pension
Ferienwohnung

More Vocabulary

캠핑	campamento, camping | camping | Campen
민박	alquiler de habitaciones en residencias privadas | guest house | Privatunterkunft
여행 경비	gastos de viaje | budget de voyage | Reisekosten
여행사	agencia de viajes | agence de voyages | Reisebüro
여권	pasaporte | passeport | Reisepass
비자	visado | visa | Visum
안내 책자	folleto informativo | brochure | Informationsbroschüre
가이드	guía | guide | Reisebegleiter
성수기	temporada alta | haute saison | Hochsaison
비수기	temporada baja | hors-saison | Nebensaison
국립공원	parque nacional | parc national | Nationalpark
관광객	turista | touriste | Tourist
관광지	zona turística | site touristique | Touristenort
특산물	producto típico de la zona | spécialité régionale | lokale Spezialität
명소	lugar célèbre / de interés | lieu célèbre | Sehenswürdigkeit
해외여행	viaje al extranjero | voyage à l'étranger | Auslandsreise
국내 여행	viaje nacional | tourisme intérieur | Inlandsreise
배낭여행	viaje de mochilero | voyage sac à dos | Rucksackreise
가족 여행	viaje familiar | voyage en famille | Familienreise
효도 관광	viaje organizado para gente mayor | voyage offert aux parents | von den Kindern bezahlte Reise
벚꽃놀이	fiesta por el florecimiento de los cerezos | excursion à la période des cerisiers en fleur | Besichtigung der Kirschblüte
단풍놀이	excursión para disfrutar del follaje otoñal | excursion pour admirer les couleurs de l'automne | Besichtigung des Herbstlaubes

Appendix p.175

Phrases & Expressions

- 렌터카를 이용하다
- (숙소를) 예약하다
- 사진을 찍다
- 야영하다

식물과 동물

1 뿌리 raíz racine Wurzel	**4 열매** fruto fruit Frucht	**7 소나무** pino pin Kiefer	**10 야자수** palmera palmier Palme
2 줄기 tronco tronc Stamm	**5 잎 (잎사귀)** hoja feuille Blatt	**8 느티나무** olmo orme Ulme	**11 은행나무** árbol ginkgo gingko Ginkgo
3 가지 rama branche Ast, Zweig	**6 아카시아** acacia acacia Akazie	**9 대나무** bambú bambou Bambus	**12 선인장** cactus cactus Kaktus

1 꽃잎 pétalo pétale Blütenblatt	**4 해바라기** girasol tournesol Sonnenblume	**7 개나리** forsitia forsythia Forsythie	**10 코스모스** flor cosmos cosmos Kosmee
2 꽃봉오리 capullo, yema, botón bouton floral Knospe	**5 장미** rosa rose Rose	**8 동백** camelia camélia Kamelie	**11 카네이션** clavel œillet Nelke
3 튤립 tulipán tulipe Tulpe	**6 진달래** azalea azalée Azalee	**9 백합** azucena lis Lilie	**12 나팔꽃** campanilla belle de jour Prunkwinde

More Vocabulary

민들레	diente de león | pissenlit | Löwenzahn
무궁화	rosa de Siria (hibiscus syriacus) | hibiscus | Straucheibisch
벚꽃	flor de cerezo | fleurs de cerisier | Kirschblüte

목련	magnolia | magnolia | Magnolie
매화	flor de ciruelo | fleur d'abricotier du Japon | japanische Aprikose

145

1 개 perro chien Hund	**4 소** toro, vaca, buey vache Kuh	**7 염소** cabra chèvre Ziege	**10 양** oveja mouton Schaf	**13 오리** pato canard Ente
2 강아지 cachorro chiot Welpe	**5 병아리** pollito poussin Küken	**8 말** caballo cheval Pferd	**11 돼지** cerdo cochon Schwein	**14 거위** ganso oie Gans
3 송아지 ternero veau Kalb	**6 닭** gallo, gallina, pollo coq, poule Huhn	**9 망아지** potro poulain Fohlen	**12 고양이** gato chat Katze	**15 토끼** conejo lapin Hase

1 **호랑이** tigre tigre Tiger	5 **곰** oso ours Bär	9 **하마** hipopótamo hippopotame Nilpferd	13 **사슴** ciervo cerf Hirsch
2 **사자** león lion Löwe	6 **코알라** koala koala Koalabär	10 **코끼리** elefante éléphant Elefant	14 **캥거루** canguro kangourou Känguru
3 **늑대** lobo loup Wolf	7 **판다** panda panda Pandabär	11 **고릴라** gorila gorille Gorilla	15 **얼룩말** cebra zèbre Zebra
4 **여우** zorro renard Fuchs	8 **코뿔소** rinoceronte rhinocéros Nashorn	12 **원숭이** mono singe Affe	16 **기린** jirafa girafe Giraffe

새 Aves | oiseaux | Vögel (Track 85)

1 **부리** pico bec Schnabel		3 **깃털** pluma plume Feder		5 **비둘기** paloma pigeon Taube		7 **참새** gorrión moineau Spatz		9 **딱따구리** pájaro carpintero pic-vert Specht		11 **공작** pavo real paon Pfau
2 **날개** ala aile Flügel		4 **부엉이** búho hibou Eule		6 **앵무새** loro perroquet Papagei		8 **백조** cisne cygne Schwan		10 **독수리** águila aigle Adler		12 **펭귄** pingüino pingouin Pinguin

More Vocabulary

까치	urraca | pie | Elster	기러기	ganso silvestre | oie sauvage | Wildgans
제비	golondrina | hirondelle | Schwalbe	꿩	faisán | faisan | Fasan
까마귀	cuervo | corbeau | Rabe	타조	avestruz | autruche | Vogelstrauß

1 **악어**	4 **두꺼비**	7 **달팽이**	10 **파리**	13 **잠자리**
cocodrilo	sapo	caracol	mosca	libélula
crocodile	crapaud	escargot	mouche	libellule
Krokodil	Kröte	Schnecke	Fliege	Libelle
2 **코브라**	5 **도마뱀**	8 **나비**	11 **벌**	14 **거미**
cobra	lagarto	mariposa	abeja	araña
cobra	lézard	papillon	abeille	araignée
Kobra	Eidechse	Schmetterling	Biene	Spinne
3 **개구리**	6 **뱀**	9 **모기**	12 **지렁이**	15 **개미**
rana	serpiente, culebra	mosquito	lombriz	hormiga
grenouille	serpent	moustique	ver de terre	fourmi
Frosch	Schlange	Stechmücke	Regenwurm	Ameise

More Vocabulary

메뚜기 saltamontes | sauterelle | Heuschrecke   매미 cigarra, chicharra | cigale | Zikade

우주 El espacio | cosmos | Weltall (Track 87)

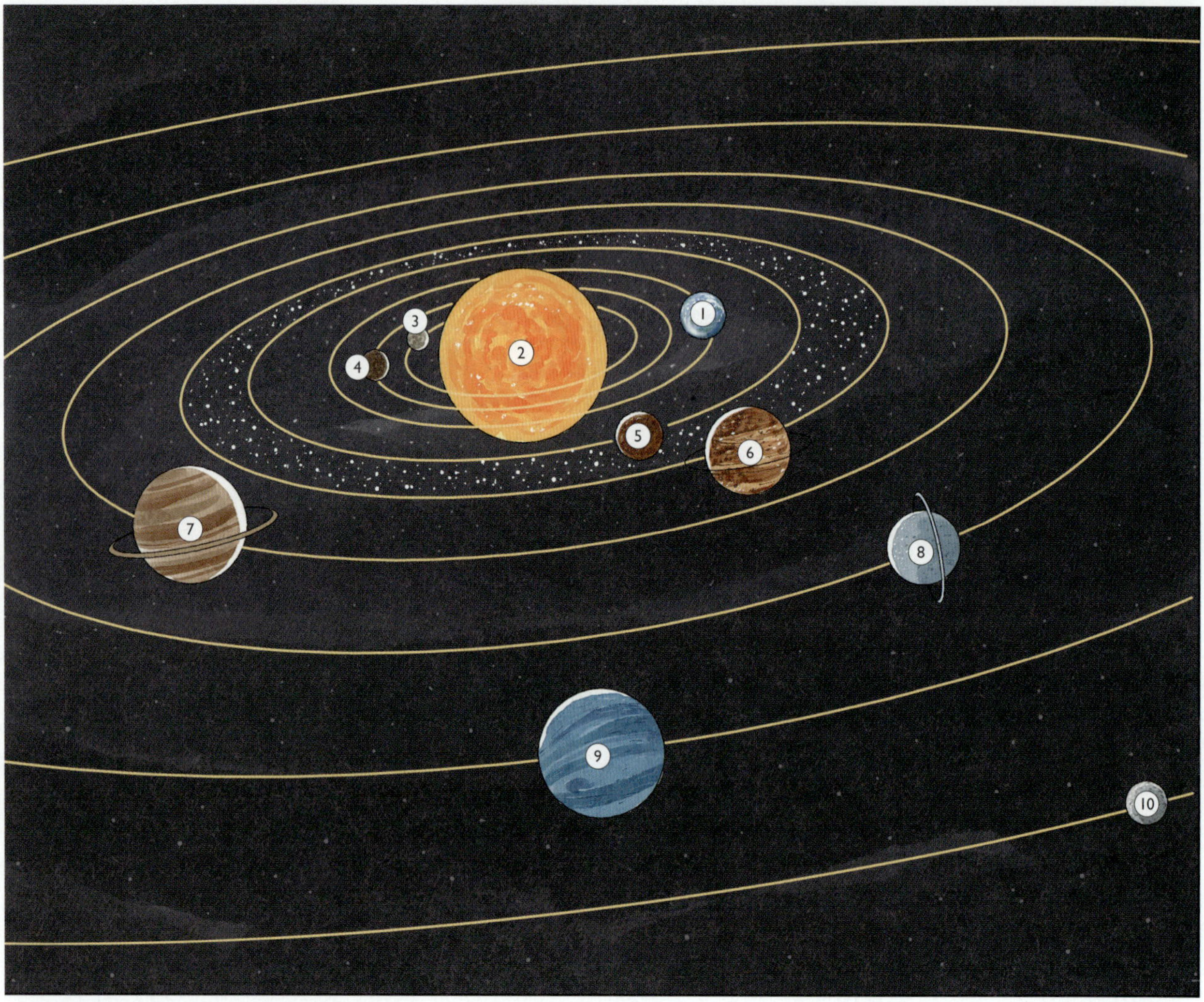

1 **지구**
Tierra
Terre
Erde

2 **태양**
Sol
Soleil
Sonne

3 **수성**
Mercurio
Mercure
Merkur

4 **금성**
Venus
Vénus
Venus

5 **화성**
Marte
Mars
Mars

6 **목성**
Júpiter
Jupiter
Jupiter

7 **토성**
Saturno
Saturne
Saturn

8 **천왕성**
Urano
Uranus
Uranus

9 **해왕성**
Neptuno
Neptune
Neptun

10 **명왕성**
Plutón
Pluton
Pluto

More Vocabulary

태양계 Sistema Solar | système solaire | Sonnensystem
은하계 galaxia | galaxie | Galaxie
혜성 cometa | comète | Komet
달 Luna | lune | Mond
보름달 luna llena | pleine lune | Vollmond
초승달 luna nueva | croissant de lune | Neumond
반달 media luna | demi-lune | Halbmond

우주와 세계

1 바다 mar mer Meer	**3 동굴** cueva grotte Höhle	**5 강** río rivière Fluss	**7 하늘** cielo ciel Himmel
2 육지 (땅) tierra firme terre Festland	**4 호수** lago lac See	**6 산** montaña montagne Berg, Gebirge	

More Vocabulary

계곡	valle | vallée | Tal, Schlucht
화산	volcán | volcan | Vulkan
지진	terremoto, seísmo | séisme | Erdbeben

해일	maremoto | tsunami | Tsunami
대륙	continente | continent | Kontinent

세계 **El mundo** | **monde** | **Welt** Track 89

중국
China
Chine
China

대만
Taiwán
Taïwan
Taiwan

일본
Japón
Japon
Japan

몽골
Mongolia
Mongolie
Mongolei

베트남
Vietnam
Vietnam
Vietnam

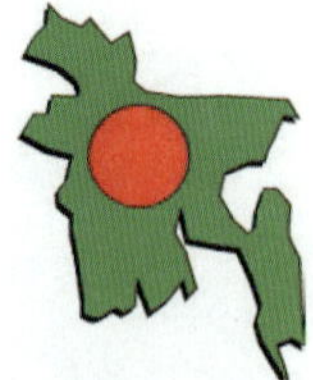

방글라데시
Bangladesh
Bangladesh
Bangladesch

파키스탄
Pakistán
Pakistan
Pakistan

타이(태국)
Tailandia
Thaïlande
Thailand

필리핀
Filipinas
Philippines
Philippinen

인도
India
Inde
Indien

인도네시아
Indonesia
Indonésie
Indonesien

이라크
Irak
Irak
Irak

이스라엘
Israel
Israël
Israel

사우디아라비아
Arabia Saudita
Arabie Saoudite
Saudi-Arabien

터키
Turquía
Turquie
Türkei

말레이시아
Malasia
Malaisie
Malaysia

네덜란드
Países Bajos
Pays-Bas
Niederlande

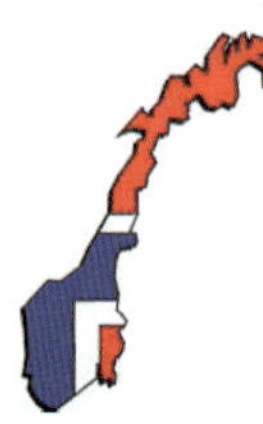

노르웨이
Noruega
Norvège
Norwegen

벨기에
Bélgica
Belgique
Belgien

덴마크
Dinamarca
Danemark
Dänemark

독일
Alemania
Allemagne
Deutschland

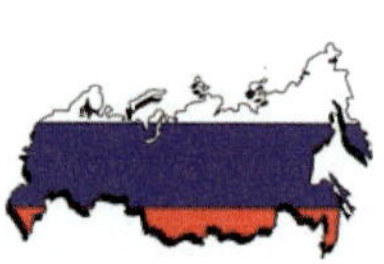

러시아
Rusia
Russie
Russland

영국
Reino Unido
Royaume Uni
Großbritannien

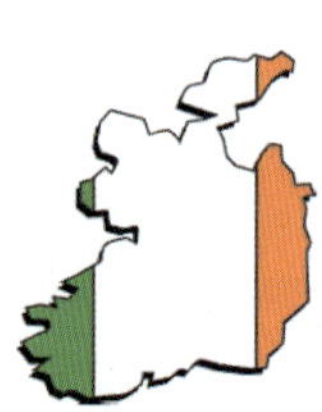

아일랜드
Irlanda
Irlande
Irland

이탈리아
Italia
Italie
Italien

프랑스
Francia
France
Frankreich

브라질
Brasil
Brésil
Brasilien

남아프리카공화국
República de Sudáfrica
Afrique du Sud
Republik Südafrika

과테말라
Guatemala
Guatemala
Guatemala

칠레
Chile
Chili
Chile

뉴질랜드
Nueva Zelanda
Nouvelle-Zélande
Neuseeland

포르투갈
Portugal
Portugal
Portugal

페루
Perú
Pérou
Peru

코스타리카
Costa Rica
Costa Rica
Costa Rica

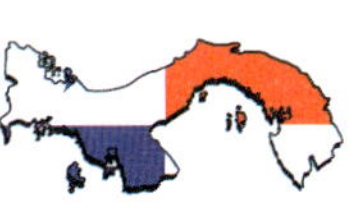

파나마
Panamá
Panama
Panama

이집트
Egipto
Egypte
Ägypten

오스트레일리아 (호주)
Australia
Australie
Australien

캐나다
Canadá
Canada
Kanada

온두라스
Honduras
Honduras
Honduras

볼리비아
Bolivia
Bolivie
Bolivien

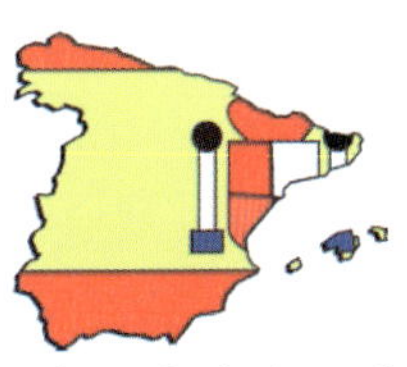

에스파냐 (스페인)
España
Espagne
Spanien

아르헨티나
Argentina
Argentine
Argentinien

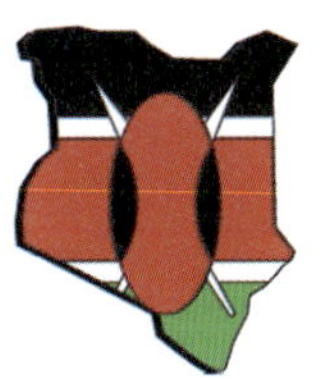

케냐
Kenia
Kenya
Kenia

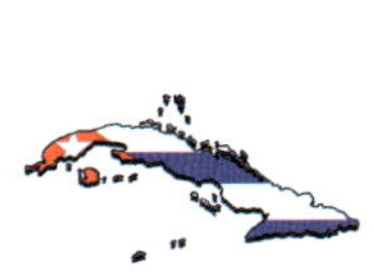

쿠바
Cuba
Cuba
Kuba

에콰도르
Ecuador
Equateur
Equador

멕시코
México
Mexique
Mexiko

미국
Estados Unidos
États-Unis
USA

콜롬비아
Colombia
Colombie
Kolumbien

니카라과
Nicaragua
Nicaragua
Nicaragua

파라과이
Paraguay
Paraguay
Paraguay

세계 **El mundo** | **monde** | **Welt**  Track 89

푸에르토리코
Puerto Rico
Porto Rico
Puerto Rico

도미니카 공화국
República
Dominicana
République
dominicaine
Dominikanische
Republik

엘살바도르
El Salvador
El Salvador
El Salvador

우르과이
Uruguay
Uruguay
Uruguay

베네주엘라
Venezuela
Venezuela
Venezuela

콩고민주공화국
República
Democrática del
Congo
République
démocratique du
Congo
Demokratische
Republik Kongo

마다가스카
Madagascar
Madagascar
Madagaskar

카메룬
Camerún
Cameroun
Kamerun

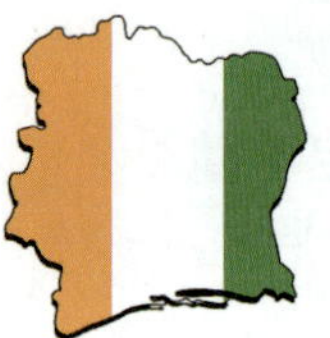

코트디 부아르
Costa de Marfil
Côte d'Ivoire
Elfenbeinküste

부르키나 파소
Burkina Faso
Burkina Faso
Burkina Faso

나이지리아
Nigeria
Nigeria
Nigeria

세네갈
Senegal
Sénégal
Senegal

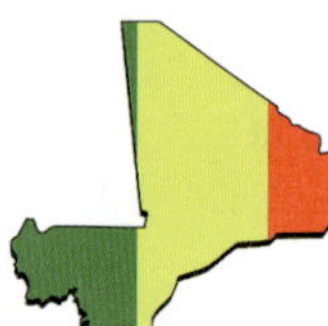

말리
Mali
Mali
Mali

르완다
Ruanda
Rwanda
Ruanda

기니
Guinea
Guinée
Guinea

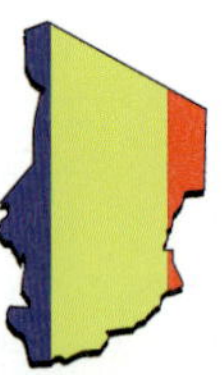

차드
Chad
Tchad
Tschad

아이티
Haití
Haïti
Haiti

부룬디
Burundi
Burundi
Burundi

베냉
Benín
Bénin
Benin

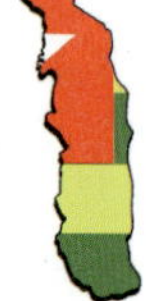

토고
Togo
Togo
Togo

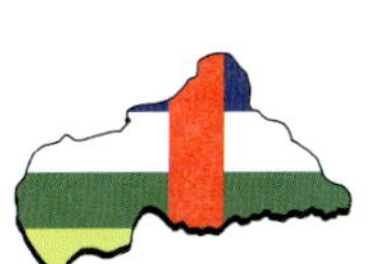

중앙아프리카 공화국
República Centroafricana
République centrafricaine
Zentralafrikanische Republik

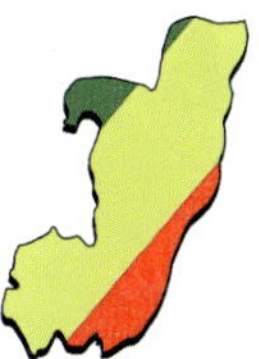

콩고공화국
República del Congo
Congo
Republik Kongo

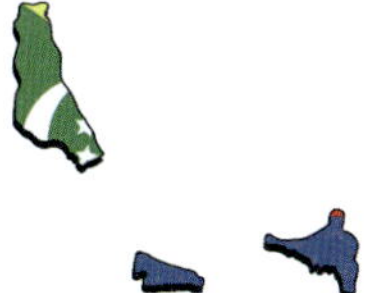

코모로
Comoras
Comores
Komoren

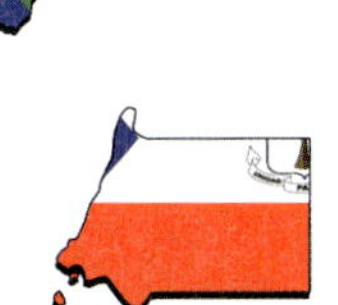

적도 기니
Guinea Ecuatorial
Guinée équatoriale
Äquatorialguinea

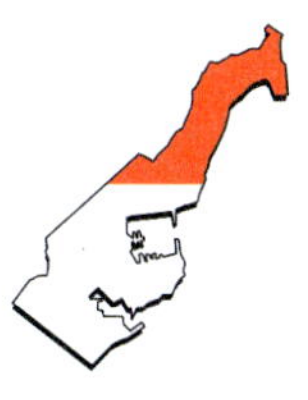

모나코
Mónaco
Monaco
Monaco

오스트리아
Austria
Autriche
Österreich

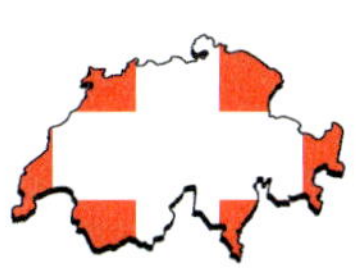

스위스
Suiza
Suisse
Schweiz

리히텐슈타인
Liechtenstein
Liechtenstein
Liechtenstein

룩셈부르크
Luxemburgo
Luxembourg
Luxemburg

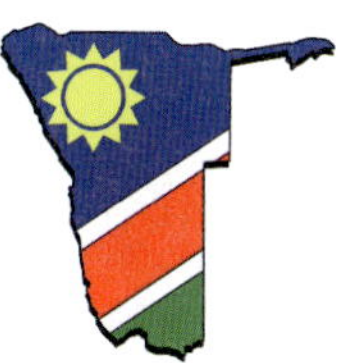

나미비아
Namibia
Namibie
Namibia

More Vocabulary

태평양	océano Pacífico | océan Pacifique | Pazifischer Ozean
대서양	océano Atlántico | océan Atlantique | Atlantischer Ozean
인도양	océano Índico | océan Indien | Indischer Ozean
지중해	mar Mediterráneo | Méditerranée | Mittelmeer
북극	Polo Norte | pôle nord | Nordpol
남극	Polo Sur | pôle sud | Südpol
국가 (나라)	nación (país) | pays | Staat (Land)
인류	ser humano | être humain | Menschheit
인종	raza | race humaine | Rasse
국민	pueblo | peuple | Volk
국적	nacionalidad | nationalité | Staatsbürgerschaft
외국	país extranjero | pays étranger | Ausland
해외	exterior, extranjero | étranger | Übersee
국내	territorio nacional | intérieur du pays | Inland
교포	coreano residente en el extranjero | ressortissant coréen à l'étranger | Auslandskoreaner
동포	fraternidad | compatriote | Landsleute
이민	inmigración, emigración | émigration | Emigration, Immigration
망명	exilio | exil | Exil
수교	relaciones diplomáticas | relations diplomatiques | diplomatische Beziehungen
외교	diplomacia, política exterior | diplomatie | Diplomatie
대사관	embajada | ambassade | Botschaft
외교관	diplomático | diplomate | Diplomat
UN 안전보장이사회	ONU (Organización de Naciones Unidas) | conseil de sécurité des Nations Unies | UN-Sicherheitsrat
WTO	OMC (Organización Mundial del Comercio) | organisation mondiale du commerce | Welthandelsorganisation
정상회담	cumbre | conférence au sommet | Gipfeltreffen

한국

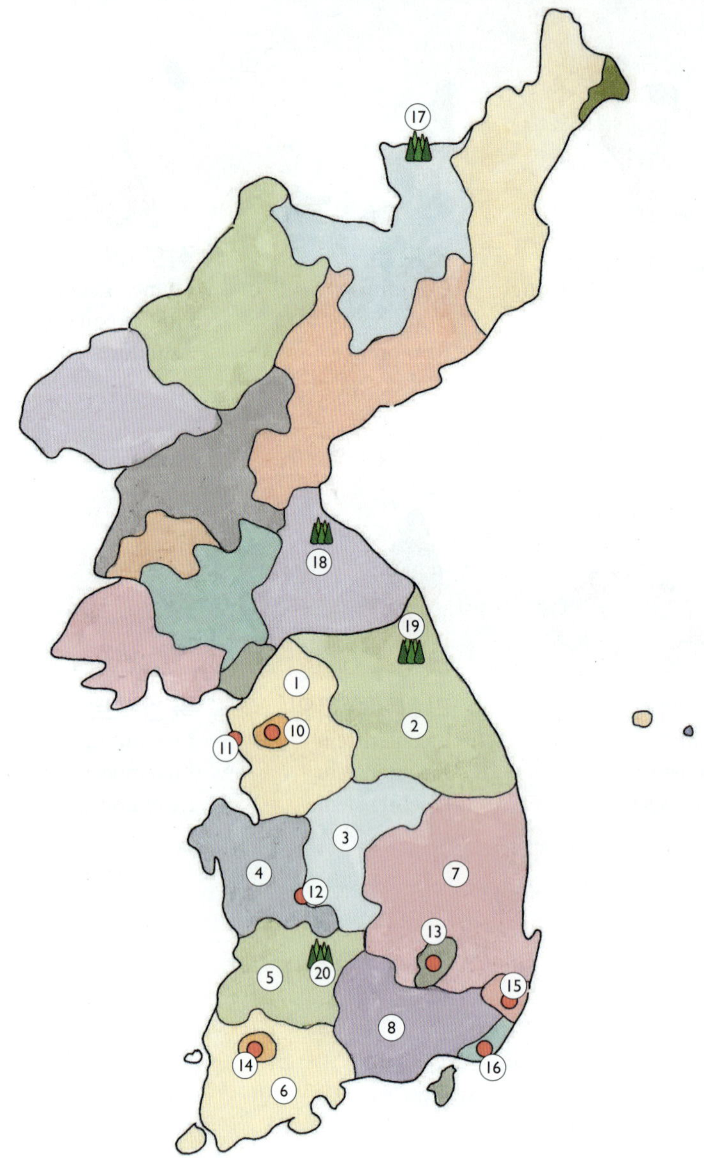

1 경기도 Provincia de Gyeonggi province de Gyeonggi-do Gyeonggi-Provinz	**3 충청북도** Provincia de Chungcheong del Norte province de Chungcheongbuk-do Nord-Chungcheong-Provinz	**5 전라북도** Provincia de Jeolla del Norte province de Jeollabuk-do Nord-Jeolla-Provinz	**7 경상북도** Provincia de Gyeongsang del Norte province de Gyeongsangbuk-do Nord-Gyeongsang-Provinz
2 강원도 Provincia de Ganwon province de Gangwon-do Gangwon-Provinz	**4 충청남도** Provincia de Chungcheong del Sur province de Chungcheongnam-do Süd-Chungcheong-Provinz	**6 전라남도** Provincia de Jeolla del Sur province de Jeollanam-do Süd-Jeolla-Provinz	**8 경상남도** Provincia de Gyeongsang del Sur province de Gyeongsangnam-do Süd-Gyeongsang-Provinz

9 제주도
Jeju
Ile de Jeju
Jeju-Provinz

10 서울특별시
Ciudad especial de Seúl
Ville métropolitaine de Séoul
Sonderstadt Seoul

11 인천광역시
Ciudad metropolitana de Incheon
ville d'Incheon
Metropolstadt Incheon

12 대전광역시
Ciudad metropolitana de Daejeon
ville de Daejeon
Metropolstadt Daejeon

13 대구광역시
Ciudad metropolitana de Daegu
ville de Daegu
Metropolstadt Daegu

14 광주광역시
Ciudad metropolitana de Gwangju
ville de Gwangju
Metropolstadt Gwangju

15 울산광역시
Ciudad metropolitana de Ulsan
ville d'Ulsan
Metropolstadt Ulsan

16 부산광역시
Ciudad metropolitana de Pusán
ville de Busan
Metropolstadt Busan

17 백두산
monte Paektu / Changbai
mont Baekdu
Baekdu-Berg

18 금강산
monte Kumgang
mont Geumgang
Geumgang-Gebirge

19 설악산
monte Sorak
mont Seorak
Seorak-Gebirge

20 지리산
monte Chiri
mont Jiri
Jiri-Gebirge

21 한라산
monte Halla
mont Halla
Halla-Berg

More Vocabulary

수도	capital | capitale | Hauptstadt	시골	campo, zona rural | province | das Land
수도권	área metropolitana de la capital | métropolitain | Hauptstadtregion	시내	centro urbano | centre-ville | Innenstadt
도심	centro de la ciudad | centre d'une ville | Stadtmitte	시외	extrarradio | banlieue | außerhalb der Stadt
강남	Gangnam (Sur del río Han) | Gangnam (Sud de la rivière Han) | Teil Seouls südlich des Han-Flusses	특별시	ciudad especial | ville métropolitaine | Sonderstadt (Seoul)
강북	Gangbuk (Norte del río Han) | Gangbuk (Nord de la rivière Han) | Teil Seouls nördlich des Han-Flusses	광역시	ciudad metropolitana | mégalopole | Metropolstadt
근교	afueras de una ciudad | périphérie | Vorstädte	도	provincia | département | Provinz
전국	todo el país | ensemble du pays | das ganze Land	시	ciudad | ville | Stadt
영남	región Yeongnam | région de Yeongnam | der Südosten Koreas	구	circunscripción | arrondissement | Stadtbezirk
호남	región Honam | région de Honam | der Südwesten Koreas	군	comarca | gun (commune en province) | Kreis
지방	región | région | Region, die Provinz	면	municipio | myeon (subdivision d'un gun) | Gemeinde
도시	ciudad | ville | Stadt	리	anejo | li (subdivision d'un myeon) | Dorf
대도시	metrópoli, gran ciudad | grande ville | Großstadt	태백산맥	cordillera Taebaek | chaîne de montagnes Taebaek | Taebaek-Gebirgskette
마을	pueblo, aldea | village | Dorf	소백산맥	sierra Sobaek | chaîne de montagnes Sobaek | Sobaek-Gebirgskette
농촌	pueblo agrícola | village rural | Bauerndorf, die ländliche Region	노령산맥	sierra Noryeong | chaîne de montagnes Noryeong | Noryeong-Gebirgskette
어촌	pueblo pesquero | village de pêcheurs | Fischerdorf	한강	río Han | fleuve Han | Han-Fluss
		낙동강	río Nakdong | fleuve Nakdong | Nakdong-Fluss
		섬진강	río Seomjin | fleuve Seomjin | Seomjin-Fluss

국가의 성립과 발전 surgimiento y desarrollo de los diferentes estados de la península coreana | formation et développement d'un pays | Gründung und Entwicklung der Nation

B.C.

- 2333년 단군, 고조선 건국 ①
- 108년 고조선 멸망, 한(漢)사군 설치
- 57년 박혁거세, 신라 건국 ⑤
- 37년 주몽, 고구려 건국 (~A.D. 608) ③ ②
- 18년 온조, 백제 건국 (~A.D. 660) ④

A. D.

- 676년 신라, 삼국통일 (통일신라) ⑦
- 698년 대조영, 발해 건국 ⑥
- 918년 왕건, 고려 건국 (~1392) ⑧
- 1392년 고려 멸망, 조선 건국 ⑨
- 1443년 훈민정음 창제
- 1910년 국권 피탈 (일제강점기) ⑩
- 1919년 3.1 운동 ⑫
- 1945년 8.15 해방(광복) ⑬
- 1948년 대한민국 정부수립 ⑪
- 1950년 6.25 전쟁 ⑭
- 1960년 4.19 혁명 ⑮
- 1970년 새마을운동 시작 ⑯
- 1980년 5.18 광주민주화운동 ⑰
- 1986년 제10회 서울 아시안게임 개최 ⑱
- 1988년 제24회 서울 올림픽 개최 ⑲
- 2002년 한일 월드컵 개최 ⑳

1 고조선
Kochoson
Gojoseon
Gojoseon

2 삼국시대
Era de los Tres Reinos
Trois Royaumes
Zeit der drei Königreiche

3 고구려
Koguryo
Goguryeo
Goguryeo

4 백제
Pekche
Baekje
Baekje

5 신라
Silla
Silla
Silla

6 발해
Balhae / Bohai
Balhae
Balhae

7 통일신라
Era de la Unificación por Silla
Silla unifié
Vereinigtes Silla

8 고려
Koryo
Goryeo
Goryeo

9 조선
Choson
Joseon
Joseon

10 일제강점기
periodo colonial
période de l'occupation japonaise
japanische Kolonialzeit

11 대한민국
República de Corea
République de Corée
Republik Korea

역사적 사건 acontecimientos claves de la historia | événements historiques | Historische Ereignisse

12 3.1 운동
Movimiento del primero de mayo
mouvement d'Indépendance du 1er mars
Unabhängigkeitsbewegung vom 1. März

13 8.15 해방
liberación de Corea
Libération du 15 août
Befreiung am 15. August

14 6.25 전쟁
estallido de la Guerra de Corea
guerre de Corée
Koreakrieg

15 4.19 혁명
Revolución del 19 de abril
révolution du 19 avril
Studentenaufstand vom 19. April

16 새마을운동
Movimiento de la Nueva Comunidad
mouvement des nouveaux villages
Saemaeul-Bewegung

17 광주민주화운동
Movimiento Prodemocrático de Gwangju
mouvement populaire de Gwangju
Demokratiebewegung von Gwangju

18 아시안게임
Juegos de Asia
Jeux Asiatiques
Asienspiele

19 서울 올림픽
Olimpiadas de Seúl
Jeux Olympique de Séoul
Sommerolympiade Seoul

20 2002 한일 월드컵
Copa del Mundial de Fútbol de 2002
Coupe du Monde de 2002 en Corée du Sud et au Japon
Fußball-WM Korea / Japan 2002

불국사
Templo Bulguksa

Bulguksa

Tempel Bulguksa

석굴암
Hermita de
Seokguram

grotte de Seokguram

Grotte Seokguram

남대문
Puerta Namdaemun

Porte de
Namdaemun

Tor Namdaemun

동대문
Puerta Dongdaemun

Porte de
Dongdaemun

Tor Dongdaemun

경복궁
Palacio Gyeongbokgung

palais de
Gyeongbokgung

Palast Gyeongbokgung

팔만대장경
bloques del canón
budista coreano

Tripitaka Koreana

Tripitaka Koreana

훈민정음
Hunminjeongeum
(los correctos sonidos
para la educación del
pueblo)

Hunminjeongeum

Hunminjeongeum

태극기
bandera nacional
surcoreana

Taegeukki

koreanische
Nationalflagge

무궁화
rosa de Siria (Hibiscus
syriacus)

Mugunghwa

Straucheibisch

More Vocabulary

대동여지도 mapa Daedong'yeojido | carte de Daedongyeo |
älteste Karte Koreas von 1861

애국가 himno nacional | hymne national de la Corée du
Sud | koreanische Nationalhymne

명절 Fiestas tradicionales | fêtes traditionnelles |
Traditionelle Feiertage

설날 (음력 1월 1일)
Año Nuevo oriental (1.er día del 1.er mes del calendario lunar)
| jour de l'an lunaire (1er janvier au calendrier lunaire) |
Neujahr nach dem Mondkalender

정월 대보름 (음력 1월 15일)
Gran Luna Llena (15º día del 1.er mes del calendario lunar) |
15ème jour du premier mois lunaire | Erster Vollmond des
Jahres (15.1. nach dem Mondkalender)

추석 (음력 8월 15일)
Festival de Otoño (15º día del 8º mes del calendario
lunar) | Chuseok (15ème jour du huitième mois lunaire) |
Erntedankfest (15.8. nach dem Mondkalender)

국경일 Fiestas nacionales | fêtes nationales |
Nationalfeiertage

3.1절 (양력 3월 1일)
Día de la Independencia (1 de marzo) | fête du Premier
Mars (le 1er mars) | Unabhängigkeitstag (1. März)

광복절 (양력 8월 15일)
Día de la Liberación (15 de agosto) | fête de la Libération
(le 15 août) | Tag der Befreiung (15. August)

개천절 (양력 10월 3일)
Día de la Fundación Nacional (3 de octubre) | fête de la
Fondation du pays (le 3 octobre) | Tag der Staatsgründung
(3. Oktober)

공휴일 Fiestas públicas | jours fériés | Gesetzliche
Feiertage

어린이날 (양력 5월 5일)
Día del Niño (5 de mayo) | fête des enfants (le 5 mai) |
Tag der Kinder (5. Mai)

현충일 (양력 6월 6일)
Día de los Caídos (6 de junio) | jour commémoratif (le 6
juin) | Gefallenengedenktag (6. Juni)

성탄절 (양력 12월 25일)
Navidad (25 de diciembre) | Noël (le 25 décembre) |
Weihnachten (25. Dezember)

정치와 법률 Política y justicia | politique et loi | Politik und Recht (Track 92)

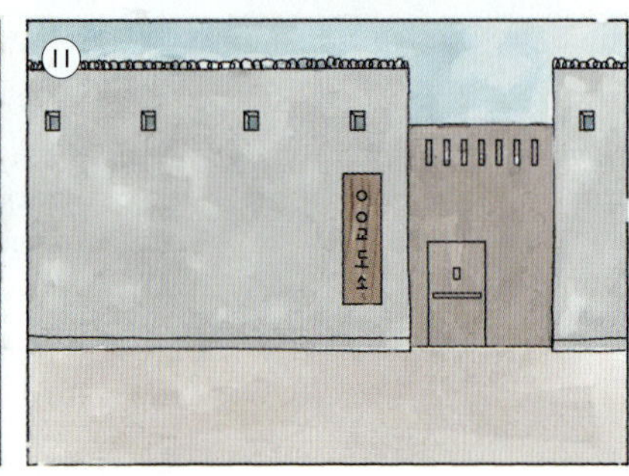

1 국회
Asamblea Nacional,
Congreso de la Nación
Assemblée nationale
Nationalversammlung

2 법정
tribunal, juzgado
tribunal
Gericht

3 판사
juez
juge
Richter

4 검사
fiscal
procureur
Staatsanwalt

5 변호사
abogado
avocat
Rechtsanwalt

6 피고
acusado
accusé
Angeklagter

7 원고
demandante
plaignant
Kläger

8 증인
testigo
témoin
Zeuge

9 경찰관
agente de policía
agent de police
Polizist

10 경찰서
comisaría
poste de police
Polizeiwache

11 감옥 (교도소)
cárcel (prisión)
prison
Gefängnis

12 죄수
prisionero
prisonnier
Gefangener

More Vocabulary

청와대	Casa Azul (residencia del presidente surcoreano) | Maison Bleue (palais présidentiel sud-coréen) | Residenz des südkoreanischen Präsidenten
투표	voto, sufragio | vote | Abstimmung
후보자	candidato | candidat | Kandidat
정부	gobierno | gouvernement | Regierung
대통령	presidente del gobierno | Président | Präsident
행정부	poder ejecutivo | exécutif | Exekutive
사법부	poder judicial | judiciaire | Judikative
입법부	poder legislativo | corps législatif | Legislative
헌법재판소	Tribunal Constitucional | Cour constitutionnelle | Verfassungsgericht
대법원	Corte Suprema, Tribunal Supremo | Cour suprême | Oberster Gerichtshof
대법원장	presidente de la Corte Suprema | président de la Cour suprême | Vorsitzender des Obersten Gerichtshofes
법원	tribunal | palais de justice | Gericht
국회의원	parlamentario, senador, congresista | député | Abgeordneter der Nationalversammlung
국회의장	presidente de la cámara | président de l'Assemblée nationale | Vorsitzender der Nationalversammlung
선거	elecciones | élection | Wahl
당선	victoria electoral | élu | Wahlgewinn
총리	jefe de gobierno | Premier ministre | Ministerpräsident
장관	ministro | ministre | Minister
정치권	ámbito político | sphère politique | politische Kreise
정치인	político | politicien | Politiker
민주주의	democracia | démocratie | Demokratie
지방자치제	autonomía regional | système d'autonomie régionale | regionale Autonomie
정당	partido político | parti politique | politische Partei
법, 법률	ley, derecho | loi, code | Gesetz
재판	proceso judicial | procès | Prozess
심문	indagación, interrogatorio | interrogatoire | Vernehmung
판결	sentencia | jugement | Urteilsspruch
불법	ilegalidad | illégal | Illegalität
범죄	crimen | crime | Verbrechen
무죄	inocencia | innocence | Unschuld
유죄	culpabilidad | culpabilité | Schuld
범인	criminal | criminel | Täter
피해자	víctima | victime | Opfer
체포	arresto | arrestation | Festnahme
구속	detención | détention | Haft
수사	investigación, indagación | enquête | Ermittlungen
처벌	castigo, pena | châtiment | Strafe
용의자	sospechoso | suspect | Verdächtigter
증거	evidencia, testimonio | preuve | Beweis
살인	homicidio, asesinato | meurtre | Mord
사기	fraude | fraude | Betrug
납치	secuestro | enlèvement | Entführung
강도	ladrón, salteador | cambriolage | Raub
절도	robo | délit de vol | Diebstahl
유괴	rapto | kidnapping | Menschenraub
명예훼손	difamación | diffamation | Diffamierung

1 **농업**
agricultura
agriculture
Landwirtschaft

2 **임업**
silvicultura
sylviculture
Forstwirtschaft

3 **어업**
pesca
pêche
Fischerei

4 **광업**
minería
industrie minière
Bergbau

5 **제조업**
industria
industrie manufacturière
Produktionswirtschaft

6 **서비스업**
sector servicios
secteur des services
Dienstleistungsbranche

7 **건설업**
construcción
secteur du bâtiment
Bauwirtschaft

8 **전기통신**
telecomunicaciones
télécommunications
Telekommunikation

9 **주가**
cotización de las acciones en bolsa
cours de la bourse
Aktienpreise

More Vocabulary

증권거래소	bolsa de valores | Bourse des valeurs | Börse	
주식	acción bursátil | action | Aktie	
펀드	fondo | fonds | Fond	
부동산	bienes inmuebles | bien immobilier | Immobilie	
투기	especulación | spéculation | Spekulation	
경매	subasta | enchères | Auktion	
환율	tipo de cambio | taux de change | Wechselkurs	

13 한국

불교 budismo | Bouddhisme | Buddhismus

    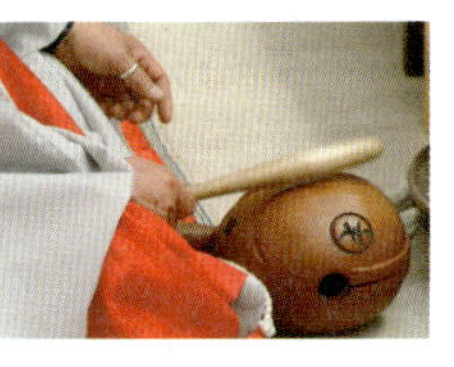

부처
Buda
Bouddha
Buddha

절
templo budista
temple bouddhiste
Tempel

스님
monje budista
moine bouddhiste
Mönch

염주
rosario budista
chapelet bouddhiste
Perlenband

목탁
pez de madera, bloque chino
cloche de bois
kleine Holztrommel

기독교 cristianismo (normalmente usado para referirse al protestantismo) | Christianisme | Protestantismus

예수
Jesucristo
Jésus
Jesus

교회
iglesia protestante
église
Kirche

목사
pastor, ministro
pasteur
Pfarrer

성경
Biblia
Bible
Bibel

십자가
cruz
croix
Kreuz

천주교 catolicismo | Catholicisme | Katholizismus

성모 마리아
Santa María
Vierge Marie
Heilige Maria

미사
misa
messe
Messe

교황
Papa
Pape
Papst

신부
sacerdote cristiano
prêtre
Priester

수녀
monja cristiana
sœur religieuse
Nonne

묵주
rosario católico
chapelet
Rosenkranz

More Vocabulary

유교	confucianismo | confucianisme | Konfuzianismus
불공	rito budista | offrande au Bouddha | buddhistische Messe
불경	sutra budista | sutra | buddhistisches Sutra
예배	culto | culte | Gottesdienst

찬송가	himno, salmo | cantique | Kirchenlied
성가대	coro | chœur de l'église | Chor
성당	iglesia católica | église catholique | katholische Kirche

1 **군인**
soldado
soldat
Soldat

2 **육군**
ejército de tierra
armée de terre
Heer

3 **해군**
ejército de mar
marine
Marine

4 **여군**
mujer soldado
femme soldat
Soldatin

5 **탱크**
tanque
tank
Panzer

6 **전투기**
avión de combate, caza
chasseur
Kampfflugzeug

7 **미사일**
misil
missile
Rakete

8 **잠수함**
submarino
sous-marin
U-Boot

9 **총**
fusil, pistola, rifle
pistolet
Schusswaffe

10 **헬기**
helicóptero
hélicoptère
Helikopter

11 **수류탄**
granada
grenade
Granate

12 **대포**
cañón
canon
Kanone

More Vocabulary

장갑차	vehículo blindado | blindé | Panzerwagen	
공군	ejército de aire | armée de l'air | Luftwaffe	
군대	ejército, tropas | armée | Armee	
적군	tropas enemigas | ennemi | feindliche Streitkräfte	
아군	tropas aliadas | allié | verbündete Streitkräfte	
계급	rango | grade | Dienstgrad	
장군	general | général | General	
대령	coronel | colonel | Oberst	
중령	teniente coronel | lieutenant-colonel | Oberstleutnant	
소령	comandante | commandant | Major	
대위	capitán | capitaine | Kapitän	
중위	teniente | premier lieutenant | Oberleutnant	
소위	subteniente | sous-lieutenant | Leutnant	
하사관	cabo | sous-officier | Unteroffizier	
병사	soldado raso | combattant | Soldat	
전쟁	guerra | guerre | Krieg	
전투	batalla, combate | bataille | Schlacht	
전술	táctica | tactique | Kriegstaktik	
공격	ataque | attaque | Angriff	
훈련	entrenamiento | entraînement | Truppenübung	

Appendix

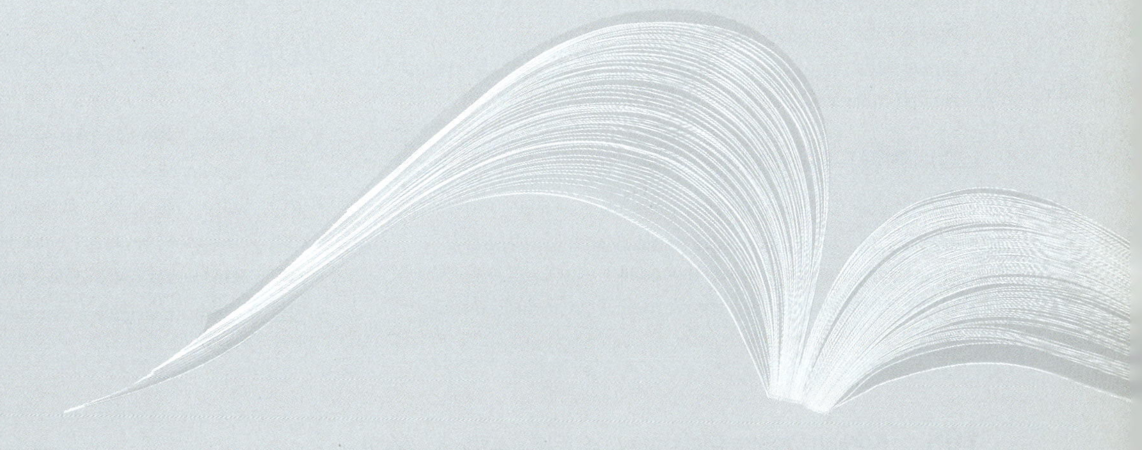

Phrases & Expressions

화폐 (돈) La moneda (el dinero) | monnaie | Geld   **p.27**

- 한턱 내다   invitar a alguien a algo | payer une tournée | einen ausgeben
- 수표 뒷면에 이서하다   endosar un cheque por la parte posterior del mismo | endosser un chèque | einen Scheck indossieren
- 카드 영수증에 사인하다 (서명하다)   firmar el recibo del pago con tarjeta | signer le reçu de carte bancaire | Kartenbeleg unterschreiben
- 카드를 제시하다   mostrar la tarjeta de crédito | présenter la carte bancaire | Kreditkarte vorzeigen
- 신분증을 제시하다   mostrar un documento de identidad | présenter la carte d'identité | Ausweis vorzeigen
- 돈을 주다 (지불하다)   pagar | payer / régler | (bar) bezahlen
- 돈을 세다   contar el dinero | compter l'argent | Geld zählen
- 잔돈을 받다   recibir el cambio, recibir la vuelta | recevoir la monnaie | Rückgeld erhalten
- 영수증을 받다   obtener el recibo | recevoir la facture / reçu | Quittung erhalten
- 팁을 주다   dar una propina | donner un pourboire | Trinkgeld geben

얼굴 La cara | visage | Gesicht   **p.29**

- 얼굴을 씻다 (세수하다)   lavarse la cara | se laver le visage | Gesicht waschen
- 손을 닦다 (손을 씻다)   lavarse las manos | se laver les mains | Hände waschen
- 이를 닦다 (양치질하다)   cepillarse los dientes | se brosser les dents | Zähne putzen
- 입안을 헹구다   enjuagarse la boca | se rincer la bouche | Mund spülen
- 머리를 감다   lavarse el cabello | aclararse el pelo | se laver les cheveux | Haare waschen
- 머리를 헹구다   aclararse el cabello | se rincer les cheveux | Haare ausspülen
- 머리를 말리다   secarse el cabello | se sécher les cheveux | Haare trocknen
- 코를 풀다   sonarse (la nariz) | se moucher | Nase putzen
- 눈을 뜨다 / 감다   abrir / cerrar los ojos | ouvrir / fermer les yeux | Augen öffnen / schließen
- 입을 벌리다 / 다물다   abrir / cerrar la boca | ouvrire / fermer la bouche | Mund öffnen / schließen
- 고개를 숙이다 / 들다   agachar / alzar la cabeza | baisser / lever la tête | Kopf senken / heben
- 머리를 빗다   peinarse | se peigner | Haare kämmen
- 머리를 묶다   recogerse el cabello | s'attacher les cheveux | Haare zusammenbinden

나이 (연령) La edad | âge | Alter   **p.33**

- 나이가 많다   tener muchos años | être âgé | alt sein
- 연세가 많다   tener mucha edad (forma honorífica) | être âgé (termes honorifiques) | alt sein (honorativ)
- 나이가 적다   tener pocos años, ser joven | être moins âgé | jung sein

- 연세가 적다   tener poca edad, ser joven (forma honorífica) | être moins âgé (termes honorifiques) | jung sein (honorativ)
- 젊어 보이다   parecer joven | faire jeune | jünger aussehen
- 늙어 보이다   parecer mayor | faire vieux | älter aussehen
- 나이 들어 보이다   parecer muy mayor | paraître plus âgé (que...) | älter aussehen

가족 La familia | famille | Familie   **p.35**

- 약혼하다   prometerse en matrimonio | se fiancer | sich verloben
- 결혼하다   casarse | se marier | heiraten
- 장가가다   casarse (el novio) | se marier (pour l'homme) | heiraten (als Mann)
- 시집가다   casarse (la novia) | se marier (pour la femme) | heiraten (als Frau)
- 이혼하다   divorciarse | divorcer | sich scheiden lassen
- 재혼하다   volverse a casar | se remarier | erneut heiraten

세탁 La colada | lessive | Wäsche waschen   **p.53**

- 탈수를 하다, 옷을 짜다   escurrir la ropa | essorer | schleudern, auswringen
- 옷을 털다   sacudir la ropa | défroisser / secouer le linge | Wäsche ausschütteln
- 옷을 널다   colgar la ropa | étendre le linge | Wäsche aufhängen
- 옷을 말리다   secar la ropa | faire sécher le linge | Wäsche trocknen
- 옷을 개다   doblar la ropa | ranger le linge | Wäsche zusammenlegen
- 옷걸이에 걸다   colgar en una percha | mettre sur un cintre | auf einen Bügel hängen
- 빨래를 삶다   hervir la ropa | faire bouillir le linge | Wäsche kochen
- 비누칠하다   echar jabón | savonner | Seife auftragen
- 옷을 비비다   frotar la ropa | frotter le linge | Wäsche reiben
- 옷을 헹구다   aclarar / enjuagar la ropa | rincer le linge | Wäsche auswaschen
- 다리다   planchar | repasser le linge | bügeln
- 얼룩을 제거하다   quitar las manchas | enlever une tache | Flecken entfernen
- 물이 빠지다 (탈색되다)   desteñir, perder color | déteindre | ausbleichen (Farbe verlieren)
- 옷이 줄어들다   encogerse la ropa | rétrécir au lavage | Kleidung schrumpft

식료품 Ingredientes | produits alimentaires | Lebensmittel   **p.67**

- 짜다   salado | être salé | salzig sein
- 맵다   picante, picoso | être pimenté | scharf sein
- 달다   dulce | être sucré | süß sein
- 쓰다   amargo | être amer | bitter sein
- 시다   ácido, agrio | être acide | sauer sein
- 싱겁다   insulso, insípido | être fade | fad schmecken

- 칼칼하다   sabor picante o fuerte que seca la garganta | être un peu pimenté | pikant sein
- 텁텁하다   que deja mal sabor de boca | être âpre au gout | unangenehm schmecken
- 매콤하다   picantillo, ligeramente picante | être légèrement pimenté | pikant sein
- 얼큰하다   muy caliente y picante | être bien pimenté (bouillon) | scharf sein
- 시원하다   refrescante | être rafraîchissant / faire du bien (pour un plat) | erfrischend sein
- 느끼하다   demasiado graso, grasoso | être écœurant | fettig sein

패스트푸드   Comida rápida | fast-food | Fast Food   p.69

- 메뉴를 고르다 / 결정하다   elegir el menú, decidir qué comer | choisir dans la carte | ein Gericht auswählen / sich für ein Gericht entscheiden
- 세트 메뉴를 주문하다   pedir uno de los menús | commander un menu | ein Menü bestellen
- 회원 카드를 제시하다   mostrar la tarjeta de socio | présenter une carte de fidélité | Mitgliedskarte vorzeigen
- 햄버거를 먹다   comer una hamburguesa | manger un hamburger | Hamburger essen
- 소스를 뿌리다   echar salsa | mettre de la sauce | Soße verteilen
- 음료수를 마시다   tomar una bebida | prendre une boisson | ein Getränk trinken
- 음료수를 리필하다   volver a llenar el vaso de una consumición sin cargo adicional | reprendre gratuitement une boisson | ein Getränk wiederauffüllen
- 음식을 흘리다   tirar(se) la comida encima | faire tomber la nourriture | mit Essen kleckern
- 휴지로 닦다   limpiar(se) con una servilleta | essuyer avec un mouchoir | mit einer Serviette abwischen
- 테이블을 치우다   limpiar / recoger la mesa | débarrasser la table | den Tisch abräumen
- 테이블이 더럽다 / 깨끗하다   la mesa está sucia / limpia | la table est sale / propre | Tisch ist schmutzig / sauber
- 음식을 포장하다   pedir comida para llevar | emporter un plat | Essen mitnehmen

식당 (음식점)   El restaurante | restaurant | Restaurant   p.73

- 주문을 받다   tomar nota, anotar el pedido | prendre la commande | Bestellung entgegennehmen
- 음식을 주문하다 / 시키다   pedir comida | passer la commande, commander | Essen bestellen
- 반찬을 더 주문하다   pedir más platillos de acompañamiento | commander plus de petits plats d'accompagnement | Beilagen nachbestellen
- 개인 접시에 음식을 덜다   poner comida en el plato de uno | se servir dans son assiette | Essen auf den Essteller füllen
- 냅킨으로 입을 닦다   limpiarse la boca con la servilleta | s'essuyer la bouche avec une serviette | mit der Serviette den Mund abwischen
- 계산하다, 돈을 내다   pagar | payer | bezahlen
- (돈을) 각자 내다   pagar por separado | payer chacun sa part | getrennt bezahlen
- 예약하다   hacer una reserva, reservar | réserver | reservieren

- 예약을 취소하다   cancelar una reserva | annuler la réservation | Reservierung stornieren
- 친절하다 / 불친절하다   amable / antipático | être / ne pas être gentil | freundlich / unfreundlich sein
- 자리가 없다   no haber mesas libres | être complet | keinen freien Platz haben
- 배달하다   repartir a domicilio | livrer | (Essen) liefern

주거 형태   La vivienda | style d'habitat | Wohnformen   p.75

- 엘리베이터를 타다   tomar el ascensor | prendre l'ascenseur | den Aufzug nehmen
- 계단을 올라가다 / 내려가다   subir / bajar las escaleras | monter / descendre l'escalier | Treppen hinaufgehen / heruntergehen
- 주차장에 차를 주차시키다 (주차하다)   aparcar en el área de estacionamiento | garer la voiture au parking | Auto auf dem Parkplatz parken

주방   La cocina | cuisine | Küche   p.77

- (야채를) 볶다   freír (verduras) | faire revenir (des légumes) | (Gemüse) unter Rühren braten
- (시금치를) 데치다   hervir (espinacas) | faire blanchir (des épinards) | (Spinat) blanchieren
- (나물을) 무치다   sazonar / aliñar (hierbas comestibles) | malaxer (des herbes potagère ou sauvages) | (Gemüse) anmachen
- (콩나물을) 삶다   hervir (brotes de soja / soya) | faire bouillir (des germes de soja) | (Sojabohnensprossen) kochen
- (호박전을) 부치다   tostar / freír en la sartén (calabaza) | cuire (une galette de courgettes) à la poêle | (Kürbispfannkuchen) braten
- (오징어를) 튀기다   freír (calamares) | frire (un calmar) | (Tintenfisch) frittieren
- (국을 / 찌개를) 끓이다   hacer (una sopa, un guiso) | faire cuire (de la soupe / du ragoût) | (Suppe / Eintopf) kochen
- (콩을) 졸이다   hervir / cocer (maíz) dejando que el liquido se consuma | faire réduire (des haricots) | (Bohnen) einkochen
- 밥상을 펴다 / 접다   desplegar / plegar la mesa | déplier / replier la table basse | Klapptisch auffalten / zusammenfalten
- 밥을 푸다   sacar el arroz del recipiente donde se ha cocinado | se servir du riz | Reis in die Schüsseln füllen
- 국을 뜨다   echar / servir la sopa | se servir de la soupe | Suppe in die Schüsseln füllen
- 숟가락질 / 젓가락질을 하다   usar cuchara / palillos | se servir d'une cuillère / de baguettes | Löffel / Stäbchen benutzen
- 생선 가시를 바르다   quitarle las espinas al pescado | retirer les arêtes du poisson | Fischgräten entfernen
- 간장에 찍다   mojar en salsa de soja / soya | tremper dans la sauce de soja | in Sojasoße stippen
- 숭늉을 마시다   beber el agua en la que se ha cocido el arroz | boire de l'eau de riz gratiné | im Reistopf aufgekochtes Wasser trinken
- 빈 그릇을 치우다   quitar / llevarse los platos vacíos | débarrasser les recipients | leere Schüsseln abräumen
- 그릇을 씻다   lavar los platos | laver les recipients | Geschirr spülen
- 그릇을 말리다   secar los platos | faire sécher les recipients | Geschirr abtrocknen
- 설거지를 하다   fregar los platos | faire la vaisselle | Geschirr spülen

욕실 El cuarto de baño | salle de bains | Bad   **p.81**

- 용변을 보다   aliviarse, hacer las necesidades | faire ses besoins | sich erleichtern
- 물을 내리다   tirar de la cadena | tirer la chasse | spülen
- 물을 틀다 / 잠그다   abrir / cerrar el grifo | ouvrir / fermer le robinet | Wasser aufdrehen / zudrehen
- 비누를 칠하다   echarse jabón | se savonner | sich einseifen
- 세수를 하다   lavarse la cara | se laver le visage | Gesicht waschen
- 수건으로 닦다   secarse con una toalla | s'essuyer avec une serviette | mit einem Handtuch abtrocknen
- 수건을 걸다   colgar la toalla | accrocher une serviette | Handtuch aufhängen
- 치약을 짜다   echarse dentífrico | presser le tube de dentifrice | Zahnpasta herausdrücken
- 면도하다   afeitarse | se raser | sich rasieren
- 샤워를 하다   ducharse | se doucher | duschen
- 욕조에 물을 받다   llenar la bañera de agua | remplir la baignoire d'eau | Wasser in die Badewanne einlaufen lassen
- 목욕을 하다   tomar un baño, bañarse | prendre un bain | baden
- 체중을 달다   pesarse | se peser | sich wiegen
- 렌즈를 끼다 / 빼다   ponerse / quitarse las lentes de contacto | mettre / enlever des lentilles de contact | Kontaktlinsen einsetzen / herausnehmen

청소용구 Artículos de limpieza | ustensiles de ménage | Putzutensilien   **p.83**

- 침대를 정돈하다   hacer la cama | faire le lit | das Bett machen
- 시트를 갈다   cambiar las sábanas | changer de drap | das Bett beziehen
- 이불을 개다 / 펴다   quitar / doblar la colcha | plier / déplier une couette | Decke zusammenfalten / ausbreiten
- 환기시키다   ventilar | aérer | lüften
- 장난감을 치우다   recoger los juguetes | ranger les jeux | Spielsachen aufräumen
- (카펫을) 진공청소하다   aspirar (la alfombra) | passer l'aspirateur (sur la moquette) | (den Teppich) staubsaugen
- 마룻바닥을 쓸다 / 닦다   barrer / pulir el suelo | balayer / nettoyer le plancher | Boden fegen / wischen
- 걸레질하다   fregar el suelo con un paño húmedo | passer le chiffon | mit einem feuchten Tuch wischen
- 책장을 정리하다   ordenar la estantería | ranger la bibliothèque | das Bücherregal aufräumen
- 가구의 먼지를 털다   quitar el polvo de los muebles | enlever la poussière sur un meuble | die Möbel abstauben
- 창문을 닦다   limpiar una ventana | faire les vitres | Fenster putzen
- 쓰레기통을 비우다   vaciar el cubo de la basura | vider la poubelle | den Mülleimer leeren
- 쓰레기를 버리다   sacar / botar la basura | jeter la poubelle | Müll wegwerfen
- 화분에 물주다   regar | arroser une plante | einer Topfpflanze Wasser geben
- 정원을 가꾸다   cuidar del jardín | cultiver le jardin | einen Garten anlegen und pflegen

공구 Herramientas | outils | Werkzeug   **p.85**

- 고장 나다   averiarse, estropearse, malograrse | tomber en panne | kaputtgehen
- 전원이 나가다   haber un apagón | l'électricité a sauté | der Strom fällt aus
- 지붕이 새다   tener goteras | avoir une fuite d'eau au plafond | das Dach leckt
- 벽에 금이 가다   aparecer una grieta en la pared | le mur est fissuré | ein Riss ist in der Wand
- 유리창이 깨지다   romperse el cristal de una ventana | une vitre est cassée | ein Fenster ist zerbrochen
- 자물쇠가 부러지다   romperse una cerradura | le cadenas est cassé | ein Schloss ist kaputt
- 계단이 부서지다   romperse una escalera | l'escalier est détruit | eine Treppe bricht ein
- 보일러가 고장 나다   averiarse el calentador / la caldera | le chauffe-eau est tombé en panne | der Boiler ist kaputt
- 수도꼭지가 새다   no cerrar bien / gotear un grifo | le robinet fuit | der Wasserhahn leckt
- 싱크대 물이 새다   irse el agua del fregadero | l'évier fuit | die Spüle tropft
- 배수구가 / 변기가 막히다   atascarse el desagüe / inodoro | la bonde d'évacuation / la cuvette des toilettes est bouchée | der Abfluss / die Toilette ist verstopft
- 파이프가 얼다   congelarse las cañerías / tuberías | la canalisation est gelée | ein Rohr friert zu

교실 El aula, el salón de clase | salle de cours | Unterrichtsraum   **p.87**

- 앉으세요   Siénte(n) se, por favor. | Asseyez-vous. | Setzen Sie sich bitte.
- 일어나세요   Levánte(n)se / Páre(n)se, por favor. | Levez-vous. | Stehen Sie bitte auf.
- 다시 한번 설명해 주세요   ¿Puede explicármelo de nuevo, por favor? | Expliquez-moi encore une fois. | Erklären Sie das bitte noch einmal.
- 읽어 보세요   Lea(n), por favor. | Lisez. | Lesen Sie bitte.
- 써 보세요   Escriba(n), por favor. | Écrivez. | Schreiben Sie bitte.
- 따라 하세요   Repita(n), por favor. | Répétez. | Sprechen Sie mir nach.
- 잘 들으세요   Escuche(n) con atención, por favor. | Écoutez bien. | Hören Sie gut zu.
- 숙제가 있습니다   hay deberes / tareas | il y a un devoir | Es gibt Hausaufgaben.
- 토론하다   debatir | discuter | diskutieren
- 발표하다   hacer una exposición | exposer | ein Referat halten
- 공책에 쓰다   escribir en el cuaderno | écrire dans un cahier | ins Heft schreiben
- 지우개로 지우다   borrar con la goma / el borrador | gommer | mit einem Radierer ausradieren
- 질문하다   preguntar | poser une question | fragen
- 학생들이 떠들다   estar los estudiantes alborotados | les élèves bavardent | die Schüler sind unruhig
- 수업이 시작되다 / 끝나다   empezar / terminar la clase | le cours commence / se termine | Unterricht beginnt / endet

- 교실로 / 교실에 들어오다　entrar en la clase | entrer dans la classe | in den Unterrichtsraum kommen
- 출석을 부르다　pasar lista | faire l'appel | Anwesenheit prüfen
- 대답하다　contestar, responder | répondre | antworten
- 사전을 빌려주다　prestar el diccionario | prêter un dictionnaire | jm. ein Lexikon leihen
- 단어를 찾다　buscar una palabra | chercher un mot | Vokabel suchen
- 단어를 암기하다　memorizar vocabulario | apprendre le vocabulaire par cœur | Vokabeln auswendiglernen
- 숙제를 제출하다　entregar los deberes / la tarea | rendre un devoir | Hausaufgaben einreichen

도서관　La biblioteca | bibliothèque | Bibliothek　p.91

- 책을 신청하다　solicitar / pedir un libro | demander / commander un livre | Buch beantragen
- 도서를 예약하다　reservar un libro | réserver un livre | Buch vorbestellen
- 목차를 보다　consultar el catálogo de materias | lire la table des matières | Inhaltsverzeichnis anschauen
- 컴퓨터로 (도서를 / 책을) 검색하다　buscar un libro en el ordenador / la computadora | rechercher (un livre) sur l'ordinateur | mit dem Computer (nach einem Buch) suchen
- 책을 찾다　buscar / encontrar un libro | chercher un livre | Buch heraussuchen
- 대출 중이다　prestado, en préstamo | être en cours de prêt | ausgeliehen sein
- 연체료를 지불하다　pagar una multa | payer une amende de retard | Mahngebühren bezahlen
- 복사하다　fotocopiar | faire une photocopie | kopieren
- 책을 빌리다 / 반납하다　sacar / devolver un libro | emprunter / rendre un livre | Buch ausleihen / zurückgeben

사무실 1　La oficina 1 | bureau 1 | Büro 1　p.95

- 인사하다　saludar | saluer | begrüßen
- 명함을 주고받다　intercambiar tarjetas | échanger les cartes de visite | Visitenkarten austauschen
- 악수하다　darse la mano | serrer la main | Hände schütteln
- 자신을 소개하다　presentarse | se présenter | sich selbst vorstellen
- 사무실을 안내하다　enseñar / mostrar la oficina | guider vers le bureau | das Büro zeigen
- 업무를 설명하다　explicar el trabajo | décrire une fonction | Aufgaben erklären
- 회의하다　reunirse, tener una reunión | faire une reunion | eine Besprechung haben
- 협상하다　negociar | négocier | verhandeln
- 접대하다　atender / agasajar (a un cliente) | accueillir | (Kunden) unterhalten

사무실 2　La oficina 2 | bureau 2 | Büro 2　p.96

- 출근하다　ir al trabajo | aller au travail | zur Arbeit gehen
- 퇴근하다　salir del trabajo | quitter le bureau | Feierabend machen
- 전화하다　telefonear, llamar por teléfono | téléphoner | telefonieren
- 서류에 사인하다　firmar un documento | signer un dossier | ein Dokument unterschreiben

- 보고서를 작성하다　redactar un informe | rédiger un rapport | einen Bericht verfassen
- 결재를 올리다　presentar un documento para su aprobación | soumettre à l'approbation | Dokument zur Genehmigung vorlegen
- 도장을 찍다　firmar por medio de un sello, rubricar | tamponner | mit einem Siegel stempeln

전화　El teléfono | téléphone | Telefon　p.97

- 전화를 걸다 / 끊다　contestar / colgar el teléfono | téléphoner / raccrocher | anrufen / auflegen
- 전화를 잘못 걸다　llamar a un número equivocado | se tromper de numéro | sich verwählen
- 응답기를 확인하다　escuchar los mensajes del contestador | consulter le répondeur | Anrufbeantworter abhören
- 전화번호부를 찾다　buscar en la guía telefónica | chercher un numéro dans l'annuaire téléphonique | im Telefonbuch nachschauen
- 114에 문의하다　consultar al 114 (información telefónica) | se renseigner au 114 | Telefonauskunft anrufen

컴퓨터　Informática | ordinateur | Computer　p.99

- 컴퓨터를 켜다 / 끄다　encender / apagar el oredenador / la computadora | allumer / éteindre l'ordinateur | Computer einschalten / ausschalten
- 메일을 확인하다 / 체크하다　mirar la cuenta de correo electrónico | vérifier la boîte e-mail | Emails überprüfen
- 마우스를 클릭하다　hacer clic con el ratón | cliquer avec la souris | Maus betätigen
- 문서를 작성하다　escribir un documento | rédiger un texte | ein Dokument verfassen
- CD를 넣다 / 빼다　meter / sacar un CD | insérer / éjecter un CD | CD einlegen / herausnehmen
- 파일을 열다 / 닫다　abrir / cerrar un archivo | ouvrir / fermer un fichier | Datei öffnen / schließen
- 파일을 불러오다　abrir un archivo | sélectionner un fichier | Datei aufrufen
- 파일을 복사하다　copiar un archivo | copier un fichier | Datei kopieren
- 파일을 저장하다　guardar un archivo | enregistrer un fichier | Datei speichern
- 파일을 삭제하다　borrar un archivo | effacer un fichier | Datei löschen
- 파일을 전송하다　enviar un archivo | envoyer un fichier | Datei senden
- 그림을 스캔하다　escanear un dibujo | scanner une image | Bild scannen
- 출력하다 (프린트하다)　imprimir | imprimer | ausdrucken
- 자료를 백업하다　hacer una copia de seguridad | sauvegarder un fichier | Dateien sichern
- 문서를 편집하다　editar un texto | éditer un texte | Dokument bearbeiten
- 자료를 다운 받다　descargar información / documentos | télécharger un document | Materialien herunterladen
- 컴퓨터가 다운되다　estropearse el ordenador, averiarse la computadora | l'ordinateur est hors service | der Computer stürzt ab
- 바이러스 체크하다　pasar el antivirus | vérifier / contrôler les virus | nach Viren suchen

E-mail El correo electrónico | e-mail | E-Mail **p.101**

- 로그인하다   iniciar sesión | s'identifier | einloggen
- 로그아웃하다   cerrar sesión | se déconnecter | ausloggen
- 가입 신청하다   registrarse | s'inscrire | beitreten
- 아이디와 비밀번호를 넣다 (입력하다)   poner (introducir) el nombre de usuario y la contraseña | mettre le nom d'utilisateur et mot de passe | Mitgliedsname und Passwort eingeben
- 새 편지를 확인하다   abrir un nuevo correo electrónico | vérifier l'arrivée de nouveaux messages | E-Mails abrufen
- 회신하다   responder | répondre | auf eine E-Mail antworten
- 메일을 삭제하다   eliminar / borrar un correo electrónico | supprimer un message | eine E-Mail löschen
- 첨부 파일을 보내다 / 받다 / 열다   enviar / recibir / abrir los documentos adjuntos | envoyer / recevoir / ouvrir une pièce jointe | Anhang senden / empfangen / öffnen
- 저장하다   guardar | enregistrer | speichern
- 편지를 읽다 / 쓰다   leer / escribir un correo | lire / écrire un message | eine E-Mail lesen / schreiben
- 주소록을 보다   mirar la agenda de contactos | ouvrir le carnet d'adresses | in das Adressbuch schauen

병원 El hospital | hôpital | Krankenhaus **p.105**

- 접수하다   hacer los trámites hospitalarios | s'inscrire | Anmeldungsformalitäten erledigen
- 예약하다   concertar una cita | réserver | Termin machen
- 진찰을 받다   hacerse un reconocimiento médico | consulter un médecin | untersucht werden
- X-ray를 찍다   hacerse una(s) radiografía(s) | se faire radiographier | röntgen
- 검사를 받다   hacerse análisis | se faire examiner | getestet werden
- 링거를 맞다   estar conectado a un suero | être perfusé | Infusion bekommen
- 체온을 재다   tomarle la temperatura (a alguien) | prendre la temperature | Körpertemperatur messen
- 혈압을 재다   tomarse la tensión | prendre la tension | Blutdruck messen
- 연고를 바르다   echar pomada / crema | appliquer une pomade | Salbe auftragen
- 소독하다   desinfectar | désinfecter | desinfizieren
- 입원하다   ingresar en un hospital | être hospitalisé | ins Krankenhaus gehen
- 수술하다   operar | opérer | operieren
- 퇴원하다   recibir el alta médica | sortir de l'hôpital | aus dem Krankenhaus entlassen werden

약국 및 응급처치 La farmacia y las urgencias médicas | pharmacie et soins d'urgence | Apotheke und Erste Hilfe **p.109**

- 다치다   herirse, lastimarse | se blesser | sich verletzen
- 의식을 잃다   perder la conciencia | s'évanouir | das Bewusstsein verlieren
- 쇼크 상태에 있다   estar conmocionado | être en état de choc | in Schock sein
- 심장마비를 일으키다   sufrir un ataque al corazón | subir une attaque cardiaque | einen Herzanfall haben

- 알레르기 반응을 보이다   sufrir una reacción alérgica | avoir une réaction allergique | eine allergische Reaktion haben
- 화상을 입다   quemarse | se brûler | sich verbrennen
- 물에 빠지다   ahogarse | tomber à l'eau | ins Wasser fallen
- 질식하다   asfixiarse | asphyxier | ersticken
- 출혈하다   sangrar | saigner | bluten
- 숨을 못 쉬다   no poder respirar | ne pas respirer | nicht atmen können
- 뼈가 부러지다   romperse un hueso | se fracturer un os | einen Knochen brechen
- 주사 맞다   ponerse una inyección | se faire une piqûre | eine Spritze bekommen
- 약을 먹다   tomarse una medicina | prendre un medicament | ein Medikament einnehmen
- 약을 과다 복용하다   sufrir una sobredosis de medicamentos | abuser d'un médicament | ein Medikament überdosieren
- 요양하다   recuperarse | faire une cure | eine Kur machen

은행 El banco | banque | Bank **p.111**

- 입금하다 (돈을 넣다)   hacer un depósito (meter dinero) | déposer de l'argent | Geld einzahlen
- 출금하다 (돈을 찾다)   retirar / sacar dinero | retirer de l'argent | Geld abheben
- 자동현금인출기 이용 방법   cómo usar el cajero automático | Comment utiliser le distributeur | Benutzungweise eines Geldautomaten
  1. 현금 카드 또는 통장을 넣는다   introducir su tarjeta o cartilla bancaria | insérer la carte ou le carnet des opérations | Bankkarte oder Sparbuch einführen
  2. 해당 항목을 누른다   apretar el botón para que se realice la transacción | appuyer sur le bouton correspondant | auf den gewünschten Vorgang drücken
  3. 비밀번호를 누른다   introducir el número secreto | composer le code confidentiel | Geheimnummer eingeben
  4. 출금 금액을 누른다   introducir la cantidad que se desee retirar | appuyer sur le montant à retirer | auf den gewünschten Betrag drücken
     / 입금기에 입금액을 넣는다   depositar el dinero en el lugar indicado | mettre les billets | Einzahlbetrag in den Schacht legen
  5. 돈을 확인한다   comprobar el dinero | vérifier la somme | Betrag überprüfen
  6. 명세서와 카드 또는 통장을 받는다   retirar el recibo y la tarjeta o cartilla | prendre la carte et le ticket ou le carnet des opérations | Quittung und Karte oder Sparbuch entnehmen

우체국 La oficina de correos | poste | Post **p.113**

- 주소 / 우편번호를 쓰다   escribir la dirección / el código postal | rédiger l'adresse / le code postal | Adresse / Postleitzahl schreiben
- 우표를 붙이다   pegar el sello / la estampilla | coller un timbre | Briefmarke aufkleben
- 우체통에 넣다   echar en el buzón | mettre dans la boîte aux lettres | in den Briefkasten einwerfen
- 소포를 포장하다   envolver un paquete | emballer le paquet | Paket verpacken

- 저울에 달다   pesar en la báscula postal | peser (lettre, paquet) | auf einer Waage wiegen
- 우체국 소인을 찍다   anular la validez de un sello por medio de un matasellos especial | apposer le cachet de la poste | mit dem Poststempel entwerten
- 축하카드 / 전보를 보내다   enviar una tarjeta de felicitación / un telegrama | envoyer une carte de vœux / un télégramme | Grußkarte / Grußtelegramm schicken
- 편지 / 소포를 배달하다   entregar una carta / un paquete | distribuer une lettre / un colis | Brief / Paket zustellen
- 우편 / 퀵서비스 / 택배(으)로 보내다   enviar por correo / mensajería urgente / agencia de reparto a domicilio | envoyer par la poste / par express / par livraison à domicile | mit der Post / dem Eilboten / dem Paketdienst senden

미용실 / 이발소 El salón de belleza / La peluquería | salon de coiffure | Friseursalon   p.115

- 머리를 자르다   cortarse el cabello | se faire couper les cheveux | Haare schneiden
- 컷을 하다   cortarse el cabello | s'être fait couper les cheveux | Haarschnitt bekommen
- 파마를 하다   rizarse el cabello, hacerse la permanente | se faire permanenter / friser | Dauerwelle machen lassen
- 머리를 말다   ondularse el cabello | enrouler un bigoudi sur une mèche | Haare aufrollen
- 캡을 쓰다   llevar un gorro de baño | mettre le capuchon | Haube aufziehen
- 염색하다   teñirse el cabello | se faire teindre les cheveux | (Haare) färben
- 머리를 올리다   recogerse el cabello (con horquillas, en un moño, etc.) | relever les cheveux | Haare hochstecken
- 핀을 꽂다   ponerse una horquilla | mettre une épingle | Haarnadel einstecken
- 머리를 땋다   llevar trenzas, llevar el pelo trenzado | tresser les cheveux | Haare flechten
- 고무줄로 묶다   ponerse una goma elástica | attacher les cheveux avec un élastique | mit einem Gummiband zusammenbinden
- 스프레이를 뿌리다   echarse laca u otro aerosol para el cabello | mettre du spray | Haarspray aufsprühen
- 손톱을 정리하다 (다듬다)   cortarse las uñas de las manos | se faire manucurer les ongles | Fingernägel schneiden
- 매니큐어를 바르다   hacerse la manicura | vernir les ongles | Nagellack auftragen

백화점 / 쇼핑센터 Grandes almacenes / Centro comercial | grand magasin / centre commercial | Kaufhaus / Einkaufszentrum   p.117

- 사다 (구입하다)   comprar (adquirir) | acheter | kaufen
- 팔다 (판매하다)   vender | vendre | verkaufen
- 지불하다   pagar | payer | bezahlen
- 반환하다   realizar una devolución | retourner | zurückgeben
- 교환하다   cambiar un producto por otro | échanger | umtauschen

버스와 택시 Autobuses y taxis | bus et taxi | Bus und Taxi   p.119

- 버스가 오다 / 가다   llegar / irse el autobús | un bus arrive / part | Bus kommt / fährt ab
- 버스에 타다   subir a / tomar un autobús | monter dans un bus | in einen Bus einsteigen
- 버스에서 내리다   bajarse del autobús | descendre d'un bus | aus einem Bus aussteigen
- 요금을 요금함에 넣다   dejar el importe en la caja dispuesta para tal fin | acquitter le prix du trajet | Fahrpreis in den Einwurfkasten tun
- 패스 카드 / 교통 카드를 대다   pasar el abono / la tarjeta de transporte | apposer la carte de transport | eine Kreditkarte / Fahrkarte an das Lesegerät halten
- 좌석에 앉다   sentarse, tomar asiento | s'asseoir à une place | sich auf einen Platz setzen
- 좌석에서 일어나다   levantarse del asiento | se lever de son siege | von seinem Platz aufstehen
- 자리를 양보하다   ceder el asiento | céder la place | jm. seinen Platz anbieten
- 손잡이를 잡다   agarrarse del asidero | tenir la poignée | sich am Griff festhalten
- 안내 방송을 듣다   escuchar los anuncios | écouter une annonce | auf die Durchsage hören
- 벨을 누르다   tocar el timbre | appuyer sur la sonnette | auf den Halteknopf drücken
- 버스를 잘못 타다   equivocarse de autobús | se tromper de bus | in den falschen Bus steigen
- 버스를 놓치다   perder el autobús | rater le bus | Bus verpassen
- 택시를 잡다   tomar un taxi | prendre un taxi | Taxi anhalten
- 목적지를 말하다   indicar el destino | indiquer la destination | Ziel nennen

지하철 El metro, el subte | métro | U-Bahn   p.121

- 줄을 서다   hacer cola | faire la queue | Schlange stehen
- 표 (정기권, 정액권)를/을 사다   comprar el billete / boleto (un abono, la tarifa) | acheter un ticket (carte d'abonnement) | Fahrkarte (Zeitkarte, Guthabenkarte) kaufen
- 표를 넣다 / 빼다   introducir / recoger el billete / boleto | insérer / retirer un ticket | Fahrkarte einführen / herausnehmen
- 안전선 안쪽에서 기다리다   esperar tras la línea amarilla | attendre derrière la ligne de sécurité | hinter dem Sicherheitsstreifen warten
- 지하철이 만원이다   estar el metro / subte al máximo de su capacidad | le métro est complet | U-Bahn ist voll besetzt
- 지하철을 타다 / 내리다   subir al / bajar del metro / subte | monter dans le métro / descendre du métro | in eine U-Bahn einsteigen / aus einer U-Bahn aussteigen
- 환승역에서 갈아타다   hacer trasbordo en la estación correspondiente | changer de métro à la station de correspondance | an einem Umsteigebahnhof umsteigen
- 에스컬레이터를 타다   tomar las escaleras mecánicas | prendre l'escalator | mit der Rolltreppe fahren
- 개찰구를 통과하다   salir por la barrera de acceso / el molinete | franchir le tourniquet du métro | durch die Fahrkartenschranke gehen
- 열차가 지연되다   retrasarse el metro | Le train est retardé | Zug verspätet sich

교차로 Un Cruce | carrefour | Straßenkreuzung　　p.123

- 셀프 주유   estación de autoservicio | station self-service | Tanken mit Selbstbedienung
- 자동 세차   lavadero automático de automóviles | lavage automatique | Autowaschstraße
- 셀프 세차   autolavado | self-lavage auto | SB-Autowaschanlage
- 전면 주차   aparcamiento por la parte frontal | stationnement direct | vorwärts einparken
- 후면 주차   aparcamiento por la parte trasera | stationnement avec manœuvre | rückwärts einparken

자동차 운전 El manejo de automóviles | conduite automobile | Autofahren　　p.127

- 안전벨트를 매다 / 풀다   ponerse / quitarse el cinturón de seguridad | attacher / détacher la ceinture de sécurité | Sicherheitsgurt anlegen / lösen
- 시동을 걸다   arrancar | démarrer | Motor anlassen
- 브레이크를 밟다   pisar el freno | freiner | auf die Bremse treten
- 사이드 브레이크를 올리다 / 내리다   poner / quitar el freno de mano | serrer / desserrer le frein à main | Handbremse anziehen / lösen
- 핸들을 조절하다   manejar el volante | tourner le volant | lenken
- 기어를 넣다   meter una marcha / velocidad | enclencher une vitesse | Gang einlegen
- 액셀러레이터를 밟다   pisar el acelerador | accélerer | auf das Gas treten
- 출발하다 / 도착하다   salir / llegar | partir / arriver | abfahren / ankommen
- 서행하다   ir a poca velocidad | rouler au ralenti | langsam fahren
- 경적을 울리다   tocar la bocina, sonar el claxon | klaxonner | hupen
- 양보하다   ceder el paso | céder le passage | Vorfahrt gewähren
- 신호가 바뀌다   cambiar el semáforo | le feu change | Ampel schaltet um
- 급정거하다   frenar de golpe | freiner brusquement | plötzlich bremsen
- 차선을 바꾸다   cambiar de carril | changer de voie | Spur wechseln
- 신호를 기다리다   esperar a que cambie el semáforo | attendre au feu | an der Ampel warten
- 과속하다   acelerar | commettre un excès de vitesse | zu schnell fahren
- 추돌하다   chocar | entrer en collision avec un autre véhicule | von hinten auffahren
- 신호를 위반하다   ignorar el semáforo | brûler un feu | bei Rot über die Ampel fahren
- 중앙선을 침범하다   pisar la línea continua | franchir la ligne médiane | Mittellinie überfahren
- 차선을 위반하다   no respetar los carriles | franchir la ligne continue | in die Nachbarspur eindringen
- 역주행하다   ir en contrasentido | rouler à contre sens | gegen die Fahrtrichtung fahren
- 감시 카메라에 찍히다   ser fotografiado por una cámara de tráfico | être flashé | geblitzt werden
- 교통 경찰관에게 걸리다   ser pillado por un agente de tráfico | se faire arrêter par un agent de la circulation | von der Polizei erwischt werden
- 딱지를 떼다   ser multado | recevoir une contravention | Strafzettel bekommen
- 음주 운전을 하다   conducir / manejar bajo los efectos del alcohol | conduire en état d'ivresse | betrunken Auto fahren
- 교통사고를 내다   provocar un accidente de tráfico | provoquer un accident de la route | Verkehrsunfall verursachen
- 교통사고가 나다   sufrir un accidente de tráfico | avoir un accident de la route | Verkehrsunfall haben

자동차 부품 Las partes del automóvil | accessoires de la voiture | Autoteile　　p.129

- 배터리를 갈다   cambiar la batería | changer de batterie | Batterie auswechseln
- 오일을 교환하다   cambiar el aceite | vidanger l'huile du moteur | Öl wechseln
- 타이어(바퀴)를 갈다   cambiar un neumático / una llanta | changer un pneu | Reifen wechseln
- 세차를 하다   lavar el automóvil | laver la voiture | Auto waschen
- 호스로 물을 뿌리다   echar agua con una manguera | rincer au tuyau d'eau | mit einem Schlauch abspritzen
- 스펀지로 닦다   frotar con una esponja | nettoyer avec une éponge | mit einem Schwamm abwischen
- 마른걸레로 닦다   limpiar con un trapo | nettoyer avec un chiffon sec | mit einem trockenen Tuch polieren
- 광택제를 바르다   encerar | lustrer | Wachs auftragen
- 시트를 털다   sacudir un cubreasientos | épousseter un siège de voiture | Polster ausklopfen
- 엔진오일을 체크하다   comprobar el aceite | vérifier l'huile du moteur | Motorölstand überprüfen
- 냉각수를 채우다   echar refrigerante | remplir le liquide de refroidissement | Kühlwasser auffüllen
- 보닛을 열다 / 닫다   abrir / cerrar el capó | ouvrir / fermer le capot | Motorhaube öffnen / schließen

공항 El aeropuerto | aéroport | Flughafen　　p.131

- 이륙하다   despegar | décoller | abheben
- 착륙하다   aterrizar | atterrir | landen
- 경유하다   hacer escala | faire escale | umsteigen
- 결항하다   cancelarse (un vuelo) | suspendre un vol | ausfallen (Flug)
- 연착하다   retrasarse (un vuelo) | arriver en retard | verspätet ankommen
- 항공권을 사다   comprar un billete / boleto de avión | acheter un billet d'avion | Flugticket kaufen
- 짐을 체크하다   facturar el equipaje | contrôler des bagages | Gepäck überprüfen
- 보안 검사를 통과하다   pasar por el control de seguridad | passer le contrôle de sécurité | durch die Sicherheitskontrolle gehen
- 게이트에서 체크인하다   acceder por la puerta de embarque | pointer à la porte d'embarquement | am Gate einchecken
- 비행기에 탑승하다   subir al avión | embarquer | ins Flugzeug einsteigen

- 좌석을 찾다   buscar el asiento asignado | chercher son siege | seinen Platz suchen
- 안전벨트를 하다   ponerse el cinturón de seguridad | attacher la ceinture | Sicherheitsgurt anlegen
- 수하물을 찾다   recoger el equipaje | récupérer des bagages | Gepäck entgegennehmen

TV와 오디오   Aparatos audiovisuales | télévision et audiovisuel | Fernseher und Audiogeräte   **p.141**

- 텔레비전 (TV)을 켜다 / 보다 / 끄다   encender / ver / apagar la televisión | allumer / regarder / éteindre la television | Fernsehen einschalten / schauen / ausschalten
- 채널을 돌리다   cambiar de canal | changer de chaîne | Kanal wechseln
- 리모컨을 누르다   usar el control remoto | appuyer sur une touche de la télécommande | Fernbedienung bedienen
- 볼륨을 높이다 / 낮추다   subir / bajar el volumen | monter / baisser le volume | Lautstärke erhöhen / senken
- 시청하다 / 청취하다   ver la televisión / escuchar la radio | regarder la télévision / écouter la radio | zuschauen / zuhören
- 프로그램을 녹화하다   grabar un programa | enregistrer une émission (de télé) | eine Sendung aufnehmen
- 비디오를 켜다 / 끄다   encender / apagar el vídeo | allumer/ éteindre le lecteur vidéo | Video einschalten / ausschalten
- 녹음하다 grabar | enregistrer (audio) | (Audio) aufnehmen
- 비디오를 빌리다   alquilar un vídeo | emprunter une vidéo | Video ausleihen
- 비디오를 반납하다   devolver un vídeo | rendre une video | Video zurückgeben
- 건전지를 갈아 끼우다   cambiar la batería | changer de pile | Batterie austauschen
- 헤드폰 (이어폰)을 끼다   llevar cascos (auriculares) | mettre un casque (des écouteurs) | Kopfhörer (Ohrhörer) aufsetzen
- 주파수를 맞추다   buscar una frecuencia | régler une fréquence | Frequenz suchen

여행   Viajes | voyage | Reisen   **p.143**

- 렌터카를 이용하다   alquilar un automóvil | utiliser une voiture de location | Mietwagen nutzen
- (숙소를) 예약하다   reservar (alojamiento) | réserver (un hébergement) | (Unterkunft) reservieren
- 사진을 찍다   sacar / tirar / tomar fotos | prendre des photos | Foto schießen
- 야영하다   acampar | faire du camping | campen

Practical Vocabulary

ㄱ

가게	tienda | magasin | Laden
가격	precio | prix | Kaufpreis
가구	mueble | meuble | Möbel
가까이	cerca | près | nah
가능성	posibilidad | possibilité | Möglichkeit, Potential
가로	anchura | horizontal | Breite
가루	(en) polvo | poudre | Pulver
가슴속	corazón (sentido figurado) | fond du cœur | innerlich, im Herzen
가요	tipo de canción tradicional | chanson populaire | Lied
가죽	cuero | cuir | Leder
가짜	imitación | faux, contrefaçon | falsch, gefälscht
각각	cada uno | chacun, séparément | jeder (für sich), einzeln
각국	cada país | chaque pays | jedes Land
각자	cada persona | chaque personne | jeder
각종	todo tipo de | toutes sortes | verschiedene Sorten
간식	tentempié | goûter | Zwischenmahlzeit
감동	emoción | émotion | Rührung
감사	agradecimiento | remerciement | Dank
감상	aprecio | appréciation, sentimentalité | Genuss (von Kunst)
감정	sentimiento | ressentiment | Gefühl
값	precio | prix, tarif | Kaufpreis
강물	agua fluvial | eau d'un fleuve | Flusswasser
강제	coacción, por la fuerza | contrainte, coercition | Zwang
개인	individuo | individu | Individuum
거리	calle | distance | Straße
거짓	falsedad | faux | Unwahrheit
거짓말	mentira | mensonge | Lüge
걱정	preocupación | inquiétude | Sorge
건강	salud | santé | Gesundheit
건너편	el otro lado | en face | gegenüberliegende Seite
건물	edificio | bâtiment | Gebäude
건축	construcción | architecture | Architektur
걸음	paso, zancada | marche, pas | Schritt
검사	examen | vérification, examen | Untersuchung
겁	temor | crainte, peur | Furcht
겉	superficie | surface, apparence | Oberfläche, Außenseite
게임	juego | jeu | Spiel
결과	resultado | résultat | Ergebnis
결국	en definitiva | finalement | schließlich
결정	decisión | décision | Entscheidung
결혼	matrimonio | mariage | Heirat
경기	partido deportivo | match | Wettkampf
경기장	estadio, campo | terrain de sport, stade | Stadion
경영	administración | gestion | Betriebsverwaltung
경우	caso | cas | Umstände, Fall
경제적	económico | économique | wirtschaftlich
경찰관	policía | policier | Polizist
경치	paisaje | vue, paysage | Landschaft
경험	experiencia | expérience | Erfahrung
곁	lado | côté | Seite
계란	huevo de gallina | œuf | Ei
계산	cuenta | calcul | Rechnen
계약	contrato | contrat | Vertrag
계획	plan | projet | Plan
고개	nuca | nuque | Nacken
고개	cuesta, pendiente | col | Bergpass
고객	cliente | client | Kunde
고교	bachillerato | lycée | Oberschule (Abk.)
고급	nivel superior | qualité supérieure, haut rang | hochwertig, höher
고기	carne | viande | Fleisch
고등학생	estudiante de bachillerato | lycéen | Oberschüler
고민	angustia, preocupación | souci, inquiétude | Kummer, Sorge
고생	sufrimiento, penalidad | effort | Mühe, Leiden
고속	alta velocidad | grande vitesse | Hochgeschwindigkeit
고전	un clásico | classique | klassische Dichtung
고통	dolor | souffrance | Schmerz, Leiden
고향	tierra natal | pays natal | Heimat
골목	callejón | ruelle, allée | Gasse
골목길	calleja | ruelle | Gasse
골프장	campo de golf | terrain de golf | Golfplatz
곳	lugar | endroit, lieu | Ort
곳곳	por todas partes | en tous lieux, partout | überall
공	pelota, balón | ballon | Ball
공간	espacio, vacío | espace | (Leer) Raum
공동	cooperación | commun | gemeinsam
공무원	funcionario | fonctionnaire | Beamter
공부	estudio | étude | Lernen
공짜	gratis | gratuit | kostenlos
과	lección | leçon | Lektion
과	departamento | département | Abteilung
과거	el pasado | passé | Vergangenheit
과목	asignatura | matière scolaire | Schulfach
과장	exageración | exagération | Übertreibung
과장	jefe de sección | style ampoulé, emphatique | Abteilungsleiter
과제	tarea | devoir, problème | Aufgabe
과학	ciencia | science | Naturwissenschaft
과학자	científico | scientifique | Naturwissenschaftler
관계	relación | relation, rapport | Beziehung
관련	relación | rapport entre deux événements | Zusammenhang
관리	administración | gestion, contrôle | Verwaltung
관습	costumbre | coutume | Brauch

관심	interés | intérêt, attention | Interesse
교류	intercambio | échange, relation | Austausch
교문	puerta principal de una escuela | porte d'entrée d'un établissement scolaire | Schultor
교수	profesor(a) | professeur à l'université | Professor
교육	educación | éducation | Bildung
교통	transporte | circulation | Verkehr
교환	cambio | échange | Tausch
구경	visita turística | visite | Besichtigen
구멍	agujero | trou | Loch
구체적	concreto | concret, détaillé | detailliert
국립	nacional, estatal | national | National-
국어	lengua de un país | langue nationale | Koreanisch
국제적	internacional | international | international
귀국	regresar a la patria | retour au pays (de l'étranger) | Heimkehr (aus dem Ausland)
규칙	norma, regla | règle, règlement | Regel
규칙적	regular | régulier | regelmäßig
그날	ese mismo día | ce jour | dieser Tag
그늘	sombra | ombre, ombrage | Schatten
그다음	después | suivant, prochain | als nächstes
그동안	entretanto | entre-temps | in der Zwischenzeit
그때	entonces | à ce moment-là | damals
그룹	grupo | groupe | Gruppe
그림	dibujo, pintura | dessin, image | Bild
그림자	sombra, silueta | silhouette, ombre | Schatten, Silhouette
그중	entre ellos | parmi | von, unter (einer bestimmten Auswahl)
근무	trabajo | travail, service | Dienst
근처	cercanías | environs | Umgebung
글	letra, escritura, texto | écrit, texte | Text
글쓰기	escritura | écrire | Schreiben
글씨	tipo de letra, caligrafía | écriture | Handschrift
글자	letra | lettre, caractère | Schriftzeichen, Buchstabe
금	oro | or | Gold
금년	el presente año | cette année | dieses Jahr
금연	prohibido fumar | interdiction de fumer | Rauchverbot
금지	prohibición | défense, interdiction | Verbot
긍정적	afirmativo | positif | positiv
기간	periodo | période | Zeitraum
기계	máquina | machine | Maschine
기대	esperanza, expectativa | attente, espoir | Erwartung
기도	rezo, oración | prière | Gebet
기본	base, principio | base, principe | Grundlage, Fundament
기분	estado de ánimo | humeur | Stimmung
기쁨	alegría | joie, plaisir | Freude
기사 (신문기사)	artículo (de periódico) | article de journal | Zeitungsartikel
기술	técnica | technique | Technik
기억	recuerdo, memoria | mémoire, souvenir | Erinnerung
기온	temperatura atmosférica | température | Lufttemperatur
기운	energía, vigor | force physique, signe | Lebenskraft, Energie
기자	periodista | journaliste | Journalist
기준	modelo, criterio de referencia | critère | Maßstab
기초	base, cimiento | base, fondement | Grundlage, Basis
기침	tos | toux | Husten
기회	oportunidad | occasion, chance | Gelegenheit
긴장	nerviosismo | tension | Anspannung
길	camino, calle | rue, chemin, route | Weg
길가	vera de un camino | bord de la route, bordure de route | Wegrand
길거리	calle, carretera | rue | Straße
까닭	motivo | raison, cause, motif | Grund
까만색	color negro | noir | Schwarz
꼭대기	cúspide | sommet | Berggipfel
꿈	un sueño | rêve | Traum
끝	fin | fin | Ende

ㄴ

나머지	el resto | reste | Rest
나물	verduras y hierbas aliñadas | herbe comestible | Kräuter, Blattgemüse
나뭇가지	rama de árbol | branche | Zweig
나뭇잎	hoja de árbol | feuille d'arbre | Baumblatt
나중	luego | après, plus tard | der spätere Zeitpunkt
나흘	cuatro días | quatre jours | vier Tage
낙엽	hojarasca | feuille morte | gefallenes Laub
날	día | jour | Tag
남녀	ambos sexos | homme et femme | Männer und Frauen
남성	varón | le sexe masculin | das männliche Geschlecht
남쪽	sur | sud, côté sud | Süden
남학생	alumno varón | élève ou étudiant masculin | männlicher Schüler
낱말	vocablo | mot | Wort
내년	el próximo año | année prochaine | nächstes Jahr
내용	contenido | contenu | Inhalt
냄새	olor | odeur | Geruch
노랫소리	canto | son de la voix, chanson | Singstimme
노력	esfuerzo | effort | Bemühung
노트	nota | cahier | Schreibblock
녹색	verde | vert | Grün
논문	trabajo académico | mémoire, thèse | wissenschaftlicher Aufsatz
농사	agricultura | agriculture | Landwirtschaft
눈물	lágrima | larme | Träne(n)
눈빛	mirada (de una persona) | éclat des yeux, regard | Blick
눈앞	enfrente, a la vista | devant les yeux | direkt vor einem
느낌	sensación | sensation, impression | Gefühl
능력	capacidad | capacité, compétence | Fähigkeit

ㄷ

다	todo | tout | alles
다리 (교량)	puente | pont | Brücke
다수	un gran número | majorité | eine große Anzahl
다음	siguiente | prochain, après, suivant | als nächstes
단맛	sabor dulce | goût sucré, saveur douce | süßer Geschmack
단어	palabra | mot | Wort
단점	punto débil | défaut | Nachteil, Schwachpunkt
단체	corporación | groupe, association, organization | Gruppe, Organisation
단편	obra breve, cortometraje | nouvelle, fragment | Kurzgeschichte, -film
달러	dólar | dollar | Dollar
달빛	luz lunar | clair de lune | Mondschein
담배	tabaco, cigarro | cigarette | Zigarette
담임	tutor de clase | professeur principal | Klassenlehrer
답장	respuesta a una carta | réponse écrite | Antwortschreiben / Schriftliche Erwiederung
닷새	cinco días | cinq jours | fünf Tage
당장	enseguida | immédiatement | sofort
대답	respuesta | réponse | Antwort
대부분	mayoría | la plupart de | Großteil
대신	en lugar de | à la place de | anstatt
대중	el pueblo, la masa | grand public, masse | die Massen, die Öffentlichkeit
대중문화	cultura popular | culture de masse | Populärkultur
대표	representación, delegación | représentant, délégué | Repräsentant
대학교수	profesor universitario | professeur de l'université | Universitätsprofessor
대학생	estudiante universitario | étudiant | Student
대화	conversación | conversation, dialogue | Unterhaltung
덕분	gracias a | faveur, grâce | Gunst, dank etw./jmd.
도구	herramienta | outil | Mittel, Utensil
도둑	ladrón | voleur | Dieb
도로	carretera | route | Straße
도움	ayuda | aide | Hilfe
도자기	cerámica | céramique | Porzellan
도중	(a) mitad de camino | milieu, mi-chemin | während, im Verlaufe von
도착	llegada | arrivée | Ankunft
독일어	lengua alemana | allemand | die deutsche Sprache
돌	piedra | pierre | Stein
동네	barrio | village, quartier | Stadtviertel
동물원	zoo | zoo | Zoo
동시	al mismo tiempo | simultanéité | gleichzeitig
동안 (시간의 길이)	duración, durante | pendant, durant | Zwischenzeit, Zeitabschnitt
동양	oriente | Orient | der Orient, der Osten
동쪽	el este | est, côté est | Osten
동화	cuento infantil | conte de fées | Kindermärchen

동화책	libro de cuentos | livre de contes | Kinderbuch
뒤쪽	detrás, atrás | derrière | Rückseite
등록	inscripción, matrícula | inscription | Registrierung
등록금	tasas de matrícula | droits d'inscription | Studiengebühren
디자이너	diseñador | designer | Designer
땀	sudor | sueur, transpiration | Schweiß
땅	tierra | terre | Erde
땅콩	maní, cacahuete | cacahuète | Erdnuss
때 (시간)	cuando | temps, moment | Zeit
뚜껑	tapón, tapa | couvercle, capuchon | Deckel
뜻	significado | sens, signification | Bedeutung

ㄹ

| 레스토랑 | restaurante \| restaurant \| Restaurant |
| 리듬 | ritmo \| rythme \| Rhythmus |

ㅁ

마루	parqué, suelo de madera | plancher surélevé | Dielenboden
마사지	mensaje | massage | Massage
마음	corazón, alma | cœur | Herz
마음속	fondo del corazón / alma | du fond du cœur | im Herzen
마중	ir a recoger a alguien | aller accueillir | Empfang, Begrüßung
마지막	último | fin, dernier | Ende, Schluss
마찬가지	lo mismo, igual | similitude | genauso, gleich
만남	encuentro, reunión | rencontre | Begegnung
만두	empanadilla china | ravioli | Teigtasche
만약	si, en caso de que | si | falls
만일	si acaso, solo en caso de | au cas où | falls
말	habla, idioma, palabra | parole, langue | Wort, Sprache
말씀	habla, palabra (vocablo honorífico) | parole, propos (forme honorifique) | Wort, Sprache (honorativ)
맛	sabor | goût, saveur | Geschmack
맞은편	el otro lado | côté opposé | gegenüberliegende Seite
매력	atracción, fascinación | charme | Attraktivität
매일	todos los días | tous les jours | jeden Tag
머릿속	mente | arrière-pensée | im Kopf
먼지	polvo | poussière | Staub
멋	estilo | charme, élégance | Stil, Schick
메모	nota, apunte | petit mot, note | Notiz
며칠	unos pocos días, cuántos días | quel jour, quelle date | einige Tage
명령	orden | ordre, commandement | Befehl
모델	modelo | modèle, mannequin | Modell
모두	todo | tout, tout le monde | alle
모습	imagen, figura | figure, aspect, apparence | Aussehen, Erscheinung
모양	forma | forme, configuration | Gestalt, Form
모임	reunión | réunion | Versammlung
목소리	voz | voix | Stimme

목욕탕 baño público | bain public | öffentliches Badehaus

목적 objetivo | but | Zweck

목표 propósito, meta | objectif, cible | Ziel

몸 cuerpo | corps | Körper

몸무게 peso corporal | poids du corps | Körpergewicht

몸살 fatiga general | grippe, frisson | Erschöpfungszustand

무게 peso | poids, pesanteur | Gewicht

무더위 bochorno | chaleur, canicule | schwüle Hitze

무역 comercio | commerce international | Handel

문자 letra, carácter | lettre, caractère, écriture | Buchstabe

문장 frase, oración | phrase | Satz

문제점 punto(s) de pregunta de examen | point, problème | Problempunkt

문학 literatura | littérature | Literatur

문화 cultura | culture | Kultur

물건 objeto, cosa | objet, produit | Gegenstand

물고기 pez, pescado | poisson | Fisch

물론 por supuesto | bien sûr, certainement | natürlich

물음 pregunta | question, interrogation | Frage

미디어 medio de comunicación | média | die Medien

미래 futuro | futur, avenir | Zukunft

미소 sonrisa | sourire | Lächeln

미인 mujer hermosa | jolie femme | schöne Frau

미팅 cita | réunion, rencontre, rendez-vous | Geschäftsbesprechung, Gruppendate

민족 pueblo, nación | nation, peuple | Volk, Ethnie

믿음 creencia | foi, croyance, confiance | Glaube

ㅂ

바늘 aguja | aiguilles | Nadel

바닷가 playa, costa | bord de mer | Küste, Strand

바닷물 agua marina | eau de mer | Meerwasser

바람 viento | vent | Wind

바보 tonto | idiot | Dummkopf

박물관 museo (no de artes) | musée | Museum

박사 doctor académico | docteur | Doktor

박수 aplauso | applaudissement | Applaus

반 (절반) mitad, medio | moitié, demi | Hälfte

반대 contrario | opposition, contraire | Widerspruch

반말 lenguaje informal, tuteo | tutoiement (style non honorifique) | vertrauliche Sprachform

반찬 platillo de acompañamiento | plat d'accompagnement | Beilagen

받침 soporte, apoyo | appui, support | Untersetzer

발견 descubrimiento | découverte | Entdeckung

발달 desarrollo | développement, progrès | Entwicklung

발생 acontecimiento | apparition, production | Entstehung

발음 pronunciación | prononciation | Aussprache

발전 desarrollo | évolution, expansion | Entfaltung

발표 declaración, anuncio | publication, exposé | Verkündung, Referat

밤낮 día y noche, siempre | jour et nuit | Tag und Nacht

밤중 media noche, en plena noche | en pleine nuit | in der Nacht

밥맛 sabor de la comida | appétit | Appetit

밥솥 olla arrocera | cuiseur de riz | Reistopf

방 habitación, cuarto | chambre | Zimmer

방문 (방문하다) visita | visite (visiter) | Besuch (besuchen)

방법 manera | moyen, façon, manière | Methode

방송 transmisión, emisión | télédiffusion, radiodiffusion | Rundfunk

방학 vacaciones | vacances scolaires | Schulferien

밭 huerto, campo de cultivo | champ | Feld

배 barco | ventre, bateau | Schiff

배 pera | poire | Vielzahl, mal

배경 fondo, decorado | fond, arrière-plan | Hintergrund

버릇 hábito | habitude | Angewohnheit

번역 traducción | traduction | Übersetzung

번호 número | numéro | Nummer

벌레 bicho, insecto | insecte | Ungeziefer

변화 cambio | changement | Veränderung

별 estrella | étoile | Stern

보고 información | compte-rendu | Bericht

보고서 informe | rapport | schriftlicher Bericht

보람 valor | résultat favorable, mérite | Wert

보통 normalmente | ordinaire, en général | gewöhnlich, normal

보험 un seguro | assurance | Versicherung

보호 protección | protection | Schutz

복습 repaso | révision | Wiederholung

볶음밥 arroz frito | riz sauté | gebratener Reis

본래 originalmente | à l'origine | ursprünglich

볼일 asunto, recado | affaire à régler | Erledigung, Arbeit

부근 vecindario, alrededores | environs, à proximité de | Umgebung

부분 parte | partie | Teil

부엌 cocina | cuisine (pièce) | Küche

부자 rico, adinerado | riche | Reicher

부작용 efecto secundario | effets secondaires | Nebenwirkung

부잣집 familia acomodada | famille riche | reiche Familie, reiches Haus

부장 director de departamento | directeur d'un service | Abteilungsleiter

부족 carencia, escasez | manque | Mangel

부족 tribu | tribu | Volksstamm

부탁 favor | demande | Bitte

북쪽 el norte | côté nord | Norden

분위기 ambiente | atmosphère | Athmosphäre, Stimmung

불 fuego, luz | feu | Feuer

불꽃 llama, fuegos artificiales | flamme | Flamme

불만 descontento, insatisfacción | mécontentement | Missfallen

불빛 luz | lumière | Lichtschein, Feuerschein

불안	ansiedad, inquietud | anxiété, inquiétude | Unruhe, Sorge
비교	comparación | comparaison | Vergleich
비닐	vinilo, plástico | matière plastique | Folie
비닐봉지	bolsa de vinilo / plástico | sac plastique | Plastiktüte
비밀	secreto | secret | Geheimnis
비용	coste, gastos | frais | Kosten
비타민	vitamina | vitamine | Vitamin
빌딩	edificio | bâtiment | Gebäude
빛	luz, brillo, fulgor | lumière | Licht
빨래	colada | linge | Wäschewaschen

ㅅ

사고	accidente | accident | Unfall
사람	persona | homme, personne | Mensch
사랑	amor | amour | Liebe
사모님	esposa de un hombre de mayor estatus que el propio | madame (terme honorifique) | Ehefrau eines angesehenen Mannes
사무	trabajo, asunto, negocio | travail (de bureau) | Büroarbeit
사물	objeto | objet | Gegenstand
사실	realidad, verdad | vérité | Fakt, Wahrheit
사업	un negocio, una empresa | affaire (entreprise) | wirtschaftliche Unternehmung
사용	uso, empleo, consumo | utilisation | Benutzung
사용자	usuario, consumidor | utilisateur | Benutzer
사원	empleado de una empresa | employé | Firmenangestellter
사장	presidente de una empresa | directeur general | Firmenchef
사투리	dialecto | dialecte, accent provincial | Dialekt
사회	sociedad | société | Gesellschaft
사회적	social | social | gesellschaftlich
사흘	tres días | trois jours | drei Tage
산소	oxígeno | oxygène | Grab
살	carne, piel | chair | Fleisch, Muskeln
상	premio | table basse | Preis, Auszeichnung
상대	la otra parte, oponente | compagnon, partenaire | Partner, Gegenüber
상대방	la otra parte, el otro | adversaire | Gegner, Gegenpart
상상	imaginación | imagination | Vorstellung, Phantasie
상자	caja, estuche | boîte | Kasten
상처	herida, corte | plaie | Verletzung
상품	producto | article, merchandise | Produkt
새끼	cría | petit (des animaux) | Tierjunges
새해	año nuevo | nouvelle année | das neue Jahr
색	color | couleur | Farbe
생각	pensamiento | pensée | Gedanke
생선	pez, pescado (alimentos) | poisson (aliment) | Fisch (Lebensmittel)
생신	cumpleaños (vocablo honorífico) | anniversaire (forme honorifique) | Geburtstag (honorativ)
생활	vida diaria | vie | Leben
생활환경	ambiente en el que se vive | milieu de vie | Lebensbedingungen
샤워	ducha | douche | Dusche
서로	uno(s) a otro(s), recíprocamente | mutuellement, réciproquement | gegenseitig
서류	documento | dossier | Unterlagen
서비스	servicio | service | Dienstleistung
서양	occidente | Occident | die westliche Welt
서쪽	el oeste | côté ouest | Westen
석유	petróleo | pétrole | Erdöl
선물	regalo | cadeau | Geschenk
선배	compañero de mayor edad o con más experiencia | aîné | älterer Kommilitone/Kollege
선택	elección | choix | Auswahl
선풍기	ventilador | ventilateur | Ventilator
설거지	máquina lavavajillas | faire la vaisselle | Geschirrspülen
설명	explicación | explication | Erklärung
섭씨	grado centígrado | degré centigrade | Celsius
성	apellido | château, nom de famille | Familienname
성격	personalidad | caractère, tempérament | Charakter, Persönlichkeit
성공	éxito | succès | Erfolg
성별	sexo de una persona | (distinction de) sexe | Geschlecht
성적	calificación | bulletin scolaire, note, score | Note, Bewertung
세계적	mundialmente | mondial | weltweit
세금	impuesto | impôt | Steuer
세기	siglo | siècle | Jahrhundert
세로	longitud, altura | vertical | Länge, Höhe
세상	mundo | monde | Welt
세수	lavado facial | toilette | sich das Gesicht waschen
세탁소	lavandería | pressing, laverie | Wäscherei, Reinigung
소개	presentación | présentation | Vorstellung (von jm.)
소나기	aguacero, chubasco | orage | Regenschauer
소리	sonido | son | Geräusch
소문	cotilleo, rumor | rumeur | Gerücht
소비자	consumidor | consommateur | Verbraucher
소설	novela | roman | Roman
소설가	novelista | romancier | Schriftsteller
소식	noticia | nouvelles | Nachricht
속	interior | intérieur | das Innere
속담	refrán | proverbe | Sprichwort
속도	velocidad | vitesse | Geschwindigkeit
손님	huésped, cliente | client | Gast
손발	pies y manos | pieds et mains | Hände und Füße
손뼉	palmada, aplauso | applaudissement | Händeklatschen
손수건	pañuelo | mouchoir en tissu | Taschentuch
송이	ramo | bouquet (de fleurs) | Traube, Büschel
쇼	espectáculo | spectacle, show | Show
쇼핑	compras | shopping, courses | Shopping
수돗물	agua de grifo | eau du robinet | Leitungswasser

수업	clase | cours | Unterricht
수염	vello facial (barba y/o bigote) | barbe | Bart
수입	ingresos | revenue | Einkommen, Einnahmen
수입	importación | importation | Import
수출	exportación | exportation | Export
수필	ensayo | essai (littérature) | Essay
수학	matemáticas | mathématique | Mathematik
숙소	alojamiento, vivienda | hébergement | Unterkunft
숙제	deberes, tareas | devoir | Hausaufgabe
순간	momento, instante | instant, moment | Moment
순서	orden | ordre | Reihenfolge
술병	botella de alcohol | bouteille d'alcool | Alkoholflasche
술자리	tomar unas copas | soirée arrosée, repas bien arrosé | geselliges Beisammensein
술잔	vaso (para bebidas alcohólicas) | verre à alcool | Alkoholglas
술집	bar | bar | Kneipe
숨	respiración | respiration | Atem
슈퍼마켓	supermercado | supermarché | Supermarkt
스스로	por uno mismo | soi-même | selbst, freiwillig
스케줄	horario, programa | emploi du temps | Zeitplan
스키장	pista de esquí | station de ski | Skigebiet
스타일	estilo | style | Stil
슬픔	tristeza | tristesse | Traurigkeit
습관	costumbre | habitude | Gewohnheit
시대	época, era | époque, génération | Ära
시리즈	serie | série | Serie
시민	ciudadano | citoyen | Bürger
시설	instalaciones | équipement, établissement | Einrichtung
시인	poeta | poète | Dichter
시작	comienzo | commencement | Beginn
시장	mercado | marché | Markt
시절	estación, época | saison, temps | Zeit, Lebensabschnitt
시청	ayuntamiento, municipalidad | hôtel de ville | Rathaus
식구	miembros de una familia | famille | Familienmitglieder
식빵	pan | pain de mie | Toastbrot
식사	comida | repas | Mahlzeit
식품	alimento | alimentation, aliment | Lebensmittel
신고	declaración | déclaration | Anmeldung, Erklärung
신문사	empresa periodística | société éditrice d'un journal | Zeitungsverlag
신문지	periódico impreso | papier journal | Zeitungspapier
신용	crédito | crédit | Vertrauen, Kredit
신입생	estudiante recién ingresado | étudiant novice | neuer Student / Schüler
신청	solicitud | demande | Anmeldung, Antrag
신호	señal | signal | Signal
실내	interior de un lugar | intérieur | Innenräume
실력	capacidad, habilidad | compétence | Fähigkeit
실례	molestia, descortesía | impolitesse | Unhöflichkeit
실수	equivocación, error | erreur | Fehler

실제	verdad, hecho | réel | Realität
실패	fracaso, suspenso | échec | Scheitern
심리	(p)sicología | mentalité, psychologie | Psyche
심부름	mensaje, recado | commission, service, course | Botengang
싸움	lucha, pelea | dispute, lutte | Kampf

ㅇ

아까	hace un momento, antes | tout à l'heure (au passé) | vorhin
아래쪽	debajo, parte inferior | bas, dessous, au-dessous | Unterseite
아래층	planta baja, piso de abajo | étage au-dessous | unteres Stockwerk
아무것	cualquier cosa | n'importe quel objet, nul, rien | nichts
아버님	padre (vocablo honorífico) | père (honorifique) | Vater (honorativ)
아픔	dolor | douleur | Schmerz
악수	apretón de manos | poignée de main | Händeschütteln
안방	gineceo | chambre principale (chambre des parents) | Schlafzimmer
안전	seguridad | sécurité | Sicherheit
앞길	porvenir | route de devant, trajet restant, l'avenir | der Weg vor einem
앞뒤	delante y detrás | devant et derrière | vorne und hinten
앞쪽	delante, parte delantera | devant, côté avant | Vorderseite
애인	novio/a, amante | petit ami | Geliebte
야외	aire libre, afueras | plein air | im Freien
약간	un poco | légèrement | ein wenig
약속	compromiso, cita | promesse, rendez-vous | Versprechen
어둠	oscuridad | obscurité | Dunkelheit
어른	adulto | adulte | Erwachsener
어머님	madre (vocablo honorífico) | mère (honorifique) | Mutter (honorativ)
어젯밤	anoche | hier soir (nuit) | gestern Nacht
언어	lengua, idioma | langue | Sprache
얼마	cuánto | combien | wieviel, soviel
업무	trabajo, negocio | travail, affaires, tâche | Arbeit, Aufgaben
에너지	energía | énergie | Energie
여고생	alumna de bachillerato | lycéenne | Schülerin einer Mädchenoberschule / Oberschülerin
여기저기	aquí y allí | ici et là, partout | hier und dort
여대생	estudiante universitaria | étudiante | Studentin einer Frauenuniversität, Studentin
여성	mujer | femme | das weibliche Geschlecht
여유	lugar, espacio | marge, temps libre | Freiraum, Gelassenheit
여직원	empleada | employée | Angestellte
여학생	alumna | élève (au féminin) ou étudiante | Schülerin
역사가	historiador | historien | Historiker
역사적	histórico | historique | historisch
역할	papel, rol | rôle | Rolle, Funktion

181

연구	investigación académica | recherche, étude | Forschung
연구소	centro de investigación | institut de recherche, laboratoire | Forschungsinstitut
연구자	investigador | chercheur | Forscher
연기	humo | fumée, jeu d'acteur, ajournement | Schauspielerei
연락처	datos de contacto | coordonnées | Kontaktdaten
연말	fin de año | fin d'année | Jahresende
연세	edad (vocablo honorífico) | âge (honorifique) | Alter (honorativ)
연습	práctica, ejercicio | entraînement, exercice | Übung
연휴	días festivos / feriados consecutivos | pont (jours fériés) | aufeinanderfolgende Feiertage
열	fiebre | chaleur, fièvre | Hitze, Fieber
영상	sobre el cero | image, photogramme | über Null (Temperatur)
영어	inglés | anglais | englische Sprache
영하	bajo cero | au-dessous de zéro degré | unter Null (Temperatur)
옆방	habitación contigua | chambre d'à côté | Nebenzimmer
옆집	casa de al lado | maison d'à côté | Nachbarhaus
예	ejemplo | exemple | Beispiel
예상	pronóstico, conjetura | prévision | Vorhersage
예전	antes, antiguamente | autrefois, avant | früher
예절	cortesía, educación | politesse | Etikette
예정	proyecto, planificación | attente, plan | Plan
옛날	antiguamente, en el pasado | autrefois, jadis, passé | früher
옛날이야기	una vieja historia, un relato antiguo | histoire ancienne | Geschichte, Erzählung
오늘날	hoy en día, actualmente | de nos jours, aujourd'hui | heute, heutzutage
오래간만, 오랜만	hace (mucho) tiempo (que) | après fort longtemps, après une longue absence | nach langer Zeit
오래전	hace mucho tiempo | Il y a longtemps | vor langer Zeit
오랫동안	durante mucho tiempo | pendant longtemp | während einer langen Zeit
오른발	pie derecho | pied droit | rechter Fuß
오른손	mano derecha | main droite | rechte Hand
온도	temperatura | température | Temperatur
온몸	todo el cuerpo | corps entier | der ganze Körper
올해	este año | cette année | dieses Jahr
옷	ropa | vêtement | Kleidung
와인	vino | vin | Wein
왕	rey | roi | König
외국어	idioma extranjero | langue étrangère | Fremdsprache
외국인	persona extranjera | étranger | Ausländer
외출	salida | sortie | Ausgehen
왼발	pie izquierdo | pied gauche | linker Fuß
왼손	mano izquierda | main gauche | linke Hand
요리	cocina, comida | cuisine | Kochen
요즈음, 요즘	últimamente | ces derniers temps, en ce moment, ces jours-ci | in letzter Zeit
요청	demanda, petición | sollicitation | Anfrage, Aufforderung

욕심	avaricia, codicia | avidité, cupidité, désir, envie | Gier, Ehrgeiz
용돈	dinero de bolsillo, asignación | argent de poche | Taschengeld
우리나라	Corea (el país de uno) | Corée (mon pays) | Korea ("unser Land")
우리말	coreano (la lengua de la tierra de uno) | coréen (la langue, langue natale) | die koreanische ("unsere") Sprache
운	suerte, fortuna | chance | Glück, Schicksal
운전	conducción | conduite | Autofahren
울음	llanto | pleurs, sanglots | Weinen
웃어른	anciano, persona mayor | personne plus âgée, aîné, ancien | Respektsperson
웃음	risa | rire | Lachen
원래	originalmente, en principio | originairement, au départ | eigentlich, ursprünglich
웨이터	camarero | serveur | Kellner
웬일	qué | comment se fait-il que... ? | wie, was, warum
위반	infracción, quebrantamiento | opposition, violation | Regelverstoß
위아래	arriba y abajo | haut et bas | oben und unten, hoch und runter
위쪽	arriba, parte superior | haut, côté haut | oberer Teil
위층	piso de arriba, planta superior | étage au-dessus | oberes Stockwerk
위험	peligro | danger | Gefahr
유리	cristal | verre | Glas
유리창	cristal de ventana | vitre | Glasfenster
유명	fama | célébrité | Berühmtheit
유학	estudios en el extranjero | études à l'étranger | Auslandsstudium
유학생	estudiante que estudia en el extranjero | étudiant séjournant à l'étranger, étudiant étranger | im Ausland Studierender
유행	fama | mode | Trend
음료수	bebida | boisson | Getränk
음악가	músico | musicien | Musiker
의견	opinion | opinion | Meinung
의미	significado, sentido | sens | Bedeutung
이것저것	esto y aquello, unas y otras cosas | ceci et cela | dies und das
이곳저곳	aquí y allí, acá y allá | ici et là, ça et là | hier und dort
이날	hoy día | ce jour, à présent, aujourd'hui | dieser Tag
이동	migración, movimiento | déplacement, mouvement | Fortbewegung
이때	en este momento | à ce moment-là | in diesem Augenblick
이미지	imagen | image | Bild, Image
이번	esta vez | cette fois-ci | dieses Mal
이사	mudanza | déménagement | Umzug
이상	más de, mencionado más arriba | au-delà | mehr, über
이상	un ideal | idéal | Ideal
이상	una rareza | bizarre | Seltsamkeit, Störung
이성	razón | raison, rationalité | Verstand, Vernunft

이야기 (얘기)　relato, charla | histoire, conversation, discussion | Reden, Geschichte

이외　excepción, excepto | excepté, à l'exception de | abgesehen von, außer

이용　uso, empleo | utilisation | Gebrauch

이웃　vecindad, vecino | voisinage, voisin | Nachbarschaft

이웃집　casa contigua | maison voisine | Nachbarhaus

이유　razón, causa | raison, cause | Grund

이익　beneficio, provecho | bénéfice | der eigene Vorteil

이전　antes | avant, auparavant | zuvor

이제　ahora, ya | maintenant | jetzt

이튿날　el siguiente día | le lendemain | der nächste Tag

이틀　dos días | deux jours | zwei Tage

이하　menor de, más abajo | inférieur à | weniger, darunter

이해　comprensión | compréhension | Verständnis

이후　en adelante | depuis, à partir de | danach, von da an

인간　ser humano | être humain | der Mensch, die Menschheit

인구　población | population | Bevölkerung

인기　popularidad | popularité | Beliebtheit

인사말　saludo | discours de bienvenue, mot de remerciement | Grußwort

인삼　ginseng | ginseng | Ginseng

인상　impresión | impression | Eindruck

인생　vida | vie | Leben

인원　número de personas | personnel, nombre de personnes | Personenanzahl

인터뷰　entrevista | interview | Interview

인형　muñeca, figura | poupée | Puppe

일기　diario | journal intime | Tagebuch

일등　primer puesto | première classe, premier rang | erster Platz

일반　lo general | généralité | allgemein, gewöhnlich

일반적　general (mente) | général, ordinaire | allgemein

일본어　lengua japonesa | langue japonaise | die japanische Sprache

일부　una parte, una sección | une partie | ein Teil

일상　diariamente, cotidiano | quotidien | Alltag

일상생활　vida cotidiana | vie quotidienne | Alltagsleben

일정　programa, horario | programme d'une journée, emploi du temps d'une journée | Terminplan

일주일　una semana | une semaine | eine Woche

일회용　desechable, descartable | usage unique, jetable | zur Einmalnutzung

일회용품　producto desechable | objet à usage unique, produit (objet) jetable | Wegwerfprodukt

임금　salario, sueldo | salaire | Arbeitslohn

임시　temporal | temporaire, provisoire | provisorisch, einstweilig

임신　embarazo | grossesse | Schwangerschaft

입구　entrada | entrée | Eingang

입원　hospitalización, internamiento | hospitalisation | stationäre Behandlung

ㅈ

자가용　de uso personal | voiture privée | Privatwagen

자격　aptitud, calificación | qualification, qualité, titre | Recht, Befähigung

자기　uno mismo | magnétisme | die eigene Person

자동　automático | automatique | automatisch

자료　información | document, documentation, archives | Material

자리　asiento | place, siege | Platz

자신　en persona, uno mismo | soi-même | sich selbst

자신　confianza en uno mismo | confiance en soi | Selbstbewusstsein

자유　libertad | liberté | Freiheit

자체　por uno mismo | propre | an sich

작가　autor | écrivain | Autor

작년　el año pasado | l'année dernière | letztes Jahr

잔　vaso, copa | tasse, verre | Tasse, Glas

잔치　banquete | fête | Fest

잘못　equivocación | erreur, faute | Fehler

잠　sueño (acción de dormir) | sommeil | Schlaf

잠깐　un momento, un instante | un moment, une minute | einen Augenblick

잠시　un rato, un momentín | quelques instants | eine kurze Zeit

장난감　juguete | jouet | Spielzeug

장래　futuro, porvenir | avenir | Zukunft

장르　género | genre | Genre

장사　negocio, comercio | commerce | Handel, Geschäft

장소　lugar | lieu | Ort

장점　punto fuerte | qualité | Vorteil, Stärke

재료　ingredientes, materiales | matériaux | Material, Zutat

재미　diversión | amusement | Spaß, Vergnügen

재산　fortuna personal, bienes | fortune | Vermögen

재작년　hace dos años | l'année d'avant | vorletztes Jahr

재채기　estornudo | éternuement | Niesen

저자　escritor | auteur | Verfasser

저축　ahorros | épargne | Sparen, Ersparnisse

적　enemigo | ennemi | Feind

적극적　positivo, activo | actif, entreprenant | offensiv, aktiv

전　antes, previamente | avant | vorher

전개　evolución, desarrollo | déploiement | Entfaltung

전공　especialidad académica | spécialité, discipline | Hauptfach

전기　electricidad | électron, électronique | Elektrizität

전날　el otro día | la veille | der Tag vorher

전문　especialidad profesional | spécialité | Expertise

전문가　especialista, experto | expert | Experte

전부　todo | totalité | alles

전자　electrón | électron, électronique | Elektron, elektrisch

전체　totalmente, en conjunto | ensemble | das Ganze, alles

전통　tradición | tradition | Tradition

전화번호　número de teléfono | numéro de téléphone |

	Telefonnummer
절반	mitad, medio | moitié | Hälfte
젊은이	un joven | jeune | junger Mensch
점수	punto, calificación | nombre de points | Punktzahl
점심	almuerzo | déjeuner | Mittagessen
점심때	hora de almorzar, mediodía | à l'heure de déjeuner | mittags
점심시간	hora de almorzar | heure de déjeuner | Mittagspause
점원	dependiente | vendeur | Ladenangestellter
정	afecto | affection | Zuneigung, Wärme
정거장	estación, parada de autobús | arrêt de bus | Bahnhof, Station
정답	respuesta correcta | bonne réponse | richtige Antwort
정도	grado, nivel | degré, mesure | Grad
정리	arreglo | rangement | Aufräumen, Sortieren
정말	verdad | vraiment | wirklich
정보	información, datos | information | Information
정상	normalidad | normalité | Normalzustand
정식	formalidad, oficialidad | formalité | offiziell, formell
정신	alma, mente, conciencia | esprit | Geist, Seele
정신적	mental | spirituel, mental | geistig, seelisch
제일	el/la más | meilleur | Nummer eins, der erste
제품	artículo manufacturado | production | Produkt
제한	restricción, límite | limite | Begrenzung
조건	condición | condition | Bedingung, Voraussetzung
조금	un poquito | un peu | ein wenig
조사	investigación, averiguación | enquête | Untersuchung
조상	antepasado | ancêtre | Vorfahr
존댓말	lenguaje formal | terme honorifique | höfliche Sprechform
졸업생	graduado | ancien étudiant | Absolvent
종류	clase, tipo | sorte, variété | Sorte
종이	papel | papier | Papier
종이컵	vaso de papel | gobelet en papier | Pappbecher
종일	todo el día | toute la journée | den ganzen Tag lang
종합	síntesis | synthèse | Zusammenfassung
좌우	derecha e izquierda | droite et gauche | links und rechts
주머니	bolsillo | poche | Tasche, Beutel
주먹	puño | poing | Faust
주변	alrededores, cercanías | entourage, autour | Umgebung
주부	ama de casa | femme au foyer | Hausfrau
주소	dirección | adresse | Adresse
주요	lo principal, lo esencial | principal | Haupt-
주위	alrededores, cercanías | alentours | Umkreis, Umgebung
주제	tema, tópico | thème, sujet | Thema
주택	residencia, vivienda | habitation, residence | Wohnhaus
죽	gachas de avena | bouillie de riz | Brei
죽음	muerte | décès | Tod
준비	preparación | préparation | Vorbereitung
준비물	material necesario para cierta actividad | liste d'objets à emporter | benötigte Gegenstände
줄거리	argument | données générales, esquisse, synopsis | Handlung (eines Filmes u.ä.)
중간	centro, medio | milieu | Mitte
중국어	lengua china | langue chinoise | chinesische Sprache
중국집	restaurante chino | restaurant chinois | chinesisches Restaurant
중심	centro | centre | Mitte, Zentrum
중요성	importancia | importance | Wichtigkeit
중학생	alumno de secundaria | collégien | Mittelschüler
즉시	enseguida, inmediatamente | immédiatement | sofort
즐거움	alegría | joie | Vergnügen
증세	síntoma | symptôme | Symptom
지금	ahora | maintenant | jetzt
지난달	el mes pasado | mois dernier | letzten Monat
지난번	la vez pasada | la dernière fois | letztes Mal
지난해	el año pasado | l'année dernière | letztes Jahr
지붕	tejado | toit | Dach
지역	región, área | région, zone | Region
지점	sitio, localidad | point (géographique) | Filiale
지하	subterráneo | sous-sol | unterirdisch
직업	profesión, trabajo | profession | Beruf
직장	lugar de trabajo | lieu de travail, bureau | Arbeitsplatz
직접	inmediatez | directement, en mains propres | direkt
진짜	realidad | vrai, veritable | wirklich
진출	avance | implantation, entrée | Vorstoß, Einzug
질	calidad | qualité | Qualität
질문	pregunta | question | Frage
질서	orden | ordre | Ordnung
짐	equipaje | bagage | Gepäck
집안	familia, hogar | maison, famille | Familie, Haus
집중	concentración | concentration | Konzentration
짓	hecho, conducta | acte, geste | Tat
짜증	irritabilidad | irritabilité | die schlechte Laune
쪽	página | page | Buchseite
찌개	guiso, sopa | ragoût | Eintopf

ㅊ

차남	segundo hijo varón | deuxième fils | der zweite Sohn
차례	orden, turno | tour | Reihenfolge
차이	diferencia | différence | Unterschied
찬물	agua fría | eau froide | das kalte Wasser
찻잔	taza de té | tasse à thé | Teetasse
창밖	ventana afuera | par la fenêtre | vor dem Fenster
책임	responsabilidad | responsabilité | Verantwortung
책임자	responsable | responsable | Verantwortlicher
처음	primera vez, al principio | au début | zum ersten Mal, Anfang
첫날	primer día | premier jour | der erste Tag
청소	limpieza | ménage | Putzen
체육	gimnasia | gymnastique | Sport
체중	peso de una persona | poids d'une personne |

초대   Körpergewicht

초대   invitación | invitation | Einladung

초보   primeros pasos, nivel incial | premiers pas | der erste Schritt

초보자   principiante | débutant | Anfänger

초청장   tarjeta de invitación | carton d'invitation | Einladung

최고   lo mejor | le plus, le meilleur | bester, höchster

최근   últimamente, estos días | récemment | in letzter Zeit

최대   lo mayor, a lo más | au maximum | größter, höchster

최선   lo mejor posible | le mieux | das Beste

최소한   mínimo | au moins, au minimum | mindestens

최초   principio, primera vez | initial, original, début | das erste Mal

추억   recuerdo, memoria | souvenir | Erinnerung

축구공   balón de fútbol | ballon de football | Fußball

축제   festival | festival | Festival

축하   enhorabuena | félicitations | Gratulation

출구   salida | sortie | Ausgang

출근   ir al trabajo | aller travailler | Arbeitsantritt

출발   partida, salida | départ | Abfahrt

출입   entrada y salida | entrée et sortie | Ein-und Austritt

출입문   puerta de entrada y salida | porte d'entrée | Eingangstür

충격   choque, golpe | choc | Schock

취직   obtención de empleo, colocación | obtention d'un travail | eine Arbeit finden

치료   terapia, tratamiento | traitement médical, thérapie | Therapie, Behandlung

친구   amigo | ami | Freund

친절   amabilidad | gentillesse | Freundlichkeit

칭찬   admiración, alabanza | compliment | Lob

ㅋ

카페   café, cafetería | café (lieu) | Café

코피   hemorragia nasal | saignement de nez | Nasenbluten

콤플렉스   complejo | complexe | Minderwertigkeitskomplex

크기   tamaño | dimension, taille | Größe

크리스마스   Navidad | Noël | Weihnachten

큰길   camino principal | grande route, boulevard | Hauptstraße

큰소리   voz alta, grito | (à) voix haute | die laute Stimme

큰일   algo grave, algo importante | affaire importante, grand problem | die wichtige Angelegenheit

키   altura | taille (hauteur d'une personne) | Körpergröße

ㅌ

탑   pagoda, torre | tour | Pagode

태도   actitud, conducta | attitude | Verhalten, Haltung

태풍   tifón | typhon | Taifun

터널   túnel | tunnel | Tunnel

테스트   control | test | Test

텍스트   texto | texte | Text

토론   debate, discusión | discussion | Diskussion

통   bote, lata | boîte | Eimer, Fass

통신   correspondencia, telecomunicaciones | télécommunication | Korrespondenz

통일   unificación | unification | Wiedervereinigung

퇴근   salir del trabajo | sortie du bureau | von der Arbeit nach Hause gehen

특별   especial | particularité | besonders

특징   característica, peculiaridad | caractéristique | Merkmal

팀   equipo | équipe | Mannschaft

ㅍ

파도   ola, onda | vague | Welle

파일   archivo | dossier, fichier, classeur | Datei, Akte

파티   fiesta | fête, soirée | Party

판단   juicio, parecer | jugement | Urteil, Entscheidung

판매   venta | vente | Verkauf, Absatz

패션   moda | mode | Mode

평생   toda la vida | toute la vie | das ganze Leben lang

평소   cotidiano, soler | habituellement | normalerweise

평화   paz | paix | Frieden

포스터   póster | affiche | Poster

폭   profundidad | largeur | Breite

표정   semblante | expression du visage | Gesichtsausdruck

표현   expresión | expression | Ausdruck, Redewendung

풍경   paisaje | vue, paysage | Landschaft

프로   profesional | professionnel | Profi

프로, 프로그램   programa | émission, programme de télé | Programm

플라스틱   plástico | plastique | Plastik

피(를 흘리다)   sangre (sangrar) | sang (saigner) | Blut (bluten)

피로   cansancio, fatiga | fatigue | Müdigkeit

필요   necesidad | nécessité | Notwendigkeit

ㅎ

하루   un día | un jour, une journée | Tag

하품   bostezo | bâillement | Gähnen

학기   semestre | semester | Semester

학년   curso académico | année scolaire | Schuljahr

학습   estudio, aprendizaje | apprentissage | Üben

학원   academia | institut privé | das private Bildungsinstitut

한국말   lengua coreana | langue coréenne | die koreanische Sprache

한국어   lengua coreana | coréen | die koreanische Sprache

한글   sistema de escritura coreano | Hangeul | die koreanische Schrift

한동안   un momento, un rato | pendant un certain temps | eine Weile

한번   una vez | une fois | einmal

한숨   respiración, alivio | soupir | Seufzer

한자   carácter chino | caractère chinois | die chinesischen Schriftzeichen

한쪽   un lado | un côté | eine Seite

한참	un momento, una vez | un long moment | eine ganze Weile
한편	por un lado, por una parte | d'un côté, en revanche | auf der anderen Seite
합격	admisión, aprobado | réussite | Bestehen
해결	solución, arreglo | résolution | Lösung
해석	interpretación | interprétation | Interpretation
햇볕	rayo solar | soleil | Sonnenschein
햇빛	luz solar | lumière de soleil | Sonnenlicht
햇살	luz rayo | rayon de soleil | Sonnenstrahlen
행동	acción, movimiento | comportement | Handeln, Handlung
행복	felicidad | bonheur | Glück
행사	evento | événement | Veranstaltung
향기	fragancia | parfum, arôme | Duft
현관	vestíbulo, portal | porche | Flur, Diele
현대	edad contemporánea | moderne | Gegenwart
현재	el presente, la actualidad | présent | jetzt, derzeit
형님	hermano mayor (vocablo honorífico) | frère aîné (honorifique) | älterer Bruder (honorativ)
혼자	solo/a | tout seul | alleine
혼잣말	monólogo | soliloque | Selbstgespräch
홈페이지	página de inicio | site internet | Homepage
화(를 내다)	enfado (enojarse) | colère (se mettre en colère) | Wut (wütend werden)
확인	confirmación | confirmation | Bestätigung
환경	medio ambiente | environnement | Umwelt
환영	bienvenida | bienvenue | Willkommen
활동	actividad, movimiento | activité | Aktivität, Tätigkeit
회사	empresa | entreprise | Firma
회원	socio | adhérent | Mitglied
회의	reunión, convención | réunion | Konferenz, Besprechung
회장	presidente | président | Vorsitzender
효과	resultado, efecto | effet | Effekt
후	luego, después | après | danach
후배	compañero de menor edad o con menos experiencia | cadet, jeune génération | der jüngere Schüler, Student, Kollege
휴일	día festivo / feriado | jour férié | Feiertag
흥미	interés | intérêt | Interesse, Spaß
희곡	drama, teatro | pièce de théâtre | Theaterstück
희망	esperanza, expectativa | espoir | Hoffnung
힘	fuerza, esfuerzo | force | Kraft, Macht

가

가꾸다	cultivar | cultiver | züchten, pflegen
가늘다	delgado | être fin | dünn sein
가라앉다	hundirse, sumergirse | couler, se déposer, se calmer | sinken, sich beruhigen
가리다	esconder | cacher, masquer | verdecken
가리다	escoger | choisir | auswählen
가리키다	señalar | indiquer | zeigen
가지다	tomar, agarrar | prendre, posséder | besitzen, bei sich haben
간직하다	guardar | garder | aufbewahren
갇히다	estar encerrado | être enfermé | festsitzen, feststecken
갈다	cambiar | remplacer | austauschen
갈다	afilar | aiguiser | schärfen
갈다	labrar | râper | pflügen
갈아입다	cambiarse de ropa | se changer | sich umziehen
감다	enrollar | fermer (les yeux) | aufrollen
감사하다	agradecer | remercier | überprüfen
감싸다	envolver | envelopper | einwickeln
감추다	ocultar | se cacher, cacher | verbergen
강조하다	enfatizar | accentuer, mettre en valeur | betonen
강하다	fuerte | être fort | stark sein
갖추다	preparar | être équipé | besitzen, vorbereiten
개다	aclararse, despejarse | plier, replier | sich aufklären
거두다	reunir | cueillir | sammeln
거르다	saltarse, omitir | filtrer | auslassen
거만하다	arrogante | être arrogant | hochmütig sein
거세다	muy fuerte | être rude | heftig sein
거스르다	oponerse | s'opposer | sich widersetzen
거스르다	dar la vuelta, dar el cambio | rendre la monnaie | Wechselgeld geben
거절하다	rechazar | refuser | ablehnen
건네다	pasar, entregar, decir | donner, passer | überreichen
건드리다	tocar | toucher | berühren, reizen
건지다	sacar | retirer | auflesen
걷다	caminar | marcher | gehen
걸다	colgar | donner (un coup de fil) | hängen
걸다	comenzar la conversación | accrocher | ansprechen
걸다	marcar un número | adresser (la parole), interpeller | anrufen
걸리다	tardar, colgarse | prendre (du temps), rester coincé | aufhängen
걸치다	extender | s'étendre | sich erstrecken
검다	negro | être noir | schwarz sein
게으르다	vago, ocioso | être paresseux | faul sein
겪다	experimentar | faire l'expérience (négative) de, être victime de | erleiden
견디다	aguantar | supporter | aushalten
결심하다	determinar hacer algo | se décider | einen Entschluss fassen
결정하다	decidir | prendre une decision | entscheiden
경쟁하다	competir | être en compétition | rivalisieren
경험하다	experimentar | faire l'expérience | erfahren, erleben
계산하다	calcular | payer, calculer | berechnen
계시다	ser, estar (forma honorífica) | être présent (honorifique) | dasein, sich befinden (honorativ)
고르다	elegir | choisir | auswählen
고백하다	confesar, declarar | avouer, déclarer | gestehen
고생하다	sufrir | peiner, souffrir | leiden
고장나다	averiarse, malograrse | tomber en panne | kaputtgehen
구별하다	diferenciar | distinguer | unterscheiden
구하다	buscar, encontrar | sauver | kaufen, suchen
구하다	salvar | trouver | retten
굵다	grueso | être épais | dick sein
굽다	asar | être courbe | rösten, grillen
굽다	doblar | griller | sich biegen
굽히다	doblarse | fléchir, courber | biegen
귀국하다	regresar al país de uno | retourner dans son pays | heimkehren
그리다	dibujar | dessiner | zeichnen
그리워하다	recordar con nostalgia | se souvenir avec nostalgie | sich sehnen
그립다	añorar, echar de menos | manqué | vermisst werden
그만하다	suficiente | cesser, arrêter | aufhören
근무하다	trabajar | travailler, être de service | arbeiten
긁다	rascar | se gratter | kratzen
기대다	apoyarse | s'appuyer | sich anlehnen
기대하다	esperar | espérer | erwarten
기도하다	rezar | prier | beten
기록하다	anotar | enregistrer, battre le record | aufzeichnen
기르다	criar | élever, cultiver | aufziehen
기억하다	recordar | se rappeler, se souvenir | erinnern
긴장하다	tenso | être tendu | angespannt sein
길다	largo | être long | lang sein
깊다	profundo | être profond | tief sein
깎다	cortar | couper | abschaben
깔다	extender | recouvrir | auslegen
깨끗하다	limpio | être propre | sauber sein
깨다	quebrarse | casser | zerbrechen
깨다	despertarse | se réveiller | aufwachen
깨닫다	darse cuenta | comprendre, s'apercevoir | begreifen
깨물다	morder(se), mascar | croquer, mordre | beißen, nagen
깨우다	despertar | réveiller | aufwecken
깨지다	romperse | (se) casser, se briser | zerbrechen
꺼내다	sacar, extraer | sortir (q.ch) | herausholen
꺾다	desgajar, romper, arrancar | cueillir (une fleur) | brechen

껴안다	abrazar | porter dans ses bras | umarmen
꽂다	meter, poner | planter, ficher | hineinstecken
꾸다	pedir/tomar prestado | emprunter | borgen (von jmd.)
꾸미다	adornar | décorer | dekorieren
꿈꾸다	soñar | rêver | träumen
끄다	apagar | éteindre | löschen, ausmachen
끊다	cortar | couper | abschneiden
끌다	tirar | traîner | ziehen
끌리다	ser arrastrado | se traîner | sich angezogen fühlen
끓다	hervir (intransitivo) | bouillir | kochen
끓이다	hervir (transitivo) | faire bouillir | zum Kochen bringen
끝나다	acabarse | finir | enden
끼다	participar, tomar parte | être serré | mitmachen
끼다	tener/llevar algo en los ojos | porter (les lunettes) | anziehen, aufsetzen
끼우다	introducir | insérer | einfügen

나

나가다	salir | sortir (à l'opposé du locuteur) | hinausgehen
나누다	dividir | partager | teilen
나뉘다	dividirse | se diviser | aufgeteilt werden
나쁘다	malo | être mauvais | schlecht, böse sein
나오다	salir | sortir (vers le locuteur) | hinauskommen
나타나다	aparecer | apparaître | erscheinen
날다	volar | s'envoler | fliegen
날씬하다	delgado | être mince | schlank sein
날아가다	ir volando | voler, s'envoler (à l'opposé du locuteur) | wegfliegen
날아오다	venir volando | voler, s'envoler (vers le locuteur) | herbeifliegen
남기다	dejar | laisser | zurücklassen
남다	sobrar | rester | bleiben
낫다	recuperarse | valoir mieux | besser sein
낭비하다	desperdiciar | dépenser | verschwenden
낮다	bajo | être bas | niedrig sein
낮추다	bajar (transitivo) | baisser | herabsetzen
낯설다	desconocer | être étrange | fremd sein
낳다	dar a luz | accoucher | gebären
내다보다	prever | regarder au dehors | hinausblicken
내던지다	arrojar, lanzar | jeter | hinauswerfen
내려가다	bajar (alejándose del hablante) | descendre (à l'opposé du locuteur) | hinabgehen
내려오다	bajar (acercándose al hablante) | descendre (vers le locuteur) | herabkommen, senken
내리다	apearse, bajar, descender | descendre (d'un moyen de transport) | herabkommen, senken
내리다	caer (la lluvia, la nieve) | abaisser, faire baisser (un prix) | fallen (Schnee, Regen)
내밀다	sobresalir, asomar | tendre (un objet) | hervorragen
내뱉다	escupir | cracher | ausspucken

내버리다	arrojar | jeter, abandonner | wegwerfen
냉정하다	insensible | garder son sang-froid | kalt, gleichgültig sein
넉넉하다	abundante | être suffisant | reichlich sein
넓다	ancho | être large | weitläufig sein
넘다	pasar | dépasser | überschreiten
넘어가다	cruzar, atravesar | franchir | hinübergehen
넘어지다	caerse | tomber | hinfallen
넘치다	rebosar | déborder | überfließen
넣다	meter | mettre, insérer | hineintun
노랗다	amarillo | être jaune | gelb sein
노래하다	cantar | chanter | singen
노력하다	esforzarse | faire un effort | sich bemühen
녹다	disolverse, derretirse | se fondre | schmelzen
녹이다	disolver, derretir | fondre | etw. schmelzen
놀다	divertirse | s'amuser, jouer | spielen
놀라다	sorprenderse | s'étonner | überrascht sein
놀리다	burlarse | se moquer | necken
높다	alto | être haut | hoch sein
높이다	elevar | élever, monter | erhöhen
놓다	poner, colocar | poser | setzen, stellen, legen
누르다	apretar | appuyer | drücken
눈치채다	darse cuenta | pressentir, remarquer | durchschauen
눕다	tumbarse | s'allonger | sich hinlegen
느끼다	sentir | se sentir | fühlen
느리다	lento | être lent | langsam sein
늘다	aumentar | augmenter | sich vermehren
늘리다	hacer aumentar | faire augmenter | vermehren
늙다	envejecer | vieillir | altern
늦다	tarde | retarder, être en retard | spät sein

다

다가가다	aproximarse | s'approcher | sich nähern
다녀오다	ir y volver, estar de vuelta | revenir | gehen und wiederkommen
다니다	frecuentar | fréquenter | häufig verkehren
다듬다	cortar, podar | retoucher | feilen
다르다	diferente | être différent | anders sein
다물다	callarse, cerrar la boca | fermer (la bouche) | den Mund schließen
다짐하다	prometer, jurar | faire une promesse ferme | schwören
다치다	herirse, lastimarse | se blesser | verletzt werden
다투다	reñir, competir | se battre, se disputer | streiten
닦다	pulir, lustrar | nettoyer, essuyer | putzen, abwischen
단순하다	simple, sencillo | être simple | einfach sein
닫다	cerrar | fermer | schließen
달다	colgar | accrocher | hissen
달다	pesar(se) | être sucré | abwiegen
달래다	tranquilizar | consoler | beruhigen

달려가다	ir corriendo | courir (à l'opposé du locuteur) | eilen zu
달려오다	venir corriendo | accourir (vers le locuteur) | herbeieilen
달리다	correr | courir | rennen
달아나다	escapar | s'enfuir | entkommen
닮다	parecerse | se ressembler | ähnlich sein
담그다	mojar | plonger | einlegen
담다	poner, meter | mettre | hineintun
대접하다	acoger, invitar | recevoir quelqu'un | bewirten
더럽다	sucio | être sale | schmutzig sein
던지다	tirar, echar | lancer | werfen
덜다	reducir | retirer, diminuer | reduzieren
덮다	cubrir | couvrir | bedecken
덮이다	cubrirse | se couvrir | bedeckt sein
데려가다	guiar, acompañar | amener | jmd. mitnehmen
도망가다	escapar | s'enfuir | flüchten
(운동장을) 돌다	dar vueltas (a la pista) | faire un tour de stade | Runden drehen
돌아다니다	recorrer, vagar, ir de un lado a otro | rôder | herumwandern
돌아보다	mirar atrás | regarder derrière soi | zurückblicken
돕다	ayudar | aider | helfen
되다	hacerse, volverse, convertirse | devenir | werden
두껍다	grueso | être épais | dick sein
뒤지다	rezagarse, quedarse atrás | fouiller | zurückfallen
뒤지다	rebuscar | être en retard | durchsuchen
드리다	dar, donar (vocablo honorífica) | donner, offrir (honorifique) | geben (honorativ)
듣다	escuchar, oír | écouter | hören
들다	sostener, tener en la mano | soulever | heben, halten
들리다	oírse que, decirse que | entendre | hörbar sein
때다	hacer fuego, calentar | faire du feu | Feuer machen
떨다	temblar | trembler, vibrer | zittern
떨리다	temblar, estremecerse | trembler | zittern
떨어뜨리다	caer, bajar | faire tomber | fallen lassen
떼다	apartar, separar, despegar | enlever | abtrennen, entfernen
똑똑하다	ser listo | être intelligent | klug sein
뚫다	atravesar, perforar | percer | bohren
뚱뚱하다	gordo | être gros | dick sein
뛰어가다	precipitarse, ir corriendo | aller en courant | eilen (nach)
뜨겁다	caliente | être brûlant | heiß sein
뜨다	flotar | flotter | schwimmen, treiben
뜨다	volar | ouvrir (les yeux) | aufsteigen
뜯다	desmantelar | arracher | herausreißen
띠다	ponerse algo en la cintura, estar encargado | porter (une ceinture), être chargé (d'une mission) | anlegen, beauftragt werden

마

마르다	secarse | se dessécher | trocknen
막다	bloquear, obstaculizar | boucher, fermer, empêcher | blockieren
만족하다	satisfacer | être satisfait | zufrieden sein
말다	enrollar | rouler | aufrollen
말리다	secar | sécher | etw. trocknen
맛보다	probar, degustar | goûter | probieren
망설이다	vacilar, titubear | hésiter | zögern
망하다	deteriorarse, arruinarse | se ruiner | zugrunde gehen
맞다	correcto | avoir raison | richtig sein
맞다	acoger | accueillir | empfangen
맞다	golpearse, ser golpeado | être frappé | geschlagen werden
맡다	actuar de, encargarse de | être chargé | übernehmen
매다	atar | attacher | binden
머물다	quedarse, hospedarse | rester | verweilen
먹다	comer | manger | essen
멀다	ser/estar ciego | être loin | erblinden
멀다	lejano, lejos | être aveugle | weit entfernt sein
멋지다	magnífico, estupendo | être beau | schick sein
메다	llevar algo al hombro | porter q.ch sur l'épaule | umhängen, schultern
명령하다	ordenar, mandar | donner un ordre | befehlen
모자라다	carecer, ser insuficiente | manquer (de) | an etw. fehlen
무겁다	pesado | être lourd | schwer sein
무덥다	hacer bochorno | faire une chaleur lourde | schwül sein
무시하다	ignorar, subestimar | négliger | ignorieren
묵다	hospedarse | séjourner | übernachten
묶다	atar, amarrar | lier, attacher | zusammenbinden
묻다	preguntar | demander | fragen
묻다	enterrar | enfouir | beerdigen
묻다	adherirse | enterrer | anhaften
묻히다	ser enterrado, dejar cubierto | être enterré | begraben werden
물다	morder | mordre | beißen
미끄러지다	resbalarse | se glisser | ausrutschen
미루다	aplazar | reporter | aufschieben
미치다	loco, idiota | être fou | verrückt sein
밀다	empujar | pousser | schieben

바

바르다	pintar | être droit | bestreichen
바르다	correcto, apropiado | appliquer (une crème) | aufrecht, richtig sein
반성하다	reflexionar | (s')introspecter | reflektieren
반짝이다	brillar, lucir | briller | glitzern
반하다	enamorarse | être charmé | sich verlieben
받다	recibir | recevoir | bekommen

189

발견하다	descubrir │ découvrir │ entdecken
발달하다	desarollar(se) │ développer │ sich entwickeln
밟다	pisar │ marcher (sur q.ch) │ treten
방해하다	obstruir, impedir │ empêcher, gêner │ stören
배고프다	tener hambre │ avoir faim │ hungrig sein
뱉다	escupir │ cracher │ spucken
버리다	tirar, botar │ jeter │ wegwerfen
벌리다	ampliar, extender │ ouvrir │ aufsperren, spreizen
벗기다	desvestirse │ déshabiller │ jn. ausziehen
베다	cortar │ se couper │ schneiden
병들다	enfermar │ tomber malade │ krank werden
보관하다	guardar, archivar │ garder │ aufbewahren
보내다	enviar │ envoyer │ schicken
보다	ver, mirar │ regarder │ sehen
보살피다	cuidar de │ s'occuper, prendre soin │ pflegen
보이다	mostrar, enseñar │ se voir │ sichtbar sein
복잡하다	complicado │ être compliqué │ kompliziert sein
볶다	asar, tostar │ faire revenir (un aliment) │ anbraten
뵙다	ver a alguien (vocablo humilde) │ rencontrer (honorifique) │ jmd. treffen (honorativ)
부끄러워하다	avergonzarse │ avoir honte │ sich schämen
부드럽다	suave │ être doux │ sanft, weich sein
부딪히다	golpearse │ se cogner │ zusammenstoßen
부르다	llamar │ appeler │ rufen, singen
부서지다	romperse │ être brisé │ zerbrechen
부지런하다	diligente │ être diligent │ fleißig sein
부치다	enviar, mandar │ expédier │ senden
불다	soplar │ souffler │ blasen
불쌍하다	pobrecito │ être pitoyable │ bemitleidenswert sein
붉다	rojo │ être rouge │ rot sein
붓다	hincharse │ enfler │ anschwellen
붓다	verter │ verser │ gießen
붙잡다	agarrar │ tenir, attraper │ ergreifen
비교하다	comparar │ comparer │ vergleichen
비비다	frotar │ frotter │ reiben
비비다	mezclar │ mélanger (les aliments) │ vermischen (Essen)
비슷하다	parecido │ être semblable │ ähnlich sein
비싸다	caro │ être cher │ teuer sein
비웃다	burlarse de │ se moquer │ auslachen
비참하다	espantoso │ être pathétique │ erbärmlich sein
비틀거리다	tambalearse, hacer eses │ trébucher │ schwanken, taumeln
빌다	tomar prestado │ supplier │ beten, flehen
빌리다	prestar │ emprunter │ ausleihen (von jm.)
빠르다	rápido │ être rapide │ schnell sein
빨갛다	rojo │ être rouge │ rot sein
빨다	hacer la colada │ aspirer │ (Wäsche) waschen
빨다	chupar, sorber │ laver │ lutschen
빼다	sacar │ extraire │ herausnehmen

빼앗다	arrebatar, despojar │ priver (q.un de q.ch) │ wegnehmen
뺏다	llevarse │ prendre (q.ch à q.un) │ wegnehmen
뻗다	estirar, alargar │ rallonger │ ausstrecken
뽑다	sacar, extraer │ arracher (une dent) │ herausziehen
뽑다	escoger, elegir │ élire, sélectionner │ auswählen
뿌리다	esparcir, rociar │ asperger │ besprengen

사

사과하다	disculparse │ demander pardon │ sich entschuldigen
사귀다	hacer amigos │ être ensemble │ verkehren mit
사납다	feroz, violento │ être agressif │ wild sein
산책하다	pasear │ se promener │ spazieren gehen
살다	vivir │ vivre │ leben
삶다	hervir │ faire bouillir │ kochen
삼키다	tragar │ avaler │ herunterschlucken
상관없다	no tener relación │ n'avoir aucun rapport │ egal sein
상하다	herirse, lastimarse │ être abîmé │ verderben
생각하다	pensar │ penser, réfléchir │ denken
생겨나다	surgir, emerger │ apparaître │ entstehen
생기다	conseguir │ se former, avoir l'air de │ entstehen, auftreten
생활하다	vivir (de una manera) │ vivre │ leben
서다	ponerse de pie, pararse │ être debout │ stehen
서럽다	triste │ être triste │ traurig sein
서운하다	lamentar, sentirlo │ être regrettable │ enttäuscht sein
서투르다	inexperto, torpe │ être maladroit │ ungeschickt sein
섞다	mezclar │ mélanger │ vermischen
설명하다	explicar │ expliquer │ erklären
성공하다	tener éxito │ réussir │ Erfolg haben
세다	contar, calcular │ compter │ zählen
세다	fuerte │ être fort │ stark sein
세우다	construir, erigir │ soulever │ aufstellen
소개하다	presentar │ présenter │ vorstellen
소리치다	gritar │ crier │ schreien
소중하다	precioso, importante │ être précieux │ am Herzen liegen
속다	ser engañado │ se faire tromper │ betrogen werden
속이다	engañar │ tromper │ täuschen
숨다	esconderse │ se cacher │ sich verstecken
쉬다	descansar │ se reposer │ sich ausruhen
슬퍼하다	entristecerse │ être triste │ traurig sein
식사하다	tomar una comida │ prendre un repas │ essen
싣다	cargar │ charger │ beladen
실례하다	descortés │ s'excuser (pour attirer l'attention) │ unhöflich sein
심다	plantar │ planter │ pflanzen
싸다	barato │ être bon marché │ billig sein
싸다	envolver │ envelopper │ einwickeln
쌓다	acumular, apilar │ empiler │ anhäufen

썩다	pudrirse | pourrir | verderben
쏘다	disparar | tirer | schießen
쓰다	usar, escribir, llevar algo en la cabeza o cara | écrire, utiliser, être amer | aufsetzen, tragen
쓰다듬다	acariciar | caresser | streicheln
쓸다	barrer | balayer | fegen
씹다	masticar | mâcher | kauen

아

아깝다	lamentable | être dommage | (zu) schade sein
아끼다	escatimar | économiser | sparen
아끼다	aprovechar | avoir beaucoup d'affection pour | wertschätzen
아쉽다	estar insatisfecho | regretter | fehlen, schade sein
안기다	abrazarse, ser abrazado | se jeter (dans les bras de q.un) | umarmt werden
안내하다	guiar | guider | führen, einführen
안다	abrazar | serrer (q.un dans ses bras) | umarmen
안타깝다	desolador, lamentable | être regrettable | bedauernswert sein
앓다	estar enfermo | tomber malade | erkranken
약속하다	prometer, comprometerse a | promettre | versprechen
약하다	débil | être faible | schwach sein
얇다	delgado, fino | être fin | dünn sein
얘기하다	charlar | parler, discuter | erzählen, sprechen
어둡다	oscuro | être obscur | dunkel sein
어리석다	torpe | être idiot | töricht sein
어색하다	sentirse incómodo | ne pas être naturel | gezwungen, seltsam sein
엎드리다	postrarse | se prosterner | auf den Bauch legen
연습하다	practicar, ejercitar(se) | s'entraîner | üben
오다	venir | venir | kommen
오래되다	antiguo, viejo | être vieux | alt, lange her sein
올라가다	ir arriba | monter | hinaufgehen
옳다	correcto | être correct | richtig sein
외우다	aprender | apprendre par cœur | auswendig lernen
외출하다	salir | sortir | ausgehen
용서하다	perdonar | pardonner | verzeihen
운전하다	conducir, manejar | conduire | lenken
움직이다	moverse | bouger | sich bewegen
원하다	querer, desear | vouloir | sich wünschen
위로하다	consolar, reconfortar | consoler | trösten
위험하다	peligroso | être dangereux | gefährlich sein
유명하다	famoso | être célèbre | berühmt sein
유행하다	ir a la moda | être à la mode | in Mode sein
의심하다	dudar de | se douter | anzweifeln
이기다	ganar, vencer | gagner | gewinnen
이다	ser, estar | être | sein
이야기하다	contar, hablar | raconter, discuter | erzählen, reden
이해하다	entender | comprendre | verstehen

익다	maduro | être cuit, être mûr | reifen
일어서다	levantarse, ponerse de pie | se lever | aufstehen
일하다	trabajar | travailler | arbeiten
읽다	leer | lire | lesen
잃어버리다	olvidarse de | perdre | verlieren
입다	llevar puesto | s'habiller | anziehen
입학하다	ingresar en una escuela / universidad | entrer dans une école / (in eine Schule) eintreten
있다	haber, existir | être là | vorhanden sein, sich befinden
잊어버리다	olvidarse | oublier | vergessen

자

자다	dormir | dormir | schlafen
자라다	crecer, criarse | grandir | aufwachsen
자랑하다	enorgullecerse | parler de q.ch avec fierté | prahlen
자르다	cortar | couper, découper, se faire couper (les cheveux) | schneiden
자연스럽다	natural | être naturel | natürlich sein
자유롭다	libre | être libre | frei sein
잘못하다	equivocarse | commettre une faute | einen Fehler machen
잘하다	hacer algo bien | bien se conduire | gut können
잠그다	candar, cerrar con llave | fermer à clé | verschließen
잠들다	dormirse | s'endormir | einschlafen
잠자다	dormir | dormir | schlafen
잡다	tomar, sujetar | saisir | fangen, ergreifen
잡수시다	comer (vocablo honorífico) | manger (honorifique) | essen (honorativ)
잡히다	ser atrapado, ser pillado | se faire prendre | gefangen werden
재다	medir | mesurer | messen
적다	escribir, anotar | noter | aufschreiben
적다	poco(s) | être peu nombreux | wenig sein
절약하다	ahorrar | économiser | sparsam sein
점잖다	ceremonioso | avoir l'air digne | wohlerzogen sein
접다	doblar | plier, replier | falten
정답다	amigable | être affectueux | zugewandt, innig sein
정직하다	honesto | être honnête | aufrichtig sein
정하다	decidir | décider, choisir | festlegen
정확하다	preciso, exacto | être exact | exakt sein
조르다	importunar | insister pour faire q.ch | jn. anbetteln
조르다	acuciar, estirar | serrer | festziehen
조심하다	tener cuidado | faire attention | vorsichtig sein
조용하다	silencioso, callado | être silencieux | ruhig sein
존경하다	respetar | respecter | respektieren
졸다	dormitar, dar un cabezada | s'assoupir | schläfrig sein
좁다	estrecho, angosto | être étroit | eng sein
죄송하다	sentirlo | s'excuser | leidtun
주다	dar | donner | geben
주무시다	dormir (vocablo honorífico) | dormir (honorifique) |

191

schlafen (honorativ)

죽이다	matar | tuer | töten
줄다	disminuir, reducirse | se réduire | sich vermindern
줍다	recoger | ramasser | aufheben
지내다	pasarlo | passer (le temps) | verbringen
지다	perder, ser derrotado | perdre | verlieren
지우다	borrar | effacer | ausradieren
지치다	cansarse | être épuisé | erschöpft werden
진하다	denso, espeso | être foncé, fort | stark, konzentriert sein
짐작하다	adivinar | supposer | vermuten
집다	tomar con la mano | prendre, saisir | ergreifen
짙다	oscuro, espeso | être épais | dunkel sein
짜다	estrujar, escurrir | être salé | auswringen
짧다	corto | être court | kurz sein
쫓기다	ser perseguido | être poursuivi | verfolgt werden
쫓다	ahuyentar, espantar | poursuivre | vertreiben, verfolgen
찌다	cocer | faire cuire à la vapeur | dämpfen
찍다	tomar (fotos) | prendre (une photo) | stempeln
찡그리다	fruncir el ceño | faire la grimace | (das Gesicht) verziehen
찢다	rasgar, desgarrar | déchirer | zerreißen

차

차다	llenarse | se remplir | voll werden
차다	patear, dar patadas | donner un coup de pied | treten
차다	frío | être froid | kalt sein
차분하다	tranquilo | être calme | gelassen sein
착하다	bondadoso | être gentil, avoir bon cœur | gut, nett sein
참다	aguantar, soportar | patienter, supporter | aushalten
체하다	indigestarse | avoir une indigestion | im Magen liegen
초대하다	invitar | inviter | einladen
축하하다	felicitar | féliciter | gratulieren
춥다	hacer frío | avoir froid | kalt sein
취직하다	colocarse, encontrar trabajo | être embauché | eine Arbeit finden
취하다	emborracharse | se soûler | sich betrinken
치다	golpear | frapper | schlagen
칭찬하다	alabar | faire des compliments | loben

카

켜다	encender | allumer | anschalten
크다	grande | être grand | groß sein
크다	crecer, hacerse adulto | devenir adulte | groß werden

타

타다	arder, quemarse | brûler | brennen
타다	montarse en | monter (dans un moyen de transport) | einsteigen
타다	mezclar, añadir | jouer (gayageum) | vermischen
타다	tocar (un instrumento) | ajouter | (koreanische Zither) spielen
태우다	llevar, recoger (a alguien) | prendre (q.un en voiture) | jn. mitfahren lassen
털다	sacudir, desempolvar | enlever, épousseter | ausschütteln
토하다	vomitar | vomir | sich übergeben
튼튼하다	fuerte | être solide | solide sein

파

파다	cavar | creuser | graben
파랗다	azul | être bleu | blau sein
팔다	vender | vendre | verkaufen
팔리다	venderse | se vendre | verkauft werden
편리하다	conveniente | être confortable | bequem sein
표현하다	expresar(se) | (s')exprimer | (sich) ausdrücken
피다	florecer | fleurir | blühen
피우다	encender | allumer (le feu) | anzünden
피하다	evitar | éviter | vermeiden

하

하다	hacer | faire | machen
헤매다	deambular, errar | errer | umherirren
혼나다	ser reprendido | se faire engueuler | geschimpft werden
화내다	enfadarse | se mettre en colère | wütend werden
후회하다	arrepentirse | regretter | bereuen
훌륭하다	espléndido, fantástico | être excellent | hervorragend sein
훔치다	robar | voler | stehlen
흉내내다	imitar | imiter | nachahmen
흐르다	fluir | couler | fließen
흐리다	nublarse | être nuageux | bewölkt sein
흔들다	sacudir | secouer | schütteln
흘러가다	discurrir, pasar en una corriente | s'écouler | entlangfließen
흥분하다	exaltarse | s'exciter | sich aufregen

기니	Guinea	Guinée	Guinea	**154**
기독교	cristianismo (normalmente usado para referirse al protestantismo)	Christianisme	Protestantismus	**163**
기러기	ganso silvestre	oie sauvage	Wildgans	**148**
기린	jirafa	girafe	Giraffe	**147**
기분 나쁘다	no estar de humor, estar de mal humor	être de mauvaise humeur	schlecht gelaunt sein	**39**
기분 좋다	estar de buen humor	être de bonne humeur	gut gelaunt sein	**39**
기쁘다	estar content	être content	froh sein	**39**
기숙사	residencia, dormitorio	résidence / cité universitaire	Wohnheim	**88**
기어	marcha	vitesse	Gangschaltung	**129**
기타	guitarra	guitare	Gitarre	**137**
긴 머리	pelo largo	cheveux longs	lange Haare	**29**
긴급전화	teléfono de emergencia	appel d'urgence	Notrufsäule	**123**
길이	longitud	longueur	Länge	**23**
김	láminas de alga seca	feuille d'algue séchée	Nori-Algen	**66**
김밥	rollo de arroz y otros ingredientes	rouleau de riz aux algues	Reisrollen	**61**
김초밥	makizushi (rollo de sushi enrollado en alga)	nori maki	Sushi-Rollen	**63**
김치	kimchi	gimchi	Kimchi	**71**
김치 냉장고	refrigerador / nevera de kimchi	réfrigérateur à gimchi	Kimchikühlschrank	**77**
김치찌개	guiso de kimchi	ragoût de gimchi	Kimchi-Eintopf	**60**
깃털	pluma	plume	Feder	**148**
깊이	profundidad	profondeur	Tiefe	**23**
까마귀	cuervo	corbeau	Rabe	**148**
까치	urraca	pie	Elster	**148**
깍두기	rábano troceado encurtido	gimchi de navet	Rettichkimchi	**70**
깐풍기	pollo frito al ajillo	poulet frit à l'ail	Frittiertes Hühnerfleisch in Knoblauchsoße	**62**
깨	sésamo	graines de sésame	Sesam	**67**
껌	chicle, goma de mascar	chewing-gum	Kaugummi	**65**
꼬리	rabo	queue	Ochsenschwanz	**57**
꼬막	berberecho, chirla	coque	Archenmuschel	**56**
꽁치	paparda	sardine	Makrelenhecht	**56**
꽁치 캔	parpada en lata	boîte de sardine	Makrelenhecht in Dosen	**67**
꽃	flore	fleurs	Blumen	**145**
꽃꽂이	arreglo floral	arrangement floral	Blumenstecken	**133**
꽃무늬	de flores	motif à fleurs	Blumenmuster	**44**
꽃봉오리	capullo, yema, botón	bouton floral	Knospe	**145**
꽃빵	pan chino	pain chinois torsadé	Gedämpfte Weizenbrötchen	**62**
꽃잎	pétalo	pétale	Blütenblatt	**145**
꽹과리	kwenggwari	kkwaenggwari	Kkwaenggwari	**136**
꿀	miel	miel	Honig	**67**
꿩	faisán	faisan	Fasan	**148**
끈	cordones, agujetas	lacet	Schnürsenkel	**47**
끌	cincel, formón, escoplo	ciseau	Meißel	**85**
끼어들다	meterse entre dos automóviles	doubler	sich einfädeln	**126**

ㄴ				
나	yo	moi	ich	**34**
나미비아	Namibia	Namibie	Namibia	**155**
나비	mariposa	papillon	Schmetterling	**149**
나쁘다	malo	être méchant	böse sein	**17**
나사	tornillo	vis	Holzschraube	**84**
나이 (연령)	La edad	âge	Alter	**32**
나이지리아	Nigeria	Nigeria	Nigeria	**154**
나일론	nailon, nylon	nylon	Nylon	**45**
나침반	brújula	boussole	Kompass	**142**
나팔꽃	campanilla	belle de jour	Prunkwinde	**145**
낙동강	río Nakdong	fleuve Nakdong	Nakdong-Fluss	**157**
낚시	pesca	pêche	Angeln	**132**
날개	ala	aile	Flügel	**148**
남	sur	sud	Süden	**19**
남극	Polo Sur	pôle sud	Südpol	**155**
남대문	Puerta Namdaemun	Porte de Namdaemun	Tor Namdaemun	**159**
남동생	hermano menor	petit frère	jüngerer Bruder	**34**

양장피	ensalada de verduras, carne y pescado	salade de pâte d'amidon avec du porc, des crevettes et des légumes	Kalte Platte	62
양쪽	a ambos lados	deux côtés	beide Seiten	19
양치 컵	vaso empleado para lavarse los dientes	verre à dents	Zahnputzbecher	81
양파	cebolla	oignon	Zwiebel	54
어깨	hombro	épaule	Schulter	30
어렵다	caro	être difficile	schwierig sein	17
어리다	(ser) pequeño, (ser) niño	être tout jeune	jung sein (Kindesalter)	32
어린이 (아이)	niño/a	enfant	Kind	32
어린이날	Día del Niño	fête des enfants	Tag der Kinder	159
어린이집	guardería infantil	crèche et école maternelle	Kindertagesstätte	75
어묵	pasta de pescado cocida en su caldo	pâte de poisson pilée	Fischkuchen	61
어업	pesca	pêcherie	Fischerei	162
어제	ayer	hier	gestern	15
어촌	pueblo pesquero	village de pêcheurs	Fischerdorf	157
억울하다	sentirse mortificado, sentirse maltratado	se sentir opprimé (victime d'une injustice)	sich ungerecht behandelt fühlen	39
언니	hermana mayor (de una mujer)	grande sœur d'une fille	ältere Schwester einer Frau	34
얼굴	La cara	visage	Gesicht	28
얼룩말	cebra	zèbre	Zebra	147
엄마 (어머니)	mamá (madre)	maman (mère)	Mama (Mutter)	34
엄지	dedo pulgar	pouce	Daumen	31
엉덩이	nalgas	fesse	Gesäß	30
에스컬레이터	escaleras mecánicas	escalator	Rolltreppe	117
에스파냐 (스페인)	España	Espagne	Spanien	153
에어백	airbag	airbag	Airbag	128
에어컨	aire acondicionado	climatiseur	Klimaanlage	78
에콰도르	Ecuador	Equateur	Equador	153
엑셀	Excel	Excel	Excel	99
엘리베이터 (승강기)	ascensor (elevador)	ascenseur	Aufzug	74, 117
엘리베이터 안내원	empleado del ascensor/elevador	liftier	Fahrstuhlführer	117
엘살바도르	El Salvador	El Salvador	El Salvador	154
여관	albergue, pensión	hôtel bon marché	Pension	143
여군	mujer soldado	femme soldat	Soldatin	165
여권	pasaporte	passeport	Reisepass	143
여덟째	octavo	huitième	achte	21
여동생	hermana menor	petite sœur	jüngere Schwester	35
여드름	grano, espinilla	bouton d'acné, acné	Pickel	29, 107
여름	verano	été	Sommer	15
여름방학	vacaciones de verano	vacances d'été	Sommerferien	93
여섯째	sexto	sixième	sechste	21
여우	zorro	renard	Fuchs	147
여자	mujer	femme	Frau	32
여행	viajes	voyage	Reise	142
여행 경비	gastos de viaje	budget de voyage	Reisekosten	143
여행사	agencia de viajes	agence de voyages	Reisebüro	143
역도	halterofilia, levantamiento de pesas	haltérophilie	Gewichtheben	135
역무원	personal de la estación	personnel de gare	Stationsbeamter	121
연고	crema, pomada, ungüento	pommade	Salbe	109
연극	obra teatral	pièce de théâtre	Theaterstück	139
연기	actuación	jeu d'acteur	Schauspielen	139
연날리기	hacer volar una cometa	jouer au cerf-volant	Drachen steigen lassen	133
연두색	verde cartujo	vert clair	Hellgrün	18
연료 계기판	indicador de combustible	indicateur de jauge	Tankanzeige	129
연립주택	casas adosadas	lotissement	Reihenhaus	75
연봉	salario anual	salaire annuel	Jahresgehalt	95
연상	mayor (que otra persona)	plus âgé	älter als	32
연습장	cuaderno de ejercicios	cahier d'exercices	Übungsheft	87
연예인	celebridad, famoso	artiste de variétés	Prominenter	141
연주회	concierto	concert	klassisches Konzert	139
연차	días de descanso al año	congé annuel	jährlicher bezahlter Urlaub	95
연체료	multa por devolución con restraso	astreinte	Mahngebühr	141
연출	producción	mise en scène	Regie	139
연필	lápiz	crayon	Bleistift	92

연하	menor (que otra persona)	moins âgé	jünger als	32
열람실	sala de lectura	salle de lecture	Leseraum	91
열매	fruto	fruit	Frucht	144
열 번째	décimo	dixième	zehnte	21
열선	cables calefactores	rayons thermiques	Heizkabel	129
열쇠	llave	clé	Schlüssel	129
염려하다	inquietarse	se préoccuper	sich Sorgen machen	41
염색약	tinte	teinture pour les cheveux	Haarfärbemittel	115
염소	cabra	chèvre	Ziege	146
염주	rosario budista	chapelet bouddhiste	Perlenband	163
엽서	postal	carte postale	Postkarte	113
영국	Reino Unido	Royaume Uni	Großbritannien	152
영남	región Yeongnam	région de Yeongnam	der Südosten Koreas	157
영사기	proyector cinematográfico	projecteur	Filmprojektor	139
영수증	recibo, factura	reçu, facture	Beleg, Quittung	27, 73
영화 감상	cine, ver películas	regarder un film	Filme anschauen	132
영화배우	actor de cine	acteur de cinéma	Filmschauspieler	139
영화제	festival de cine	festival de film	Filmfestival	139
옆	al lado	côté	daneben	19
예금	depósito, ahorro	dépôt d'argent	Sparguthaben	111
예방주사	vacuna	vaccination	Impfung	107
예배	culto	culte	Gottesdienst	163
예선전	partido / prueba de clasificación	match éliminatoire	Vorrunde, Qualifikation	135
예수	Jesucristo	Jésus	Jesus	163
예술	arte	art	Kunst	139
예술제	festival de artes	festival artistique scolaire	Kunstfest	93
예약석	mesa reservada	place réservée	reservierter Tisch	73
오늘	hoy	aujourd'hui	heute	15
오디오	minicadena, estéreo	chaîne audio	Stereoanlage	78
오렌지	naranja	orange	Orange	55
오렌지주스	zumo / jugo de naranja	jus d'orange	Orangensaft	58
오르간	órgano	orgue	Harmonium, Orgel	137
오르막 경사	subida con fuerte pendiente	pente ascendante	Steigung	125
오른쪽	derecha	côté droit	rechts	19
오리	pato	canard	Ente	146
오리고기	carne de pato	canard	Entenfleisch	57
오보에	oboe	hautbois	Oboe	137
오븐	horno	four	Ofen	77
오빠	hermano mayor (de una mujer)	grand frère d'une fille	älterer Bruder einer Frau	34
오스트레일리아 (호주)	Australia	Australie	Australien	153
오스트리아	Austria	Autriche	Österreich	155
오이	pepino, cohombro	concombre	Gurke	54
오이소박이	pepino encurtido	gimchi de concombre	Kimchi aus gefüllten Gurken	70
오전	la mañana	matin (avant midi)	Vormittag	24
오징어	calamar	calamar	Tintenfisch	56
오케스트라	orquesta	orchestre	Orchester	137
오토바이	motocicleta	moto	Motorrad	123
오페라	ópera	opéra	Oper	139
오한	escalofrío	frisson	Schüttelfrost	107
오후	la tarde	après-midi	Nachmittag	24
옥상	terraza, azotea	toit-terrasse	Flachdach	75
옥수수	maíz	maïs	Mais	54
온두라스	Honduras	Honduras	Honduras	153
올림픽	Juegos Olímpicos	Jeux Olympiques	Olympische Spiele	135
옷감	tejido	étoffe	Textilien	45
옷걸이	percha	cintre	Kleiderbügel	53
옷장	armario ropero	armoire à habits	Kleiderschrank	79
와이셔츠	camisa de vestir	chemise	Herrenhemd	42
와이퍼	limpiaparabrisas	essuie-glace	Scheibenwischer	129
완전 삭제	eliminar de manera permanente	suppression	endgültiges Löschen	101
외과	cirugía	chirurgie	Chirurgie	105
외교	diplomacia, política exterior	diplomatie	Diplomatie	155
외교관	diplomático	diplomate	Diplomat	155
외국	país extranjero	pays étranger	Ausland	155
외롭다	sentirse solo	se sentir seul	einsam sein	41
외삼촌	tío (hermano de la madre)	oncle maternel (frère de la mère)	Onkel mütterlicherseits	35

잠자리	libélula	libellule	Libelle	149
잡지	revista	magazine	Zeitschrift	91
잡채밥	arroz con verduras salteadas	riz aux nouilles sautées aux légumes	Reis mit Glasnudelpfanne	62
잡탕밥	arroz con verduras y marisco guisados	riz aux fruits de mer et légumes	Reis mit Meeresfrüchtepfanne	62
장	intestino(s)	intestin	Darm	31
장갑	guante(s)	gants	Handschuhe	49
장갑차	vehículo blindado	blindé	Panzerwagen	165
장관	ministro	ministre	Minister	161
장구	janggu	janggu	Janggu	136
장군	general	général	General	165
장기	ajedrez oriental	jeu d'échecs orientaux	koreanisches Schach	133
장남 (큰아들)	primogénito (varón)	fils aîné	ältester Sohn	35
장례식	funeral	funérailles	Beerdigung	37
장모	suegra (de un hombre)	belle-mère (mère de la femme)	Schwiegermutter eines Mannes	35
장미	rosa	rose	Rose	145
장어	anguila	anguille	Aal	56
장어구이	anguila asada	anguille grillée	Gebratener Aal	63
장인	suegro (de un hombre)	beau-père (père de la femme)	Schwiegervater eines Mannes	35
장화	botas de lluvia	bottes en caoutchouc	Gummistiefel	47
재다이얼	rellamada	touche de rappel automatique	Rufwiederholung	97
재떨이	cenicero	cendrier	Aschenbecher	73
재미없다	carecer de interés	être inintéressant	uninteressant sein	39
재미있다	ser interesante, ser divertido	être intéressant	interessant sein	39
재산세	impuesto a la propiedad inmobiliaria	impôt sur la propriété privée	Vermögenssteuer	75
재즈	jazz	jazz	Jazz	137
재판	proceso judicial	procès	Prozess	161
잼	mermelada	confiture	Marmelade	67
쟁반	bandeja	plateau	Tablett	72
저녁	últimas horas de la tarde	soir	Abend	24
저울	báscula postal	balance	Waage	113
저자명	nombre del autor	nom de l'auteur	Name des Autors	90
저혈압	tensión baja	hypotension	niedriger Blutdruck	107
적군	tropas enemigas	ennemi	feindliche Streitkräfte	165
적금	depósito a plazo fijo	livret d'épargne	Sparplan	111
적도 기니	Guinea Ecuatorial	Guinée équatoriale	Äquatorialguinea	154
전광판	monitor de turnos	panneau d'affichage électronique	elektronische Anzeige	110
전구	bombilla	ampoule	Glühbirne	78
전국	todo el país	ensemble du pays	das ganze Land	157
전기 위험	peligro alta tensión	risque électrique	Gefährliche elektrische Spannung	103
전기 테이프	cinta aislante	chatterton	Elektroklebeband	85
전기면도기	máquina de afeitar, afeitadora	rasoir électrique	Elektrorasierer	115
전기밥솥	arrocera eléctrica	autocuiseur de riz	Reiskocher	77
전기세	factura / gasto de electricidad	facture d'électricité	Stromgebühr	75
전기통신	telecomunicaciones	télécommunications	Telekommunikation	162
전등	luz eléctrica	lampe électrique	Elektrische Lampe	79
전라남도	Provincia de Jeolla del Sur	province de Jeollanam-do	Süd-Jeolla-Provinz	156
전라북도	Provincia de Jeolla del Norte	province de Jeollabuk-do	Nord-Jeolla-Provinz	156
전문식당가	restaurantes	Restaurants	Restaurants	116
전선	cable eléctrico	cable électrique	elektrische Leitung	85
전술	táctica	tactique	Kriegstaktik	165
전시회	exhibición	exposition	Ausstellung	139
전원 스위치	botón de encendido	commutateur	Einschaltknopf	98
전자레인지	microondas	micro-ondes	Mikrowelle	77
전자사전	diccionario electrónico	dictionnaire électronique	elektronisches Lexikon	87
전자정보실	sala de ordenadores / computadoras	salle informatique	Computerraum	91
전쟁	guerra	guerre	Krieg	165
전조등	faro	phare	Frontscheinwerfer	128
전진하다	avanzar	avancer	vorwärtsfahren	127
전철	tren / metro / subte eléctrico	train	U-Bahn	121
전체 메일 용량	espacio disponible para guardar correos	capacité disponible de la boîte e-mail	gesamter Speicherplatz	101
전통차	infusiónes tradicional	thé traditionnel	Traditionelle Tees	59
전투	batalla, combate	bataille	Schlacht	165
전투기	avión de combate, caza	chasseur	Kampfflugzeug	165
전학	cambio de escuela	changement d'école	Schulwechsel	87

219

증인	testigo	témoin	Zeuge	**160**
지각	retraso, demora	retard	Zuspätkommen	**87**
지갑	billetera	portefeuille	Geldbeutel	**27, 49**
지게차	carretilla elevadora	chariot élévateur	Gabelstapler	**102**
지구	Tierra	Terre	Erde	**150**
지구본	globo terráqueo	globe terrestre	Globus	**86**
지난달	el mes pasado	mois dernier	letzten Monat	**15**
지난주	la semana pasada	semaine dernière	letzte Woche	**15**
지도	mapa, plano	carte	Karte	**87, 142**
지렁이	lombriz	ver de terre	Regenwurm	**149**
지로 용지	transferencia	formulaire de virement	Zahlschein	**111**
지루하다	ser aburrido	être ennuyeux	langweilig sein	**41**
지리산	monte Chiri	mont Jiri	Jiri-Gebirge	**157**
지방	región	région	Region, die Provinz	**157**
지방도	carretera provincial	route départementale	Provinzstraße	**123**
지방자치제	autonomía regional	système d'autonomie régionale	regionale Autonomie	**161**
지시봉	puntero	baguette	Zeigestock	**87**
지우개	goma de borrar, borrador	gomme	Radierer	**92**
지운편지함	papelera	expéditeur	Gelöschte Nachrichten	**100**
지중해	mar Mediterráneo	Méditerranée	Mittelmeer	**155**
지진	terremoto, seísmo	séisme	Erdbeben	**151**
지폐	Los billetes	billets	Geldscheine	**26**
지하도	pasaje subterráneo	passage souterrain	Unterführung	**121**
지하철	metro, subte	métro	U-Bahn	**120**
지하철 노선도	plano del metro / subte	carte de métro	U-Bahn-Netzplan	**121**
지하철 출구	boca de metro	sortie de métro	Ausgang einer U-Bahn-Station	**121**
지휘자	director	chef d'orchestre	Dirigent	**137**
직원 (판매원)	empleado (dependiente)	employé (vendeur)	Angestellte (Verkäufer)	**117**
직진 금지	única dirección permitida	sens interdit	Geradeaus fahren verboten	**124**
직진 및 좌회전	tramo de calzada en sentido único	aller tout droit ou à gauche	vorgeschriebene Fahrtrichtung – geradeaus und links	**124**
직진하다	ir recto / derecho	aller tout droit	geradeaus fahren	**126**
진달래	azalea	azalée	Azalee	**145**
진맥	toma del pulso	prise du pouls	Pulsdiagnose	**105**
진찰실	consultorio	cabinet de consultation	Sprechzimmer	**105**
진통제	analgésico, calmante	analgésique	Schmerzmittel	**109**
질병	enfermedad	maladies	Krankheiten	**106**
질투하다	tener envidia, estar celoso	être jaloux	eifersüchtig sein	**39**
집	casa	maison	Haus	**75**
집게	tenacillas	pince	Haarklammer	**115**
집들이	fiesta que se da con motivo de una nueva residencia	crémaillère	Einzugsfeier	**36**
징	batitín, gong	gong	Jing	**136**
짜증나다	enfurecerse	s'agacer / s'irriter	genervt sein	**41**
짝	compañero de pupitre	voisin de classe	Tischnachbar	**87**
짧은 머리	pelo corto	cheveux courts	kurze Haare	**29**
짬뽕	sopa de marisco picante	ragoût de fruits de mer et de nouilles	Scharfe Nudelsuppe	**62**
쫄면	tallarines de trigo y patata	nouilles dures pimentées	Scharfe kalte Nudeln	**61**
찜질팩	bolsa / almohada masajeadora	bouillotte	Wärmekissen	**109**

ㅊ				
차	té / infusión, automóvil / coche / carro	thé	Tee, Fahrzeug	**59, 119**
차 높이 제한	limitación de alturaz	hauteur maximum autorisée	Verbot für Fahrzeuge über der angegebenen Höhe	**125**
차 중량 제한	Limitación de peso	poids maximum autirisé	Verbot für Fahrzeuge über der angegebenen Masse	**125**
차고	garaje	garage	Garage	**129**
차도	carretera	chaussée	Straße	**122**
차드	Chad	Tchad	Tschad	**154**
차림표 (메뉴)	lista de platos y precios (menú)	carte	Speisekarte	**72**
착하다	bondadoso	être gentil	nett, brav sein	**17**
찬송가	himno, salmo	cantique	Kirchenlied	**163**
찬장	armario	placard	Küchenschrank	**76**
참고 열람실	sala de lectura y referencia	salle de consultation	Raum mit Präsenzbestand	**91**

About the Author

Kang Hyoun-hwa

Ph.D. (Yonsei Univ.)
Professor, Department of Korean Language and Literature, Yonsei University
Former Professor, Department of Korean Language, Kyunghee University
Former Head of GK Kyunghee University Specialization Project
Vice President of The International Association for Korean Language Education
Vice President of Korean Language Information Science Society
Vice President of The Korea Association of Foreign Languages Education

[Books]
A Study of Korean Verb-Verb Constructions (1998), Hankookmunhwasa Publishing
A Study in Contrastive Analysis (2003), Yeokrak Publishing
Korean; an Intermediate Textbook (2003), Kyunghee University Press
How to Think & Write (2004), Kyunghee University Press
A Study of Korean As A Foreign Language (2004), Pagijong Press
A Study of Korean As A Foreign Language Education (2005), Korea National Open University Press
Learner's Dictionary of Korean (2005), Sinwon Prime
Korean Picture Dictionary_English/Chinese/Japanese (2006), Darakwon
Korean Language for Academics in Business Administration (2007), Darakwon
Korean Picture Dictionary_Vietnamese/Indonesian/Mongolian (2009), Darakwon
Korean Picture Dictionary_Workbook (2010), Darakwon

Assistant Author : **Kim Yu-mi** (Kyunghee University)

Korean Picture Dictionary_스페인어 / 프랑스어 / 독일어

Written by　　　Kang Hyoun-hwa
Translated by　　Roberto Vega Labanda / Jean-Claude de Crescenzo, Kim Hye-gyeong /
　　　　　　　　　　Alexandra Lottje
Illustrated by　　Kim Moon-su, Joo Young-keun

First Published　March, 2013
Publisher　　　　Chung Kyu-do
Editors　　　　　Lee Suk-hee, Han Ji-hee, Song Eun-sun, Ryu So-yeon
Designers　　　　Yoon Hyun-ju
Cover Designer　Jung Hyun-seok, Yoon Ji-young

DARAKWON
211 Munbal-ro, Paju-si, Gyeonggi-do, Republic of Korea, 413-120
Tel : 02-736-2031　Fax : 02-732-2037
(Marketing Dept. ext.: 250~252　Editorial Dept. ext.: 420~426)

Copyright © 2013, Kang Hyoun-hwa

Price : 20,000 won (Supplement: MP3 CD)

ISBN : 978-89-277-3101-6 18710
　　　　978-89-5995-758-3 (set)

http://www.darakwon.co.kr
http://www.darakwon.co.kr/koreanbooks